Conheça o
Saraiva Conecta

Uma plataforma que apoia o leitor em sua jornada de estudos e de atualização.

Estude *online* com conteúdos complementares ao livro e que ampliam a sua compreensão dos temas abordados nesta obra.

Tudo isso com a **qualidade Saraiva Educação** que você já conhece!

saraiva conecta

CB068002

Veja como acessar

No seu computador
Acesse o *link*
https://somos.in/SJLPE17

No seu celular ou tablet
Abra a câmera do seu celular ou aplicativo específico e aponte para o *QR Code* disponível no livro.

Faça seu cadastro

1. Clique em **"Novo por aqui? Criar conta"**.

2. Preencha as informações – insira um *e-mail* que você costuma usar, ok?

3. Crie sua senha e clique no botão **"CRIAR CONTA"**.

Pronto! Agora é só aproveitar o conteúdo desta obra!*

Qualquer dúvida, entre em contato pelo *e-mail* **suportedigital@saraivaconecta.com.br**

Para consultar o conteúdo complementar, acesse: **https://somos.in/SJLPE17**

* O seu acesso tem validade de 24 meses, a contar da data de fechamento desta edição.

SINOPSES JURÍDICAS

Victor Eduardo Rios Gonçalves

LEGISLAÇÃO PENAL ESPECIAL

17ª edição
2024

**CRIMES HEDIONDOS – DROGAS – TERRORISMO
– TORTURA – ARMAS DE FOGO
– CONTRAVENÇÕES PENAIS
– CRIMES DE TRÂNSITO**

saraiva jur

DADOS INTERNACIONAIS DE CATALOGAÇÃO NA PUBLICAÇÃO (CIP)
DE ACORDO COM ISBD
ELABORADO POR VAGNER RODOLFO DA SILVA - CRB-8/9410

G635s   Gonçalves, Victor Eduardo Rios
Sinopses jurídicas - Legislação penal especial / Victor Eduardo Rios Gonçalves. - 17. ed. - São Paulo : Saraiva Jur, 2024.
168 p.
ISBN: 978-65-5362-358-3
1. Direito. 2. Sinopses jurídicas. 3. Legislação penal especial. I. Título.

2023-2995   CDD 340
CDU 34

Índices para catálogo sistemático:
1. Direito   340
2. Direito   34

saraiva EDUCAÇÃO | saraiva jur

Av. Paulista, 901, Edifício CYK, 4º andar
Bela Vista – São Paulo – SP – CEP 01310-100

SAC sac.sets@saraivaeducacao.com.br

Diretoria executiva	Flávia Alves Bravin
Diretoria editorial	Ana Paula Santos Matos
Gerência de produção e projetos	Fernando Penteado
Gerência de conteúdo e aquisições	Thais Cassoli Reato Cézar
Gerência editorial	Livia Céspedes
Novos projetos	Aline Darcy Flôr de Souza
	Dalila Costa de Oliveira
Edição	Samantha Rangel
Design e produção	Jeferson Costa da Silva (coord.)
	Karina Lourenço Kempter
	Guilherme Salvador
	Lais Soriano
	Rosana Peroni Fazolari
	Tiago Dela Rosa
	Verônica Pivisan
Planejamento e projetos	Cintia Aparecida dos Santos
	Daniela Maria Chaves Carvalho
	Emily Larissa Ferreira da Silva
	Kelli Priscila Pinto
Diagramação	Rafael Cancio Padovan
Revisão	Carmem Becker
Capa	Lais Soriano
Produção gráfica	Marli Rampim
	Sergio Luiz Pereira Lopes
Impressão e acabamento	Gráfica Paym

Data de fechamento da edição: 15-9-2023

Dúvidas? Acesse www.saraivaeducacao.com.br

Nenhuma parte desta publicação poderá ser reproduzida por qualquer meio ou forma sem a prévia autorização da Saraiva Educação. A violação dos direitos autorais é crime estabelecido na Lei n. 9.610/98 e punido pelo art. 184 do Código Penal.

CÓD. OBRA	2141	CL	608579	CAE	845308

ÍNDICE

Capítulo I – Crimes hediondos ... 1
1 Introdução ... 1
2 O rol dos crimes hediondos ... 2
3 Anistia, graça, indulto e fiança ... 10
4 Regime inicial fechado ... 10
    4.1. Regras para a fixação do regime inicial e progressão de regime ... 11
5 Direito de apelar em liberdade ... 13
6 Prisão temporária ... 13
7 Estabelecimentos penais ... 14
8 Livramento condicional ... 14
9 Alteração das penas dos crimes hediondos ... 15
10 Delação eficaz ... 16
11 Associação criminosa qualificada ... 17
12 Traição benéfica ... 17
13 Causas de aumento de pena ... 18
14 Prazo em dobro para o tráfico de entorpecentes ... 18
15 Prioridade de tramitação ... 18

Capítulo II – Drogas ... 21
1 Introdução ... 21
2 Dos crimes e das penas ... 21
    2.1. Porte e cultivo para consumo próprio ... 21
    2.2. Tráfico ilícito de drogas ... 25
    2.3. Figuras equiparadas ao tráfico ... 33
    2.4. Induzimento, instigação ou auxílio ao uso de droga ... 37
    2.5. Oferta eventual e gratuita para consumo conjunto ... 38
    2.6. Maquinismos e objetos destinados ao tráfico ... 39
    2.7. Associação para o tráfico ... 40
    2.8. Financiamento ao tráfico ... 42
    2.9. Informante colaborador ... 42
    2.10. Causas de aumento de pena ... 43
    2.11. Causa de diminuição de pena ... 46
    2.12. Condução de embarcação ou aeronave após o consumo de droga ... 46
    2.13. Crime culposo ... 46
3 Do procedimento penal ... 47
    3.1. Introdução ... 47
    3.2. Fase policial ... 48
    3.3. Da instrução criminal ... 48
4 Competência ... 52
5 Laudo de constatação e toxicológico ... 53
6 A inimputabilidade na Lei Antidrogas ... 53

7 A semi-imputabilidade na Lei Antidrogas	54
8 O tratamento dos dependentes	54
9 Exame de dependência	54
10 Da apreensão, arrecadação e destinação dos bens do acusado	55
10.1. Dos bens ou valores obtidos com o tráfico	55
10.2. Dos bens utilizados para o tráfico	55
11 Desapropriação de terras utilizadas para o cultivo de culturas ilegais	57
Capítulo III – Terrorismo	**61**
1 Introdução	61
2 Tipo objetivo	61
3 Sujeito ativo	62
4 Sujeitos passivos	63
5 Consumação	63
6 Tentativa e atos preparatórios de terrorismo	63
7 Pena	63
8 Organização terrorista	64
9 Financiamento ao terror	64
10 Vedações	65
11 Ação penal	65
Capítulo IV – Tortura	**67**
1 Introdução	67
2 Dos crimes em espécie	68
3 Tortura-prova, tortura para a prática de crime e tortura discriminatória	68
4 Tortura-castigo	69
5 Absorção	70
6 Tortura do preso ou de pessoa sujeita a medida de segurança	70
7 Omissão perante a tortura	71
8 Formas qualificadas	71
9 Causas de aumento de pena	72
10 Efeitos da sentença condenatória	73
11 Aspectos processuais e penais	73
12 Do regime inicial da pena	73
13 Extraterritorialidade da lei	74
14 Revogação do art. 233 do Estatuto da Criança e do Adolescente	74
Capítulo V – Armas de fogo (Estatuto do Desarmamento)	**77**
1 Introdução	77
2 Dos crimes e das penas (Capítulo IV)	77
2.1. Posse irregular de arma de fogo de uso permitido	77
2.2. Omissão de cautela	81
2.3. Omissão de comunicação de perda ou subtração de arma de fogo	82
2.4. Porte ilegal de arma de fogo de uso permitido	83
2.5. Disparo de arma de fogo	88
2.6. Posse ou porte ilegal de arma de fogo de uso restrito ou proibido	90

2.7.	Figuras com penas equiparadas	92
2.8.	Comércio ilegal de arma de fogo	95
2.9.	Tráfico internacional de arma de fogo	96
2.10.	Causas de aumento de pena	97
3	Vedação de liberdade provisória	97
4	Destruição dos objetos apreendidos	98
5	Registros balísticos (art. 34-A)	98
6	Referendo popular	98
7	Revogação da Lei n. 9.437/97	98

Capítulo VI – Contravenções penais **101**
I – PARTE GERAL DAS CONTRAVENÇÕES **101**

1	Introdução	101
	1.1. Classificação das infrações penais	101
2	Aplicação das regras gerais do Código Penal	102
3	Territorialidade	102
4	Voluntariedade, dolo e culpa	102
5	Tentativa	103
6	Penas principais	103
7	Reincidência	104
8	Erro de direito	104
9	Limite das penas	105
10	Suspensão condicional da pena e livramento condicional	105
11	Medidas de segurança	105
12	Ação penal	106

II – PARTE ESPECIAL DAS CONTRAVENÇÕES **106**

13	Das contravenções referentes à pessoa (Capítulo I)	106
	13.1. Fabrico, comércio ou detenção de arma ou munição	106
	13.2. Porte de arma	107
	13.3. Vias de fato	109
14	Das contravenções referentes ao patrimônio (Capítulo II)	110
	14.1. Instrumento de emprego usual na prática de furto	110
	14.2. Posse não justificada de instrumento de emprego usual na prática de furto	110
	14.3. Exploração da credulidade pública	112
15	Das contravenções referentes à incolumidade pública (Capítulo III)	112
	15.1. Disparo de arma de fogo	112
	15.2. Deflagração perigosa de fogo de artifício	112
	15.3. Omissão de cautela na guarda ou condução de animais	112
	15.4. Falta de habilitação para dirigir veículo	114
	15.5. Direção perigosa de veículo na via pública	114
16	Das contravenções referentes à paz pública (Capítulo IV)	115
	16.1. Provocação de tumulto e conduta inconveniente	115
	16.2. Perturbação do trabalho ou do sossego alheios	116
17	Das contravenções referentes à fé pública (Capítulo V)	117

17.1. Simulação da qualidade de funcionário público 117
18 Das contravenções relativas à organização do trabalho (Capítulo VI) 118
   18.1. Exercício ilegal de profissão ou atividade 118
19 Das contravenções relativas à polícia de costumes (Capítulo VII) 119
   19.1. Jogo de azar 119
   19.2. Jogo do bicho 120
   19.3. Vadiagem 121
   19.4. Mendicância 122
   19.5. Importunação ofensiva ao pudor 122
   19.6. Embriaguez 123
   19.7. Bebidas alcoólicas 123
   19.8. Crueldade contra animais 125
   19.9. Perturbação da tranquilidade 125
20 Das contravenções referentes à administração pública (Capítulo VIII) 125
   20.1. Omissão de comunicação de crime – por funcionário público 125
   20.2. Omissão de comunicação de crime – por médico ou profissional da área de saúde 126
   20.3. Recusa de dados sobre a própria identidade ou qualificação 126

Capítulo VII – Crimes de trânsito **129**
1 Disposições gerais (Seção I) 129
   1.1. Procedimento nos crimes de trânsito 129
   1.2. Conceito de veículo automotor 130
   1.3. Suspensão e proibição da habilitação ou permissão para dirigir veículo.. 130
   1.4. Efeito extrapenal da condenação 131
   1.5. Suspensão ou proibição cautelar 131
   1.6. Comunicação da suspensão ou proibição da permissão ou habilitação ... 132
   1.7. Reincidência específica e suspensão ou proibição da permissão ou habilitação 132
   1.8 Multa reparatória 132
   1.9. Agravantes genéricas 133
   1.10. Prisão em flagrante e fiança 135
   1.11. Penas restritivas de direitos específicas 135
2 Dos crimes em espécie (Seção II) 135
   2.1. Homicídio e lesão culposa na direção de veículo automotor 135
   2.2. Omissão de socorro 141
   2.3. Fuga do local do acidente 143
   2.4. Embriaguez ao volante 143
   2.5. Violação da suspensão ou proibição imposta 146
   2.6. Omissão na entrega da permissão ou habilitação 148
   2.7. Participação em competição não autorizada 149
   2.8. Direção de veículo sem permissão ou habilitação 151
   2.9. Entrega de veículo a pessoa não habilitada 153
   2.10. Excesso de velocidade em determinados locais 154
   2.11. Fraude no procedimento apuratório 155

Capítulo I
Crimes Hediondos

1 INTRODUÇÃO

Dispõe o art. 5º, XLIII, da Constituição Federal que a lei considerará crimes inafiançáveis e insuscetíveis de graça ou anistia a prática da tortura, o tráfico ilícito de entorpecentes e drogas afins, o terrorismo e os definidos como crimes hediondos, por eles respondendo os mandantes, os executores e os que, podendo evitá-los, se omitirem. Para viabilizar a aplicação desse dispositivo foram aprovadas várias leis. A mais importante foi a Lei n. 8.072/90, conhecida como Lei dos Crimes Hediondos, que, além de definir os delitos dessa natureza, trouxe diversas outras providências de cunho penal e processual penal, bem como referentes à execução da pena dos próprios crimes hediondos, do tráfico de drogas, do terrorismo e da tortura. Quanto aos crimes hediondos, inúmeras leis posteriores trouxeram alterações na redação originária Lei n. 8.072/90, em regra acrescentando novos delitos ao rol. São exemplos: a Lei n. 8.930/94 acrescentou ao rol original algumas figuras do homicídio, bem como o crime de genocídio, e a Lei n. 9.695/98 fez o mesmo com o delito de falsificação de medicamentos. A Lei n. 11.464/2007 modificou o sistema de progressão da pena em relação a todos os delitos regulamentados pela Lei n. 8.072/90. A Lei n. 12.015/2009 unificou os crimes de estupro e atentado violento ao pudor sob a denominação estupro; portanto, excluiu o atentado violento ao pudor do rol dos crimes hediondos. Concomitantemente, inseriu a figura do estupro de vulnerável em tal rol. A Lei n. 12.978/2014 acrescentou no rol dos crimes hediondos o delito de favorecimento da prostituição ou de outra forma de exploração sexual de criança ou adolescente ou de vulnerável (art. 218-B, *caput*, e §§ 1º e 2º). A Lei n. 13.142/2015 tornou hediondos os crimes de lesões corporais gravíssimas ou seguidas de morte contra policiais ou integrantes das Forças Armadas (ou contra seus familiares em razão dessa condição).

A Lei n. 13.964/2019 (Pacote Anticrime), por fim, acrescentou diversos crimes ao rol: furto qualificado pelo emprego de explosivo, roubo com emprego de arma de fogo ou restrição da liberdade, roubo qualificado pela lesão grave, extorsão qualificada pela restrição da liberdade, organização criminosa visando à prática de crimes hediondos ou equiparados, posse ou porte ilegal de arma de fogo de uso proibido, comércio ilegal e tráfico internacional de armas de fogo.

O crime de tráfico ilícito de entorpecentes e drogas afins mencionado no texto constitucional encontra-se descrito nos arts. 33, *caput* e § 1º, e 34 da Lei n. 11.343/2006 (Lei Antidrogas). As Cortes Superiores firmaram entendimento no sentido de que o delito de associação para o tráfico (art. 35 da Lei Antidrogas) não possui natureza hedionda por não constar expressamente do rol da Lei n. 8.072/90. A Lei n. 13.964/2019 excluiu de forma expressa a equiparação do tráfico privilegiado (art. 33, §4º) aos crimes hediondos – embora esse entendimento já estivesse consolidado nas Cortes Superiores.

O art. 243 do Estatuto da Criança e do Adolescente (Lei n. 8.069/90) pune com detenção, de dois a quatro anos, e multa, quem vender, fornecer – ainda que gratuitamente –, ministrar ou entregar, de qualquer forma, a criança ou adolescente, sem justa causa, produtos cujos componentes possam causar dependência física ou psíquica, ainda que por utilização indevida. Esse delito, porém, não é considerado pela doutrina como forma de tráfico de entorpecentes ou drogas afins, pois se refere a produtos de outra natureza (não listados como entorpecentes ou assemelhados). Ex.: cigarros, cola de sapateiro etc.

O delito de terrorismo, por sua vez, está descrito na Lei n. 13.260/2016.

Por fim, o crime de tortura está tipificado na Lei n. 9.455/97.

O tráfico ilícito de entorpecentes ou drogas afins, o terrorismo e a tortura não são crimes hediondos porque não constam no rol do art. 1º da Lei n. 8.072/90. Todavia, como possuem tratamento muito semelhante nos demais artigos da lei, são chamados de figuras equiparadas.

2 O ROL DOS CRIMES HEDIONDOS

Em nossa legislação, o caráter hediondo depende única e exclusivamente da existência de previsão legal reconhecendo essa natureza para determinada espécie delituosa. Com efeito, o art. 1º da Lei n. 8.072/90 apresenta um rol taxativo desses crimes, não admitindo ampliação pelo juiz. Não se admite, tampouco, que o magistrado deixe de reconhecer a natureza hedionda em delito que expressamente conste do rol. Adotou-se, portanto, um critério que se baseia exclusivamente na existência de lei que confira caráter hediondo a certos ilícitos penais. Assim, por mais grave que seja determinado crime, o juiz não lhe poderá conferir o caráter hediondo, se tal ilícito não constar do rol da Lei n. 8.072/90.

Os crimes militares, por exemplo, não estão abrangidos nessa lei. Assim, o crime de estupro previsto no Código Penal Militar não será considerado hediondo, mas o da legislação penal comum sim.

Dispõe o mencionado artigo:

> Art. 1º, *caput* – São considerados hediondos os seguintes crimes, todos tipificados no Decreto-lei n. 2.848/40 – Código Penal, consumados ou tentados:
> I – homicídio (art. 121), quando praticado em atividade típica de grupo de extermínio, ainda que cometido por um só agente, e homicídio qualificado (art. 121, § 2º, I, II, III, IV, V, VI, VII, VIII e IX).

Não constava o homicídio na redação original da Lei n. 8.072/90, tendo sido introduzido pela Lei n. 8.930/94. Essa lei foi aprovada em decorrência de veementes críticas de juristas e da imprensa ao caráter hediondo reconhecido em alguns crimes sexuais, que, incompreensivelmente, era negado ao homicídio, crime que atinge o bem jurídico mais valioso do ser humano.

O caráter hediondo é conferido em duas hipóteses:

a) No homicídio simples praticado em atividade típica de grupo de extermínio, ainda que cometido por um só agente. Trata-se de situação bastante rara, uma vez que, em geral, o homicídio praticado em atividade típica de grupo de extermínio apresenta alguma qualificadora (motivo torpe, recurso que dificultou a defesa da vítima etc.) e, em tais casos, a existência da qualificadora já torna o delito hediondo. O dispositivo, contudo, atende aos reclamos da sociedade no sentido de uma punição mais severa sempre que houver envolvimento de grupos dessa natureza.

Discute a doutrina o significado da expressão "grupo de extermínio", havendo, entretanto, consenso de que não se trata de sinônimo de concurso de agentes (coautoria e participação), pois, em geral, quando a lei quer se referir ao simples concurso de duas ou mais pessoas, fá-lo de forma explícita, o que não ocorre na hipótese em análise. Assim, para alguns basta o envolvimento de três pessoas, enquanto, para outros, é necessário o número mínimo de quatro. Saliente-se, entretanto, que, nos termos da lei, o caráter hediondo estará presente ainda que o crime seja praticado por uma só pessoa, desde que em atividade típica de grupo de extermínio.

Segundo Cezar Roberto Bitencourt, para que haja atividade típica de grupo de extermínio basta que a prática do homicídio seja caracterizada pela impessoalidade da vítima (que a escolha do sujeito passivo seja pautada por suas características, sendo feita a esmo: travesti, prostituta, ladrão, menor abandonado etc.). De acordo com o autor mencionado, extermínio "é a chacina que elimina a vítima pelo simples fato de pertencer a determinado grupo ou determinada classe social ou racial, como, por exemplo, mendigos, prostitutas, homossexuais, presidiários etc. A impessoalidade da ação (...) é uma das características fundamentais, sendo irrelevante a unidade ou pluralidade de vítimas. Caracteriza-se a ação de extermínio mesmo que seja morta uma única pessoa, desde que se apresente a impessoalidade da ação, ou seja, pela razão exclusiva de pertencer ou ser membro de determinado grupo social, ético, econômico, étnico etc." (*Tratado de direito penal*, 11. ed., São Paulo: Saraiva, 2011, v. 2, p. 68).

A Lei n. 12.720/2012 acrescentou um § 6º ao art. 121 do Código Penal, passando a prever um aumento de pena de um terço até metade se o crime de homicídio for praticado por milícia privada, sob o pretexto de prestação de serviço de segurança, ou por grupo de extermínio. Por se tratar agora de causa de aumento de pena, o tema deve ser objeto de questionamento aos jurados na votação dos quesitos.

Note-se que, para o delito ser considerado hediondo, basta que o crime seja cometido em atividade **típica** de grupo de extermínio, não havendo a necessidade de existir efetivamente um grupo montado a fim de cometer homicídios a pretexto de "limpeza social" de forma reiterada. Caso exista efetivamente a formação de um grupo, além de o delito ser hediondo, será aplicada a causa de aumento do art. 121, § 6º, do Código Penal. Ex.: os chamados "esquadrões da morte", montados por policiais para matar supostos criminosos que atuam em determinada região.

Por ausência de previsão legal, o homicídio simples cometido por integrante de milícia privada não constitui crime hediondo, embora a pena possa ser agravada de um terço até metade se o crime for cometido sob o pretexto de prestação de serviço de segurança.

b) **No homicídio qualificado.** O caráter hediondo abrange todas as formas de homicídio qualificado (art. 121, § 2º, I a IX, do CP), tentado ou consumado.

Os jurados não são questionados acerca do caráter hediondo do delito, já que essa característica decorre automaticamente do reconhecimento de uma das qualificadoras.

O feminicídio foi acrescentado ao Código Penal como forma qualificada do crime de homicídio pela Lei n. 13.104, de 9 de março de 2015, passando a constar no art. 121, § 2º, VI. Consiste no homicídio contra a mulher por razões da condição de sexo feminino, caracterizando-se quando o crime é cometido em situação de violência doméstica e familiar ou quando determinado por menosprezo ou discriminação à condição de mulher. A mesma lei determinou a inserção de tal modalidade de crime no rol dos delitos hediondos.

Em 6 de julho de 2015, a Lei n. 13.142 acrescentou ao art. 121, § 2º, VII, do CP outra qualificadora, também de natureza hedionda, que deve ser aplicada quando o homicídio for praticado contra integrante das Forças Armadas ou contra policial, civil ou militar, no exercício da função ou em decorrência dela, ou contra seu cônjuge, companheiro ou parente consanguíneo até terceiro grau, em razão dessa condição.

A Lei n. 13.964/2019 pretendia tornar qualificado o homicídio quando cometido com emprego de arma de fogo de uso restrito ou proibido. Tal regra seria inserida no art. 121, § 2º, VIII, do CP, e, por tal razão, o legislador alterou também a Lei dos Crimes Hediondos para inserir esse inciso VIII. Ocorre que aquele dispositivo que acrescentava a qualificadora no Código Penal foi vetado pela presidência da República, sendo, contudo, mantida a nova redação no art. 1º, *caput*, I, da Lei n. 8.072/90. Posteriormente, o Congresso Nacional derrubou o veto da Presidência e o homicídio cometido com arma de fogo de uso proibido ou restrito efetivamente passou a constar no rol das qualificadoras do homicídio, exatamente no inciso VIII do art. 121, § 2º.

A qualificadora mostra-se presente ainda que o autor do homicídio possua autorização para portar a arma de fogo de uso restrito.

Caso o homicida utilize arma de fogo considerada de uso permitido em razão do seu calibre, mas que esteja com numeração raspada ou suprimida, entendemos que se aplica a qualificadora em estudo, pois o art. 16, § 1º, IV, do Estatuto do Desarmamento (Lei n. 10.826/2003) equipara armas de fogo nessas condições às armas de uso restrito.

A Lei n. 14.344/2022 acrescentou nova qualificadora no inciso IX do art. 121, § 2º, qual seja, quando o homicídio for praticado contra pessoa menor de 14 anos.

É sabido que um homicídio pode ser qualificado e privilegiado. Isso, porém, só é possível quando a qualificadora é de caráter objetivo, ou seja, quando se refere, por exemplo, ao meio ou modo de execução. Essa conclusão é inevitável porque o privilégio, por ser sempre ligado à motivação do homicídio (caráter subjetivo), é incompatível com as qualificadoras subjetivas. Não se pode imaginar um homicídio privilegiado pelo relevante valor social e, ao mesmo tempo, qualificado pelo motivo fútil. Assim, como o privilégio é votado antes pelos jurados, o seu reconhecimento impede que o juiz ponha em votação as qualificadoras subjetivas, podendo fazê-lo, contudo, em relação às objetivas. Ex.: matar pelas costas o estuprador de sua filha.

Assim pergunta-se: **o homicídio qualificado-privilegiado tem caráter hediondo?**

Como a lei não aborda expressamente o tema, surgiram duas orientações: Damásio de Jesus entendia que não, argumentando que o art. 67 do Código Penal, ao traçar norma de aplicação da pena – para hipótese de reconhecimento concomitante de circunstâncias agravantes e atenuantes genéricas –, estabeleceu que devem preponderar as circunstâncias de caráter subjetivo. Por isso, como no homicídio qualificado-privilegiado as qualificadoras são sempre objetivas e o privilégio é necessariamente subjetivo, este deve prevalecer e, portanto, o crime não será hediondo. Essa é a tese adotada pelo Supremo Tribunal Federal e pelo Superior Tribunal de Justiça. Observe-se que, de acordo com tal corrente, o juiz efetivamente aplica a qualificadora e o privilégio, porém, não lhe reconhece o caráter hediondo.

Por outro lado, há entendimento de que a aplicação do mencionado art. 67 é descabida, já que tal artigo trata apenas do reconhecimento conjunto de agravantes e atenuantes genéricas que são circunstâncias que se equivalem por serem aplicadas na mesma fase da aplicação da pena. As qualificadoras, todavia, não são equivalentes ao privilégio, pois aquelas modificam a própria tipificação do crime (estabelecendo nova pena em abstrato), enquanto este é tão somente uma causa de diminuição de pena, a ser considerada na última fase da sua fixação. Como não se equivalem, inaplicável o art. 67 do Código Penal, devendo prevalecer o caráter hediondo, uma vez que a Lei n. 8.072/90 não faz qualquer ressalva ao mencionar o homicídio qualificado como delito dessa natureza.

Art. 1º, *caput*, I-A – lesão corporal dolosa de natureza gravíssima (art. 129, § 2º) e lesão corporal seguida de morte (art. 129, § 3º), quando praticadas contra autoridade ou agente descrito nos arts. 142 e 144 da Constituição Federal, integrantes do sistema prisional e da Força Nacional de Segurança Pública, no exercício da função ou em decorrência dela, ou contra seu cônjuge, companheiro ou parente consanguíneo até terceiro grau, em razão dessa condição.

A presente figura foi inserida na Lei dos Crimes Hediondos pela Lei n. 13.142/2015. Refere-se às hipóteses em que o agente provoca lesão corporal gravíssima ou seguida de morte em uma das pessoas elencadas no texto legal. Os arts. 142 e 144 da Constituição Federal mencionados no dispositivo dizem respeito aos integrantes das Forças Armadas e aos policiais civis ou militares. Para que o delito tenha natureza hedionda é necessário que o agente tenha provocado as lesões gravíssimas ou seguidas de morte quando a vítima estava no exercício da função ou que o delito tenha sido praticado em decorrência dela. Por fim, se estas mesmas infrações foram cometidas contra cônjuge, companheiro ou parente consanguíneo até terceiro grau de uma das autoridades ou agentes anteriormente mencionados, em razão dessa condição, o delito será igualmente considerado hediondo. O parentesco até terceiro grau a que a lei se refere abrange, na linha reta, crime contra pai ou filho, avô ou neto, bisavô ou bisneto, e, na linha colateral, crime contra irmão, tio ou sobrinho.

A expressão *parentesco consanguíneo* foi utilizada para excluir da majorante o parentesco por afinidade. Abrange, evidentemente, o crime cometido contra filho adotivo porque a Constituição veda qualquer distinção (art. 227, § 6º). Cuida-se de interpretação extensiva.

Art. 1º, *caput*, II – roubo:
a) circunstanciado pela restrição da liberdade da vítima (art. 157, § 2º, inciso V).
b) circunstanciado pelo emprego de arma de fogo (art. 157, § 2º-A, inciso I) ou pelo emprego de arma de fogo de uso proibido ou restrito (art. 157, § 2º-B);
c) qualificado pelo resultado lesão corporal grave ou morte (art. 157, § 3º).

Antes do advento da Lei n. 13.964/2019, apenas o roubo qualificado pelo resultado morte (latrocínio), consumado ou tentado, era considerado hediondo. Com a entrada em vigor de tal lei, todavia, inúmeras modalidades do crime de roubo passaram a ter tal natureza. Com efeito, atualmente o roubo é considerado hediondo se cometido mediante restrição da liberdade da vítima, com emprego de arma de fogo, ou quando houver resultado morte ou lesão grave.

O roubo cometido com qualquer espécie de arma de fogo passou a ser considerado hediondo, contudo, não terá tal natureza quando praticado com emprego de arma branca, ou mediante simulação de arma, emprego de arma de brinquedo ou outro simulacro. Igualmente não se reconhecerá a natureza hedionda ao roubo cometido com emprego de arma verdadeira inapta a efetuar disparos em razão de algum defeito ou que esteja desmuniciada. Com efeito, os tribunais superiores refutam a aplicação da majorante do emprego de arma de fogo nesses casos, não podendo o roubo, em tais condições, ser considerado hediondo.

A majorante da restrição de liberdade, de acordo com entendimento doutrinário e jurisprudencial, só se configura quando o agente mantém a vítima em seu poder durante espaço de tempo não prolongado (meia hora, uma hora etc.). Tal interpretação se deve ao fato de o legislador ter empregado a expressão "restrição de liberdade" que difere de "privação de liberdade", expressão esta indicativa de permanência da vítima em poder do roubador por período prolongado, e que gera a configuração de crime de roubo em concurso material com delito de sequestro ou cárcere privado (art. 148 do CP) – Ex.: manter a vítima do roubo no porta-malas de um carro durante 4 horas, enquanto o veículo roubado é levado para outro município. Nesta última hipótese poderá acontecer de o crime não ter natureza hedionda. É o que ocorrerá, por exemplo, se o roubo não for cometido com emprego de arma de fogo (crime sem natureza hedionda).

Existe latrocínio quando o agente emprega violência física para cometer um roubo e, dessa violência, resulta a morte da vítima. Esse resultado pode ter sido causado dolosa ou culposamente, sendo que, em ambos os casos, o delito será considerado hediondo.

O roubo qualificado pela lesão grave (ou gravíssima) pressupõe que o agente provoque o resultado na vítima sem a intenção de matá-la, pois quando presente tal intenção o crime é o de tentativa de latrocínio, que tem pena maior. Veja-se, contudo, que, atualmente, ambas as figuras têm natureza hedionda.

O latrocínio e o roubo qualificado pela lesão grave possuem natureza hedionda ainda que não sejam cometidos com emprego de arma de fogo.

Art. 1º, *caput*, III – extorsão qualificada pela restrição de liberdade da vítima, ocorrência de lesão corporal ou morte (art. 158, § 3º).

A Lei n. 13.964/2019 trouxe muitas mudanças em relação ao caráter hediondo conferido a algumas modalidades do crime de extorsão. Antes da referida Lei, apenas a extorsão qualificada pela morte (art. 158, § 2º) possuía natureza hedionda. A nova lei, contudo, passou a prever que possui natureza hedionda o crime conhecido como "sequestro-relâmpago" (extorsão qualificada pela restrição da liberdade). Nessa modalidade do delito, em regra, dois ou mais criminosos, mediante violência ou grave ameaça, subtraem o cartão bancário da vítima e exigem que ela forneça o número da senha. Assim, enquanto um dos agentes fica em poder da vítima (restrição da liberdade), os comparsas utilizam o cartão e a senha para fazer compras ou saques em caixas eletrônicos.

A parte final do art. 158, § 3º, do CP, prevê penas maiores para o "sequestro-relâmpago" do qual decorra lesão grave ou morte. Essas modalidades igualmente passaram a ter natureza hedionda.

A nova redação dada a esse inciso IV pela Lei n. 13.964/2019 certamente provocará polêmica, pois o legislador, ao não mencionar a extorsão (sem restrição de liberdade) seguida de morte (art. 158, § 2º, do CP), de modo surpreendente, excluiu essa gravíssima infração penal do rol dos delitos hediondos.

Art. 1º, *caput*, IV – extorsão mediante sequestro e na forma qualificada (art. 159, *caput* e §§ 1º, 2º e 3º).

A Lei n. 8.072/90 deu especial atenção a esse delito em decorrência do grande número de crimes dessa natureza ocorridos durante sua tramitação, estabelecendo o caráter hediondo tanto em sua forma simples (sequestrar pessoa com o fim de obter, para si ou para outrem, qualquer vantagem como condição ou preço do resgate) como nas formas qualificadas (se dura mais de 24 horas; se a vítima é menor de 18 anos ou maior de 60; se o crime é cometido por quadrilha; se a vítima sofre lesão grave ou morre).

Art. 1º, *caput*, V – estupro (art. 213, *caput* e §§ 1º e 2º).

O estupro simples (*caput*) e as formas qualificadas pelo resultado lesão grave ou morte (§§ 1º e 2º) são considerados crimes hediondos. Esse inciso V recebeu nova redação em decorrência da Lei n. 12.015/2009. Como o texto atual menciona expressamente a figura do art. 213, *caput*, do Código Penal, encerrou-se por definitivo a polêmica em torno de ser ou não hedionda a figura simples do estupro.

Art. 1º, *caput*, VI – estupro de vulnerável (art. 217-A, *caput* e §§ 1º, 2º, 3º e 4º).

Cuida-se de figura criminosa criada pela Lei n. 12.015/2009 consistente em ter conjunção carnal ou praticar outro ato libidinoso com menor de 14 anos, com deficiente ou com enfermo mental que não tenha o necessário discernimento para a prática do ato, ou com pessoa que, por qualquer outra causa, não pode oferecer resistência. Evidente que, também nas hipóteses qualificadas pela lesão grave ou morte, o crime é considerado hediondo.

Art. 1º, *caput*, VII – epidemia com resultado morte (art. 267, § 1º).

Epidemia é o surto de uma doença que atinge grande número de pessoas em determinado local ou região mediante a propagação de germes patogênicos. A provocação intencional de epidemia é punida com reclusão, de dez a quinze anos, mas só terá caráter hediondo quando resultar em morte. Nessa hipótese, além de hediondo, o crime terá a pena aplicada em dobro.

O crime culposo de epidemia (art. 267, § 2º) não é considerado hediondo ainda que provoque a morte de alguém.

Art. 1º, *caput*, VII-A – (*vetado*).

Legislação Penal Especial

Art. 1º, *caput*, VII-B – falsificação, corrupção, adulteração ou alteração de produto destinado a fins terapêuticos ou medicinais (art. 273, *caput*, e § 1º, § 1º-A, § 1º-B, com a redação dada pela Lei n. 9.677/98).

A Lei n. 9.695/98 acrescentou ao art. 1º da Lei dos Crimes Hediondos o inciso VII-B, transformando em crime dessa natureza a falsificação de medicamento. Apesar de não haver menção expressa, é claro que também serão consideradas hediondas as formas qualificadas descritas no art. 285 do Código Penal (lesão grave ou morte), uma vez que são mais graves. Por outro lado, não se considera hediondo o crime de falsificação culposa de medicamento (simples ou qualificado).

Observação: O crime de envenenamento de água potável ou de substância alimentícia ou medicinal, qualificado pela morte (art. 270, combinado com o art. 285 do CP), constava do rol original da Lei dos Crimes Hediondos, mas foi retirado pela Lei n. 8.930/94. Assim, atualmente não possui tal natureza.

Art. 1º, *caput*, VIII – favorecimento da prostituição ou de outra forma de exploração sexual de criança ou adolescente ou de vulnerável (art. 218-B, *caput*, e §§ 1º e 2º).

Este dispositivo foi introduzido na Lei n. 8.072/90 pela Lei n. 12.978/2014.

O *caput* do art. 218-B do Código Penal prevê pena de reclusão, de quatro a dez anos, para quem submeter, induzir ou atrair à prostituição ou outra forma de exploração sexual alguém menor de 18 anos ou que, por enfermidade ou deficiência mental, não tem o necessário discernimento para a prática do ato, e, ainda, para quem facilitar, impedir ou dificultar que a abandone.

O § 1º, por sua vez, prevê a aplicação cumulativa de pena de multa se o delito for cometido com intenção de obter vantagem econômica.

Por fim, serão também consideradas hediondas as condutas daqueles que infringirem o § 2º do art. 218-B, ou seja, daqueles que praticarem conjunção carnal ou outro ato libidinoso com alguém menor de 18 e maior de 14 anos em situação de prostituição ou exploração sexual (se a vítima tiver menos de 14 anos ou for doente mental, o crime será o de estupro de vulnerável), bem como do proprietário, do gerente ou do responsável pelo local em que se verifiquem referidas práticas (donos ou gerentes de estabelecimentos onde ocorra prostituição de menores, por exemplo).

Art. 1º, *caput*, IX – furto qualificado pelo emprego de explosivo ou de artefato análogo que cause perigo comum (art. 155, § 4º-A).

Essa forma qualificada do crime de furto foi inserida no Código Penal pela Lei n. 13.718/2018 devido ao grande número de explosões efetuadas em caixas eletrônicos com a finalidade de viabilizar a subtração das cédulas contidas em seu interior. A gravidade diferenciada da conduta é evidente devido aos grandes danos provocados no local e ao perigo a que ficam expostas as pessoas que estejam nas proximidades. Tal figura qualificada do crime de furto passou a ter natureza hedionda a partir da entrada em vigor da Lei n. 13.964/2019.

O legislador foi muito criticado por ter deixado de inserir no rol dos crimes hediondos o roubo majorado pelo emprego de explosivo (art. 157, §2º-A, II), pois este delito é mais grave que o furto com a mesma qualificadora.

Art. 1º, parágrafo único – Consideram-se também hediondos, tentados ou consumados:

I – o crime de genocídio previsto nos arts. 1º, 2º e 3º da Lei n. 2.889/56:

O art. 1º da Lei n. 2.889/56 pune quem, com a intenção de destruir, no todo ou em parte, grupo nacional, étnico, racial ou religioso:

a) mata membros do grupo;
b) causa lesão grave à integridade física ou mental em membros do grupo;
c) submete intencionalmente o grupo a condições de existência capazes de ocasionar-lhe a destruição física total ou parcial;
d) adota medidas destinadas a impedir os nascimentos no seio do grupo;
e) efetua a transferência forçada de crianças do grupo para outro grupo.

O art. 2º pune a associação de mais de três pessoas para a prática dos crimes mencionados no artigo anterior, e o art. 3º incrimina quem incita, direta e publicamente, alguém a cometer qualquer dos crimes de que trata o art. 1º.

Art. 1º, parágrafo único – Consideram-se também hediondos, tentados ou consumados:
II – o crime de posse ou porte ilegal de arma de fogo de uso proibido, previsto no art. 16 da Lei n. 10.826, de 22 de dezembro de 2003.

A Lei n. 13.964/2019 trouxe importante modificação em relação a essa modalidade de crime hediondo. Com efeito, antes da entrada em vigor desta Lei não apenas o porte e a posse de arma de fogo de uso proibido eram considerados hediondos, como também as mesmas condutas que fossem relacionadas a arma de fogo de uso restrito. A nova Lei é benéfica e, portanto, afasta o caráter hediondo para aqueles que cometeram crime de porte ou posse ilegal de arma de fogo de uso restrito durante a vigência da lei anterior. As normas benéficas, como se sabe, retroagem em favor do autor da infração.

O crime de porte ou posse ilegal de arma de fogo de uso proibido está atualmente tipificado no art. 16, § 2º, do Estatuto do Desarmamento, tendo pena de reclusão, de 4 a 12 anos.

Armas de uso proibido são aquelas para as quais há vedação total ao uso. De acordo com o art. 14 do Decreto n. 11.615, de 21 de julho de 2023, são armas de fogo de uso proibido: a) as armas de fogo classificadas como de uso proibido em acordos ou tratados internacionais dos quais a República Federativa do Brasil seja signatária; b) as armas de fogo dissimuladas, com aparência de objeto inofensivo.

A redação do art. 16, § 2º, do Estatuto (dada pela Lei n. 13.964/2019), não menciona acessórios e munição de uso proibido, contudo, trata-se, evidentemente, de equívoco do legislador passível de ser sanado por interpretação extensiva, pois a diferenciação não faria qualquer sentido. São munições de uso proibido aquelas que sejam assim definidas em acordo ou tratado internacional de que a República Federativa do Brasil seja signatária e as munições incendiárias ou químicas (art. 14, IV, do Decreto n. 11.615/2023).

Art. 1º, parágrafo único – Consideram-se também hediondos, tentados ou consumados:
III – o crime de comércio ilegal de armas de fogo, previsto no art. 17 da Lei n. 10.826, de 22 de dezembro de 2003.

Esse crime foi inserido no rol dos crimes hediondos pela Lei n. 13.964/2019. Consiste em "adquirir, alugar, receber, transportar, conduzir, ocultar, ter em depósito, desmontar, montar, remontar, adulterar, vender, expor à venda, ou de qualquer forma utilizar, em proveito próprio ou alheio, no exercício de atividade comercial ou industrial, arma de fogo, acessório ou munição, sem autorização ou em desacordo com determinação legal ou regulamentar". A pena é de reclusão, de 6 a 12 anos, e multa.

Art. 1º, parágrafo único – Consideram-se também hediondos, tentados ou consumados:
IV – o crime de tráfico internacional de arma de fogo, acessório ou munição, previsto no art. 18 da Lei n. 10.826, de 22 de dezembro de 2003.

Esse crime foi inserido no rol dos crimes hediondos pela Lei n. 13.964/2019. Consiste em "importar, exportar, favorecer a entrada ou saída do território nacional, a qualquer título, de arma de fogo, acessório ou munição, sem autorização da autoridade competente. A pena é de reclusão, de 8 a 16 anos, e multa.

> **Art. 1º, parágrafo – Consideram-se também hediondos, tentados ou consumados:**
> **V – o crime de organização criminosa, quando direcionado à prática de crime hediondo ou equiparado.**

Esse crime foi inserido no rol dos crimes hediondos pela lei n. 13.964/2019.

Nos termos do art. 1º, § 1º, da Lei n. 12.850/2013, considera-se organização criminosa a associação de quatro ou mais pessoas estruturalmente ordenada caracterizada pela divisão de tarefas, ainda que informalmente, com o objetivo de obter, direta ou indiretamente, vantagem de qualquer natureza, mediante a prática de infrações penais cujas penas máximas sejam superiores a quatro anos, ou que sejam de caráter transnacional. De acordo com o art. 2º, caput, da mesma lei, comete o delito de organização criminosa quem promove, constitui, financia ou integra, pessoalmente ou por interposta pessoa, organização criminosa. A pena é de reclusão, de 3 a 8 anos, e multa.

O delito só tem natureza hedionda quando a finalidade do grupo é a prática de crimes hediondos ou equiparados. Há concurso material entre o delito de organização criminosa e os crimes hediondos ou equiparados efetivamente cometidos.

De acordo com o art. 2º, § 9º, da Lei n. 12.850/2013, com a redação dada pela Lei n. 13.964/2019, o condenado expressamente em sentença por integrar organização criminosa ou por crime praticado por meio de organização criminosa **não poderá progredir de regime de cumprimento de pena** ou obter livramento condicional ou outros benefícios prisionais **se houver elementos probatórios que indiquem a manutenção do vínculo associativo, ou seja, que ainda integra a organização. Essa regra vale para qualquer condenação por delito de organização criminosa.**

O crime de associação criminosa qualificada pela finalidade de cometer crimes hediondos (art. 288 do CP, cc. art. 8º, caput, da Lei n. 8.072/90), não é considerado hediondo. Este delito qualificado consiste na associação de três ou mais pessoas com o fim específico de cometer crimes hediondos, mas não exige os mesmos requisitos do delito de organização criminosa que, quando presentes, afastam o crime do Código Penal.

> **Art. 1º, parágrafo único — Consideram-se também hediondos, tentados ou consumados:**
> **VI – os crimes previstos no Decreto-Lei n. 1.001, de 21 de outubro de 1969 (Código Penal Militar), que apresentem identidade com os crimes previstos no art. 1º desta Lei.**

A Lei n. 8.072/90 não fazia menção aos crimes previstos no Código Penal Militar. Em razão disso, infrações penais cometidas por militares em serviço, ainda que possuíssem elementares idênticas à de algum crime comum considerado hediondo ou equiparado, não teriam tal natureza. Por isso, se um militar que não estivesse em serviço constrangesse outra pessoa, mediante violência ou grave ameaça, à prática de ato libidinoso, incorreria em crime comum de estupro (art. 213 do CP), delito que seria considerado hediondo em decorrência do que prevê o art. 1º, V, da Lei n. 8.072/90. Se, entretanto, o policial estivesse em serviço, estaria incurso no crime de estupro descrito no art. 232 do Código Penal Militar, que, por não constar do rol da Lei n. 8.072/90, não seria considerado hediondo. Por isso, a Lei n. 14.688/2023 inseriu o presente dispositivo na Lei n. 8.072/90 para corrigir tal paradoxo. A partir da entrada em vigor desta modificação também passaram a ter natureza hedionda os crimes previstos no Código Penal Militar que guardam similitude com os crimes hediondos ou equiparados elencados na própria Lei n. 8.072/90. A Lei n. 14.688/2023 foi publicada em 20 de setembro de 2023 e entrou em vigor 60 dias após a publicação.

3 ANISTIA, GRAÇA, INDULTO E FIANÇA

Art. 2º, *caput* – Os crimes hediondos, a prática da tortura, o tráfico ilícito de entorpecentes e drogas afins e o terrorismo são insuscetíveis de:
I – anistia, graça e indulto;
II – fiança.

A própria Constituição Federal, em seu art. 5º, XLIII, determina que todos esses crimes são insuscetíveis de anistia, graça e fiança. O art. 323, II, do Código de Processo Penal também veda expressamente a fiança para esses delitos. A Lei n. 8.072/90, por sua vez, aumentou as vedações, incluindo a proibição ao indulto. O STF entendeu não haver inconstitucionalidade quanto a este aspecto porque a "graça" foi mencionada no texto constitucional em sentido amplo (abrangendo a graça em sentido estrito e o indulto). Posteriormente, o art. 1º, § 6º, da Lei n. 9.455/97 (Lei de Tortura) voltou a vedar apenas a graça e a anistia ao crime de tortura. Entende-se, porém, que o indulto continua proibido, pois, conforme mencionado, o STF entende que a palavra "graça" contida na Carta Magna abrange o indulto. O art. 44, *caput*, da Lei n. 11.343/2006 (Lei Antidrogas) também proíbe expressamente o indulto, a graça e a anistia aos crimes de tráfico e seus equiparados. Caso se trate, todavia, de tráfico privilegiado (art. 33, § 4º, da Lei de Drogas), referidos benefícios não estarão vedados, na medida em que o Plenário do Supremo Tribunal Federal considerou que tal modalidade do delito não é equiparada a crime hediondo (HC 118.533, Rel. Min. Cármen Lúcia, julgado em 23-6-2016). Posteriormente, a Lei n. 13.964/2019, inseriu regra expressa nesse sentido no art. 112, § 5º, da LEP. Considera-se privilegiado o tráfico quando o agente é primário, tem bons antecedentes, não se dedica às atividades criminosas e não integra organização criminosa.

Em suma, os três institutos (anistia, graça e indulto) são vedados aos crimes de tráfico (não privilegiado), terrorismo, tortura e de natureza hedionda.

Em relação à liberdade provisória, é preciso mencionar que a Lei n. 11.343/2006 (Lei Antidrogas), em seu art. 44, *caput*, proíbe sua concessão ao crime de tráfico. Ocorre que, embora se trate de lei especial, a jurisprudência se inclina no sentido de ser possível sua concessão também a esse delito, na medida em que a Lei n. 11.464/2007, que alterou o art. 2º da Lei n. 8.072/90, passou a admiti-la até mesmo para crimes hediondos, terrorismo e tortura.

Atualmente, as pessoas presas em flagrante pela prática de crime hediondo podem, teoricamente, obter a liberdade provisória, bem como ter o flagrante relaxado por excesso de prazo ou por outras causas (nulidade do auto de prisão, ausência de situação de flagrância etc.). Convém lembrar, entretanto, que a Lei n. 11.464/2007 apenas retirou a proibição da liberdade provisória, mas é evidente que, na prática, os juízes só irão deferir o benefício em situações excepcionais, na medida em que os delitos em estudo são de extrema gravidade.

Observação: A Súmula 697 do Supremo Tribunal Federal perdeu a razão de existir após o advento da Lei n. 11.464/2007. O teor dessa súmula era o seguinte: "a proibição de liberdade provisória nos processos por crimes hediondos não veda o relaxamento da prisão processual por excesso de prazo".

4 REGIME INICIAL FECHADO

Art. 2º, § 1º – A pena por crime previsto neste artigo será cumprida inicialmente em regime fechado.

Na legislação penal comum, somente é fixado regime inicial fechado quando o réu for condenado, por crime apenado com reclusão, a pena superior a oito anos ou se for reincidente. Para os crimes hediondos, o tráfico de entorpecentes, o terrorismo e a tortura, o dispositivo em análise, todavia, estabelece que o regime inicial a ser fixado pelo juiz na sentença deve ser sempre o fechado, independentemente do montante da pena aplicada e de ser o réu primário ou reincidente. Acontece que o Plenário do Supremo Tribunal Federal, em 27 de junho de 2012, declarou, por oito votos contra três, a inconstitucionalidade deste art. 2º, § 1º, da Lei n. 8.072/90 por entender que a obrigatoriedade de regime inicial fechado para penas não superiores a 8 anos fere o princípio constitucional da individualização da pena (art. 5º, XLVI, da CF). Assim, mesmo para crimes hediondos, tráfico de drogas, terrorismo e tortura, o regime inicial só poderá ser o fechado (quando a pena fixada na sentença não for maior do que 8 anos) se o acusado for reincidente ou se as circunstâncias do caso concreto indicarem uma gravidade diferenciada daquele crime específico, o que deverá constar expressamente da fundamentação da sentença. Essa decisão ocorreu no julgamento do HC 111.840/ES. Em novembro de 2017, confirmando tal entendimento, o Supremo Tribunal Federal aprovou a tese 972, em sede de repercussão geral: "É inconstitucional a fixação *ex lege*, com base no art. 2º, § 1º, da Lei n. 8.072/90, do regime inicial fechado, devendo o julgador, quando da condenação, ater-se aos parâmetros previstos no art. 33 do Código Penal".

Desse modo, se o réu primário for condenado a pena não superior a 8 anos, não bastará que o juiz diga que aquele crime é previsto em lei como hediondo ou equiparado para aplicar o regime inicial fechado. Deverá explicar por que aquele crime hediondo ou equiparado reveste-se de especial gravidade. Exs.: por que a quantidade da droga é muito elevada no crime de tráfico; por que o acusado manteve diversas conjunções carnais com a vítima no crime de estupro etc.

4.1. REGRAS PARA A FIXAÇÃO DO REGIME INICIAL E PROGRESSÃO DE REGIME

A Lei n. 8.072/90 (Lei dos Crimes Hediondos), em sua redação originária, estabelecia que, para os crimes hediondos, a tortura, o terrorismo e, o tráfico de drogas, a pena deveria ser cumprida em regime integral fechado, ou seja, sem ter direito o condenado a progressão para regimes mais brandos. Durante quase 16 anos, o Supremo Tribunal Federal considerou constitucional essa vedação, tendo, inclusive, aprovado a Súmula 698 nesse sentido. Ocorre que, de modo surpreendente, ao julgar o HC 82.959/SP, em 23 de fevereiro de 2006, o mesmo Supremo Tribunal Federal, por maioria de votos, declarou a inconstitucionalidade da mencionada redação originária do art. 2º, § 1º, da Lei n. 8.072/90 (Lei dos Crimes Hediondos), por entender que a proibição de progressão de regime feria os princípios da individualização da pena e da dignidade humana. De acordo com o Supremo, o regime progressivo é um direito reconhecido na Constituição, embutido no princípio da individualização da pena. Com essa decisão, os condenados por crimes comuns ou por crimes hediondos poderiam obter a progressão com o mero cumprimento de 1/6 da pena, razão pela qual foi rapidamente apresentado projeto de lei que, aprovado, transformou-se na Lei n. 11.464, publicada em 29 de março de 2007. Esta lei alterou o art. 2º da Lei n. 8.072/90, estabelecendo as seguintes regras:

a) *o condenado por crimes hediondos ou delitos equiparados necessariamente deve iniciar a pena em regime fechado* (art. 2º, § 1º, da Lei n. 8.072/90).

Assim, mesmo que o réu fosse primário e a pena não superior a 8 anos, o juiz deveria determinar o início da pena em regime fechado.

Acontece que, como já mencionado, o Plenário do Supremo Tribunal Federal, em 27 de junho de 2012, declarou, por oito votos contra três, a inconstitucionalidade deste dispositivo por entender que a obrigatoriedade de regime inicial fechado para crimes com pena não superior a 8 anos também fere os princípios constitucionais da individualização da pena e da dignidade humana. Assim, mesmo para crimes hediondos, tráfico de drogas, terrorismo e tortura, o regime inicial só poderá ser o fechado (quando a pena fixada não for maior do que 8 anos) se o acusado for reincidente ou se as circunstâncias do caso concreto indicarem uma gravidade diferenciada daquele crime específico, o que deverá constar expressamente da fundamentação da sentença. Essa decisão ocorreu no julgamento do HC 111.840/ES. Em novembro de 2017, confirmando tal entendimento, o Supremo Tribunal Federal aprovou a tese 972, em sede de repercussão geral: "É inconstitucional a fixação *ex lege*, com base no art. 2º, § 1º, da Lei n. 8.072/90, do regime inicial fechado, devendo o julgador, quando da condenação, ater-se aos parâmetros previstos no art. 33 do Código Penal".

b) *a progressão dar-se-á com o cumprimento mínimo de 2/5 da pena, se o sentenciado for primário, e de 3/5 se reincidente* (art. 2º, § 2º, da Lei n. 8.072/90).

Tal dispositivo, todavia, foi expressamente revogado pela Lei n. 13.964/2019, que, ao mesmo tempo, modificou a redação do art. 112 da Lei de Execuções Penais, e trouxe uma série de novas regras relativas à progressão de regime para crimes hediondos e equiparados.

Pelas regras atuais, a progressão pressupõe o cumprimento ao menos de:

1) 40% da pena, se for condenado pela prática de crime hediondo ou equiparado, se for primário (art. 112, V);

2) 50% da pena, se for condenado pela prática de crime hediondo ou equiparado, com resultado morte, se for primário (art. 112, VI, "a");

3) 60% da pena, se for reincidente na prática de crime hediondo ou equiparado (art. 112, VII);

Após grande controvérsia, o Superior Tribunal de Justiça (*leading case* – REsp 1.910.240/MG – Tema 1.084 da sistemática de recursos repetitivos), estabeleceu o seguinte entendimento: "É reconhecida a retroatividade do patamar estabelecido no art. 112, V, da Lei n. 13.964/2019, àqueles apenados que, embora tenham cometido crime hediondo ou equiparado sem resultado morte, não sejam reincidentes em delito de natureza semelhante". Com isso, firmou entendimento de que o patamar de 60% somente pode ser aplicado se o sentenciado tiver sido condenado por dois crimes hediondos (reincidência específica na prática de delitos hediondos). Ex.: estupro e roubo majorado pelo emprego de arma de fogo. Caso se trate de reincidente genérico (condenação inicial por crime comum e posterior por crime hediondo), a Corte Superior entende que, ante a ausência de previsão no texto legal, deve ser aplicado o índice de 40%, previsto no inciso V. Posteriormente, o Plenário do Supremo Tribunal Federal firmou entendimento no mesmo sentido no julgamento do ARE 1.327.963, Rel. Min. Gilmar Mendes, j. em 17-9-2021 – Tema 1.169 em sede de repercussão geral.

4) 70% da pena, se for reincidente em crime hediondo ou equiparado com resultado morte (art. 112, VIII).

É o caso, por exemplo, de quem é condenado por homicídio qualificado consumado, latrocínio consumado, estupro qualificado pela morte, tortura qualificada pela morte etc., após já ter sido condenado por qualquer outro crime hediondo com morte. O Superior Tribunal de Justiça (*leading case* – REsp 1.910.240/MG – Tema 1.084 da sistemática de recursos repetitivos) firmou entendimento de que o patamar de 70% somente pode ser aplicado se o sentenciado tiver sido condenado por dois crimes hediondos com resultado morte (reincidência específica na prática de delitos hediondos com morte). Para a mencionada Corte Superior, se o réu foi condenado por crime hediondo com morte, mas havia sido condenado anteriormente por crime comum ou hediondo sem resultado morte, aplica-se o índice de 50% previsto no inciso VI, *a*, em razão da lacuna legal.

Essas novas regras só valem para os crimes cometidos após a entrada em vigor da Lei n. 13.964/2019. Para os condenados por crimes hediondos ou equiparados praticados antes de 29 de março de 2007, a progressão poderá ser obtida com o cumprimento de apenas 1/6 da pena (em razão da declaração de inconstitucionalidade da redação originária da Lei dos Crimes Hediondos). Para os que foram ou forem condenados por crimes hediondos cometidos após 29 de março de 2007 e antes de 23 de janeiro de 2020 (data da entrada em vigor da Lei n. 13.964/2019), a progressão dar-se-á pelo cumprimento de 2/5 da pena se primário e 3/5 se reincidente.

Lembre-se que o art. 2º, § 2º, da Lei n. 8.072/90 foi expressamente revogado pela Lei n. 13.964/2019. Tal dispositivo, em sua parte final, previa regras mais brandas para a progressão de regime – relativa a crimes hediondos ou equiparados – para mulheres gestantes, mães ou responsáveis por crianças ou pessoas com deficiência, se o crime não tivesse sido cometido com emprego de violência ou grave ameaça, se a sentenciada não integrasse organização criminosa, se fosse primária e tivesse bom comportamento carcerário e não tivesse cometido o crime contra filho ou dependente. Com a revogação do dispositivo, o tempo de cumprimento de pena para gestantes, mães ou responsáveis por crianças ou pessoas com deficiência, conseguirem progressão de regime em relação a crimes hediondos ou equiparados é o mesmo exigido para as demais pessoas, exceto quanto a crimes cometidos antes da entrada em vigor da Lei n. 13.964/2019.

A Súmula Vinculante 26 do Supremo Tribunal Federal ressalva que o juiz, a fim de verificar se o condenado por crime hediondo está apto para a progressão a regime mais brando, pode determinar a realização do exame criminológico. O texto da súmula é o seguinte:

> Para efeito de progressão de regime no cumprimento da pena por crime hediondo, ou equiparado, o juízo da execução observará a inconstitucionalidade do art. 2º da Lei n. 8.072, de 25 de julho de 1990, sem prejuízo de avaliar se o condenado preenche, ou não, os requisitos objetivos e subjetivos do benefício, podendo determinar para tal fim, de modo fundamentado, a realização do exame criminológico.

É evidente que a súmula se refere à redação originária do art. 2º da Lei n. 8.072/90. No mesmo sentido, existe a Súmula 439 do Superior Tribunal de Justiça: "admite-se o exame criminológico pelas peculiaridades do caso, desde que em decisão motivada".

5 DIREITO DE APELAR EM LIBERDADE

> Art. 2º, § 3º – Em caso de sentença condenatória, o juiz decidirá fundamentadamente se o réu poderá apelar em liberdade.

Referido dispositivo permite que o juiz decida livremente se o condenado, que está solto, poderá ou não apelar em liberdade, desde que justifique sua decisão. Assim, mesmo que ele seja reincidente, poderá o juiz deixar de decretar sua prisão por ocasião da condenação recorrível, caso entenda que não existe necessidade imediata da prisão.

É evidente que, se o réu esteve preso durante a instrução por estarem presentes os requisitos da prisão preventiva, o juiz, ao condená-lo, deverá verificar se continuam ou não presentes tais requisitos. Caso persistam os motivos, deverá manter o condenado no cárcere.

Observação: A regra do art. 2º, § 3º, da Lei n. 8.072/90 se aplica apenas aos crimes hediondos, à tortura e ao terrorismo, pois, em relação ao tráfico de drogas, o art. 59 da Lei n. 11.343/2006 (Lei Antidrogas) prevê que o réu poderá apelar em liberdade se for primário e de bons antecedentes. Teoricamente, de acordo com tal dispositivo, se o juiz condenar um traficante reincidente que estava solto, deve determinar que se recolha à prisão para apelar. Ocorre que havia regra idêntica no art. 594 do CPP, determinando a prisão em tal caso, se a condenação fosse por qualquer espécie de crime inafiançável, dispositivo que acabou sendo revogado pela Lei n. 11.719/2008, que passou a prever a necessidade de prisão por ocasião da sentença recorrível, apenas se surgirem razões específicas para tanto no caso concreto (art. 387, parágrafo único, do CPP). Assim, embora a Lei Antidrogas seja especial, na prática, passou-se a adotar o mesmo entendimento, no sentido de ser o réu preso apenas se o juiz entender que é necessária a decretação da prisão preventiva por ocasião da sentença (para garantia da ordem pública ou para assegurar a aplicação da lei penal).

Em suma, quer se trate de crime hediondo, tortura, terrorismo ou tráfico de drogas, na prática, não existe mais a necessidade de se determinar compulsoriamente a prisão em caso de condenação em 1º grau, quando o réu respondeu solto à acusação. Por sua vez, se estava preso durante a instrução, só deverá ser solto se, excepcionalmente, cessaram os motivos que justificaram a manutenção no cárcere durante o transcorrer da ação.

6 PRISÃO TEMPORÁRIA

> Art. 2º, § 4º – A prisão temporária, sobre a qual dispõe a Lei n. 7.960/89, nos crimes previstos neste artigo, terá o prazo de trinta dias, prorrogável por igual período em caso de extrema e comprovada necessidade.

A prisão temporária, decretada quando imprescindível para as investigações do inquérito policial, terá prazo de trinta dias prorrogável por mais trinta – em caso de extrema e comprovada necessidade – quando se tratar de crime hediondo, tráfico de entorpecentes, terrorismo ou tortura. Para crimes comuns, o prazo da prisão temporária é de cinco dias, prorrogáveis por mais cinco.

Como a prisão temporária é decretada por prazo certo, previamente estipulado pelo juiz, ela não se computa nos demais prazos processuais quando há pedido de relaxamento de flagrante por excesso de prazo de prisão durante o transcorrer da ação penal.

7 ESTABELECIMENTOS PENAIS

> Art. 3º – A União manterá estabelecimentos penais, de segurança máxima, destinados ao cumprimento de penas impostas a condenados de alta periculosidade, cuja permanência em presídios estaduais ponha em risco a ordem ou incolumidade pública.

Trata-se de medida de enorme importância em virtude da grande periculosidade daqueles que infringem os crimes dessa lei. Não são raros os casos de facilitação de fugas e resgates de presos extremamente perigosos – principalmente sequestradores e traficantes –, uma vez que possuem organização e dinheiro para tanto. Assim, a colocação desses criminosos em presídios de segurança máxima, de preferência em local distante daquele que o condenado costuma agir, tornou-se imperativa na atualidade.

Art. 4º – (*vetado*).

8 LIVRAMENTO CONDICIONAL

> Art. 5º – Ao art. 83 do Código Penal é acrescido o seguinte inciso:
> V – cumprido mais de dois terços da pena, nos casos de condenação por crime hediondo, prática da tortura, tráfico ilícito de entorpecentes e drogas afins, tráfico de pessoas e terrorismo, se o apenado não for reincidente específico em crimes dessa natureza (redação dada pela Lei n. 13.344/2016).

Pela legislação comum, o livramento condicional pode ser obtido após o cumprimento de um terço da pena para os réus primários e metade para os reincidentes, desde que satisfeitas as outras exigências legais (pena fixada na sentença igual ou superior a dois anos, bom comportamento carcerário, reparação do dano etc.). Entretanto, para os crimes hediondos, terrorismo e tortura, o benefício só poderá ser concedido após o cumprimento de dois terços da reprimenda imposta, desde que o condenado não seja reincidente específico. A Lei n. 9.455/97 (tortura) não fez referência ao livramento condicional, de forma que o dispositivo em análise continua sendo aplicável aos crimes de tortura. Em relação aos crimes de tráfico, a Lei Antidrogas (Lei n. 11.343/2006) contém regra semelhante em seu art. 44, parágrafo único, exigindo também o cumprimento de dois terços da pena.

Existem duas orientações a respeito do significado da reincidência específica. Uma corrente, denominada restritiva, entende que ela só está presente quando o agente, após condenado por um determinado delito hediondo ou equiparado, comete novamente a mesma espécie de crime. Ex.: condenado em definitivo por crime de estupro, o agente novamente comete essa espécie de infração penal. A outra corrente, chamada ampliativa, diz que há reincidência específica quando o agente, após ser condenado por um dos crimes hediondos, comete outro crime dessa natureza. Ex.: após ser condenado por estupro, o agente comete um latrocínio. Esta é a corrente mais aceita.

Saliente-se, todavia, que, em relação ao crime de tráfico de drogas, existe dispositivo mais recente e previsto em lei especial (art. 44, parágrafo único, da Lei n. 11.343/2006) estabelecendo a possibilidade do livramento condicional após o cumprimento de dois terços da pena, nos crimes descritos em seus arts. 33, *caput* e § 1º, e 34 a 37, salvo se o condenado for reincidente específico. Como esta lei somente cuida de crimes relacionados a entorpecentes, a expressão "reincidência específica" refere-se somente aos crimes de tráfico elencados no dispositivo. Assim, apenas a pessoa condenada duas vezes por tráfico é que não poderá obter o livramento condicional.

Observe-se que no julgamento do HC 118.533, Rel. Min. Cármen Lúcia, em 23-6-2016, o Plenário do Supremo Tribunal Federal decidiu que o tráfico privilegiado de drogas não possui natureza equiparada à dos crimes hediondos e que, por tal razão, não são exigíveis os requisitos mais severos para a obtenção do livramento, previstos no art. 44, parágrafo único, da Lei n. 11.343/2006. Considera-se privilegiado o tráfico quando o agente é primário, tem bons antecedentes, não se dedica às atividades criminosas e não integra organização criminosa. Em tal hipótese, descrita no art. 33, § 4º, da Lei de Drogas, a pena do réu será reduzida de 1/6 a 2/3 e ele poderá obter o livramento de acordo com as regras comuns do art. 83 do Código Penal. Esta decisão da Corte Suprema sobrepôs-se ao que havia decidido o Superior Tribunal de Justiça, que entendera ter natureza hedionda o tráfico privilegiado (Súmula 512), razão pela qual referida súmula acabou sendo expressamente cancelada. Posteriormente, a Lei n. 13.964/2019, inseriu no art. 112, § 5º, da LEP, regra expressa no sentido de que o tráfico privilegiado não possui natureza hedionda ou equiparada.

No tráfico de drogas comum (não privilegiado), será necessário o cumprimento do montante diferenciado de pena previsto no art. 44, parágrafo único, da Lei n. 11.343/2006 para a obtenção do livramento.

O Superior Tribunal de Justiça fixou entendimento no sentido de que não há reincidência específica se a pessoa for condenada inicialmente por tráfico privilegiado e depois por tráfico comum (art. 33, *caput*): "*In casu*, embora o paciente já ostentasse condenação anterior por tráfico privilegiado quando praticou o crime de tráfico de drogas (art. 33, *caput*, da Lei n. 11.343/2006), não se configurou a reincidência específica, uma vez que se trata de condutas de naturezas distintas" (STJ – HC 453.983/SP, Rel. Min. Felix Fischer, 5ª Turma, julgado em 2-8-2018, *DJe* 9-8-2018); "Imperioso afastar a reincidência específica em relação ao tráfico privilegiado e o tráfico previsto no *caput* do art. 33 da Lei de Drogas, nos termos do novo entendimento jurisprudencial, para fins da concessão do livramento condicional" (STJ – HC 436.103/DF, Rel. Min. Nefi Cordeiro, 6ª Turma, julgado em 19/6/2018, *DJe* 29/6/2018).

A Lei n. 13.344/2016 inseriu neste art. 83, V, do Código Penal, o crime de tráfico de pessoas, embora este não tenha natureza hedionda.

É muito importante ressaltar, por sua vez, as inovações trazidas pela Lei n. 13.964/2019, que modificou o art. 112 da LEP, trazendo regras mais rigorosas em relação a crimes hediondos mais graves. Com efeito, o art. 112, em seus incisos VI, "a", e VIII, veda por completo o livramento condicional para pessoas condenadas por crimes hediondos ou equiparados com resultado morte. Exs.: latrocínio consumado, homicídio qualificado consumado, estupro qualificado pela morte, tortura qualificada pela morte.

De acordo com o art. 2º, § 9º, da Lei n. 12.850/2013, com a redação dada pela Lei n. 13.964/2019, o condenado expressamente em sentença por integrar organização criminosa ou por crime praticado por meio de organização criminosa não poderá progredir de regime de cumprimento de pena ou obter livramento condicional ou outros benefícios prisionais se houver elementos probatórios que indiquem a manutenção do vínculo associativo, ou seja, que ainda integra a organização. Essa regra vale para qualquer condenação por delito de organização criminosa.

9 ALTERAÇÃO DAS PENAS DOS CRIMES HEDIONDOS

Art. 6º – Os arts. 157, § 3º; 159, *caput* e seus §§ 1º, 2º e 3º; 213; 214; 223, *caput* e seu parágrafo único; 267, *caput*, e 270, *caput*, todos do Código Penal, passam a vigorar com a seguinte redação:

> Art. 157, § 3º, *in fine*: se resulta morte, a reclusão é de vinte a trinta anos, sem prejuízo da multa.
> Art. 159, *caput*: pena – reclusão, de oito a quinze anos.
> § 1º: pena – reclusão, de doze a vinte anos.
> § 2º: pena – reclusão, de dezesseis a vinte e quatro anos.
> § 3º: pena – reclusão, de vinte e quatro a trinta anos.
> Art. 213: pena – reclusão, de seis a dez anos.
> Art. 214: pena – reclusão, de seis a dez anos.
> Art. 223, *caput*: pena – reclusão, de oito a doze anos.
> Art. 223, parágrafo único: pena – reclusão, de doze a vinte e cinco anos.
> Art. 267: pena – reclusão, de dez a quinze anos.
> Art. 270: pena – reclusão, de dez a quinze anos.

A Lei n. 8.072/90, além de todas as providências já estudadas, aumentou as penas previstas em abstrato para os crimes hediondos.

Passou o crime de latrocínio a ter pena de vinte a trinta anos.

O delito de extorsão mediante sequestro sofreu alteração na pena em todas as suas figuras (simples e qualificadas). Acontece que, ao aumentar essas penas, o legislador, talvez por equívoco, excluiu a pena de multa antes prevista, fazendo com que tal crime não mais possua essa espécie de pena.

Em relação ao crime de epidemia (art. 267) ocorreu situação interessante. Com efeito, a figura simples não é considerada hedionda (art. 1º, VII) e, por tal razão, não deveria ter sido abordada pela Lei dos Crimes Hediondos. Entretanto, o legislador aumentou a pena desse crime para reclusão, de dez a quinze anos. O caráter hediondo, contudo, só estará presente se a epidemia for qualificada pelo resultado morte, hipótese em que o § 1º do art. 267 determina que a pena será aplicada em dobro.

O art. 270 do Código Penal tipifica os crimes de envenenamento de água potável, substância alimentícia ou medicinal. Exatamente como no caso anterior, esse ilícito penal só era considerado hediondo quando qualificado pelo resultado morte (art. 285 do CP). A Lei n. 8.072/90, entretanto, tornou maior a pena da figura simples, punindo-a com reclusão, de dez a quinze anos, pena esta que será duplicada quando resultar em morte. A Lei n. 8.930/94, por sua vez, excluiu esse crime do rol dos delitos hediondos, mas a alteração na pena continua em vigor.

10 DELAÇÃO EFICAZ

> Art. 7º – Ao art. 159 do Código Penal fica acrescido o seguinte parágrafo:
> § 4º – Se o crime é cometido em concurso, o concorrente que o denunciar à autoridade, facilitando a libertação do sequestrado, terá sua pena reduzida de um a dois terços.

Esse dispositivo, introduzido no Código Penal pela Lei dos Crimes Hediondos, descrevia requisitos tão difíceis de serem atingidos que foi necessária uma alteração legislativa para adequá-lo à realidade. Essa adequação foi feita pela Lei n. 9.269/96.

Trata-se de causa obrigatória de diminuição de pena, que, para ser aplicada, exige que o crime de extorsão mediante sequestro tenha sido cometido por pelo menos duas pessoas e que qualquer uma delas (coautor ou partícipe) se arrependa e delate as demais à autoridade (policiais, juízes, promotores), de tal forma que o sequestrado venha a ser libertado. Para a obtenção do benefício o agente deve, por iniciativa própria ou quando questionado pela autoridade, prestar informações que efetivamente facilitem a localização e a libertação da vítima. Assim, se as informações prestadas em nada colaborarem para isso, a pena não sofrerá qualquer diminuição. Daí o nome "delação eficaz".

Os requisitos, portanto, são os seguintes:
a) prática de extorsão mediante sequestro por duas ou mais pessoas;
b) delação feita por um dos concorrentes à autoridade;
c) eficácia da delação.

Para decidir acerca do *quantum* da redução, o juiz deverá levar em conta a maior ou menor colaboração para a libertação da vítima. Quanto maior a contribuição, maior deverá ser a redução.

A Lei n. 9.807/99, que ficou conhecida por estabelecer normas de proteção a testemunhas e vítimas, em seu art. 13, previu a possibilidade de o juiz conceder perdão judicial ao delator nos crimes em geral. Esse dispositivo, entretanto, não revogou o art. 159, § 4º, do Código Penal, uma vez que, não obstante preveja maior benefício ao delator, possui também requisitos maiores (primariedade, identificação dos comparsas, repercussão social do fato etc.). Assim, quando incabível a aplicação desse benefício (e normalmente o será), poderá ser reconhecido o instituto da delação eficaz criado pela Lei dos Crimes Hediondos.

11 ASSOCIAÇÃO CRIMINOSA QUALIFICADA

> Art. 8º, *caput* – Será de três a seis anos de reclusão a pena prevista no art. 288 do Código Penal, quando se tratar de crimes hediondos, prática da tortura, tráfico ilícito de entorpecentes e drogas afins ou terrorismo.

O art. 288 do Código Penal, após as modificações da Lei n. 12.850/2013, trata do delito de associação criminosa, que consiste na união de três ou mais pessoas com o fim de cometer reiteradamente crimes. O art. 8º da Lei n. 8.072/90 prevê o delito de associação criminosa qualificado pela especial finalidade de seus integrantes de cometerem crimes hediondos ou equiparados. Assim, enquanto o crime comum possui pena de reclusão, de um a três anos, essa modalidade qualificada é punida com reclusão, de três a seis anos. A pena da associação criminosa é autônoma em relação aos delitos efetivamente cometidos por seus integrantes. Assim, formado um grupo para a prática de falsificação de medicamentos (crime hediondo), os seus integrantes responderão pelo crime de associação criminosa (com a pena do art. 8º) e pelas falsificações efetivamente cometidas, em concurso material.

Entendemos que o parágrafo único do art. 288 do Código Penal, que determina aplicação da pena aumentada em até metade se a associação criminosa é armada, aplica-se também àquela formada para cometer crimes hediondos ou figuras equiparadas.

O art. 8º, *caput*, da Lei n. 8.072/90 menciona também a associação formada para **praticar tráfico de entorpecentes**, porém a Lei n. 11.343/2006 (Lei Antidrogas), que é posterior, contém crime específico para a hipótese, chamado "**associação para o tráfico**", que pune com reclusão, de três a dez anos, a associação de duas ou mais pessoas para o fim de praticar, de forma reiterada ou não, o tráfico de drogas (*v.* comentários ao art. 35, *caput*, da Lei n. 11.343/2006 – tópico 2.7 do Cap. II).

12 TRAIÇÃO BENÉFICA

> Art. 8º, parágrafo único – O participante e o associado que denunciar à autoridade o bando ou quadrilha, possibilitando seu desmantelamento, terá a pena reduzida de um a dois terços.

Esse instituto foi chamado por Damásio de Jesus de "traição benéfica", pois resulta em redução da pena como consequência da delação de comparsas. Veja-se que, nos termos da lei, só haverá a diminuição da pena se a delação implicar o efetivo desmantelamento da quadrilha. Desmantelar significa impedir que as atividades do grupo prossigam.

A aplicação do instituto pressupõe os seguintes requisitos:
a) existência de uma associação criminosa formada para a prática de crimes hediondos, terrorismo ou tortura;
b) delação da existência do grupo à autoridade por um de seus integrantes;
c) eficácia da delação, possibilitando o seu desmantelamento.

O *quantum* da redução, entre um e dois terços, deve guardar relação com a maior ou menor colaboração do agente. Quanto maior a colaboração, maior a redução.

No caso de concurso material entre o delito de associação criminosa e outros praticados por seus integrantes, a redução da pena atingirá apenas o primeiro (associação).

Apesar de o dispositivo mencionar expressamente o crime de "quadrilha ou bando" – denominação afastada pela Lei n. 12.850/2013 –, é viável sua aplicação ao crime de associação criminosa, uma vez que o dispositivo em questão é norma benéfica (que gera redução da pena).

13 CAUSAS DE AUMENTO DE PENA

> Art. 9º – As penas fixadas no art. 6º para os crimes capitulados nos arts. 157, § 3º, 158, § 2º, 159, *caput* e seus §§ 1º, 2º e 3º, 213, *caput*, e sua combinação com o art. 223, *caput* e parágrafo único, 214 e sua combinação com o art. 223, *caput* e parágrafo único, todos do Código Penal, são acrescidas de metade, respeitado o limite superior de trinta anos de reclusão, estando a vítima em qualquer das hipóteses referidas no art. 224 também do Código Penal.

Esse dispositivo prevê um aumento de metade da pena nos crimes hediondos de natureza patrimonial e sexual se a vítima não for maior de 14 anos, se for alienada ou débil mental e o agente souber disso ou se não puder, por qualquer causa, oferecer resistência. Ocorre que referido art. 9º foi tacitamente revogado na medida em que a Lei n. 12.015/2009 expressamente revogou o art. 224 do Código Penal, que lhe dava complemento. Assim, nos crimes patrimoniais mencionados no dispositivo não há mais causa de aumento de pena e, nos crimes sexuais, a mesma Lei n. 12.015/2009 transformou as hipóteses em crime autônomo denominado estupro de vulnerável.

14 PRAZO EM DOBRO PARA O TRÁFICO DE ENTORPECENTES

O art. 10 da Lei dos Crimes Hediondos continha regra determinando que, a partir de sua entrada em vigor, os prazos previstos na Lei n. 6.368/76 (antiga Lei Antitóxicos), para apuração do crime de tráfico, passariam a ser contados em dobro. Essa regra perdeu o sentido após a aprovação da Lei n. 11.343/2006 (Lei Antidrogas), que estabeleceu novos prazos procedimentais para a apuração do tráfico (*v.* tópico 3 do Cap. II).

15 PRIORIDADE DE TRAMITAÇÃO

De acordo com o art. 394-A do Código de Processo Penal, introduzido pela Lei n. 13.285/2016, os processos que apurem a prática de crime hediondo terão prioridade de tramitação em todas as instâncias.

Quadro sinótico – Crimes hediondos

Rol dos crimes hediondos	O rol dos crimes de natureza hedionda é taxativamente previsto no art. 1º da Lei n. 8.072/90: a) homicídio quando praticado em atividade típica de grupo de extermínio, ainda que cometido por um só agente; b) homicídio qualificado; c) lesão corporal dolosa de natureza gravíssima (art. 129, § 2º) e lesão corporal seguida de morte (art. 129, § 3º), quando praticadas contra autoridade ou agente descrito nos arts. 142 e 144 da Constituição Federal, integrantes do sistema prisional e da Força Nacional de Segurança Pública, no exercício da função ou em decorrência dela, ou contra seu cônjuge, companheiro ou parente consanguíneo até terceiro grau, em razão dessa condição. d) roubo majorado pela restrição de liberdade, pelo emprego de arma de fogo ou arma de fogo de uso proibido ou restrito, e roubo qualificado pela lesão grave ou morte; e) extorsão qualificada pela restrição de liberdade da vítima, ocorrência de lesão corporal ou morte; f) extorsão mediante sequestro simples e em suas formas qualificadas; g) estupro simples e qualificado pela lesão grave ou morte; h) estupro de vulnerável em sua forma simples ou qualificada pela lesão grave ou morte; i) epidemia com resultado morte; j) falsificação, corrupção, adulteração ou alteração de produto destinado a fins terapêuticos ou medicinais; k) favorecimento da prostituição ou de outra forma de exploração sexual de criança ou adolescente ou de vulnerável; l) furto qualificado pelo emprego de explosivo ou de artefato análogo que cause perigo comum; m) genocídio; n) posse ou porte ilegal de arma de fogo de uso proibido; o) comércio ilegal de armas de fogo; p) tráfico internacional de arma de fogo, acessório ou munição; q) organização criminosa, quando direcionado à prática de crime hediondo ou equiparado. r) os crimes previstos no Código Penal Militar que apresentem identidade com os crimes previstos no art. 1º da Lei n. 8.072/90. Observação: as modalidades tentadas desses crimes também configuram crime hediondo.
Figuras equiparadas	De acordo com a Lei n. 8.072/90, merecem o mesmo tratamento dos crimes hediondos o tráfico ilícito de entorpecentes e drogas afins, o terrorismo e a tortura. O tráfico privilegiado não tem natureza equiparada a crimes dos hediondos (art. 112, § 5º, da LEP).
Vedações	Os crimes hediondos, o terrorismo, a tortura e o tráfico de drogas são insuscetíveis de anistia, graça, indulto e fiança. Para o crime de tortura não existe vedação expressa ao indulto, mas o STF entende que a vedação à graça contida na Constituição abrange a proibição ao indulto.
Restrições	a) Nos termos do art. 2º, § 1º, da Lei n. 8.072/90, regime inicial deve ser necessariamente o fechado. O Plenário do STF, todavia, declarou a inconstitucionalidade deste dispositivo. Assim, devem ser seguidas as regras comuns do Código Penal para a fixação do regime inicial. b) A progressão para regime mais brando deve dar-se pelo cumprimento de: a) 40% da pena, se for condenado pela prática de crime hediondo ou equiparado, se for primário (art. 112, V, da LEP); b) 50% da pena, se for condenado pela prática de crime hediondo ou equiparado, com resultado morte, se for primário (art. 112, VI, "a", da LEP); c) 60% da pena, se for reincidente na prática de crime hediondo ou equiparado (art. 112, VII, da LEP); d) 70% da pena, se for reincidente em crime hediondo ou equiparado com resultado morte (art. 112, VIII, da LEP).

Restrições	c) O livramento condicional só pode ser obtido pelo cumprimento de dois terços da pena e desde que o réu não seja reincidente específico em crime dessa natureza. É vedado o livramento condicional a pessoas condenadas por crime hediondo ou equiparado do qual tenha resultado morte. d) O prazo de prisão temporária é de trinta dias prorrogáveis por mais trinta. e) em caso de condenação, o juiz deverá decidir fundamentadamente se o réu poderá apelar em liberdade.

Capítulo II
Drogas

1 INTRODUÇÃO

A Lei n. 11.343, sancionada em 23 de agosto de 2006, é a Lei Antidrogas. Essa lei institui o Sistema Nacional de Políticas Públicas sobre Drogas – Sisnad; prescreve medidas para prevenção do uso indevido, atenção e reinserção de usuários e dependentes de drogas, e estabelece normas para a repressão à produção não autorizada e ao tráfico ilícito, além de definir os respectivos ilícitos penais. As Leis n. 6.368/76 e 10.409/2002, que tratavam do tema, foram expressamente revogadas.

No âmbito criminal as principais inovações foram o tratamento diferenciado em relação ao usuário, a tipificação de crime específico para a cessão de pequena quantia de droga para consumo conjunto, o agravamento da pena do tráfico, a criação da figura do tráfico privilegiado, a tipificação do crime de financiamento ao tráfico, bem como a regulamentação de novo rito processual, temas que serão estudados a seguir.

2 DOS CRIMES E DAS PENAS

2.1. PORTE E CULTIVO PARA CONSUMO PRÓPRIO

> Art. 28 – Quem adquirir, guardar, tiver em depósito, transportar ou trouxer consigo, para consumo pessoal, drogas sem autorização ou em desacordo com determinação legal ou regulamentar será submetido às seguintes penas:
> I – advertência sobre os efeitos das drogas;
> II – prestação de serviços à comunidade;
> III – medida educativa de comparecimento a programa ou curso educativo.
> § 1º – Às mesmas medidas submete-se quem, para seu consumo pessoal, semeia, cultiva ou colhe plantas destinadas à preparação de pequena quantidade de substância ou produto capaz de causar dependência física ou psíquica.

1. Objetividade jurídica. A preservação da saúde pública.

2. Natureza jurídica. A Lei ao tratar do tema classificou a conduta como crime. O próprio procedimento estabelecido, junto ao Juizado Especial Criminal, também leva a essa conclusão. Além disso, ao tratar da prescrição dessa modalidade de infração penal, o art. 30 determina que se apliquem as regras do art. 107 do Código Penal, reforçando, portanto, a condição de crime.

Não é possível aceitar a tese de que o fato não é mais considerado ilícito penal porque a Lei não prevê pena privativa de liberdade em abstrato, apenas com base no art. 1º da Lei de Introdução ao Código Penal, que prevê serem considerados crimes os fatos ilícitos a que a lei comine pena de reclusão ou detenção. Com efeito, a finalidade deste dispositivo era apenas a de diferenciar crimes e contravenções por ocasião da entrada em vigor concomitante do Código Penal e da Lei das Contravenções Penais, em 1º de janeiro de 1942. Nesse sentido já decidiu a Corte Suprema, no julgamento do RE 430.105-QO, Rel. Min. Sepúlveda Pertence, 1ª Turma, julgado em 13-2-2007, *DJe* 004, de 26-4-2007, publicado em 27-4-2007.

3. Condutas típicas. São incriminadas cinco condutas:

a) **adquirir:** obter a propriedade, a título oneroso ou gratuito. O mais comum, entretanto, é a compra;

b) **trazer consigo:** é sinônimo de portar, conduzir pessoalmente a droga;

c) **guardar** e **ter em depósito:** é manter a droga em algum local;

d) **transportar:** conduzir de um local para outro em algum meio de transporte.

Trata-se de crime de **ação múltipla** em que a realização de mais de uma conduta em relação à mesma droga constitui crime único. Ex.: agente que compra e depois traz consigo o entorpecente.

O legislador não tipificou o uso pretérito da droga. Assim, caso um exame de sangue ou de urina constate que alguém usou droga, ou, ainda, se ele confessar ter feito uso de entorpecente em determinada oportunidade, não responderá pelo crime. A hipótese de o exame de urina constatar o uso pretérito de droga é bastante comum no caso de exame *antidoping* de atletas, sendo sempre atípico o fato. Percebe-se, portanto, que a lei pune apenas o perigo social representado pela detenção atual da substância, que deixa de existir quando ela já foi consumida.

Se alguém for preso fumando um cigarro de maconha responde pelo crime?

Depende: se o cigarro for apreendido e a perícia constatar a existência do princípio ativo da droga, o agente responderá pelo delito. Se o cigarro já havia sido consumido por completo e não se constatar a existência do princípio ativo, o fato será atípico.

4. Figura equiparada. O art. 28, § 1º, estabelece o mesmo tratamento penal a quem, para seu consumo pessoal, semeia, cultiva ou colhe plantas destinadas à preparação de pequena quantidade de substância ou produto capaz de causar dependência física ou psíquica. O dispositivo é aplicado, em geral, para pessoas que plantam algumas poucas mudas de maconha em sua própria residência para consumo pessoal. Note-se que, se a intenção do agente for a venda ou a entrega a consumo de terceiro, a conduta será enquadrada no art. 33, § 1º, II, que é equiparada ao tráfico.

O cultivo para uso pessoal, embora não previsto expressamente na Lei n. 6.368/76, já vinha obtendo da jurisprudência tratamento equiparado ao crime de porte para uso próprio, por analogia *in bonam partem*.

5. Elemento subjetivo do tipo. O art. 28 exige que a droga seja exclusivamente para uso do agente (consumo próprio). O art. 33, *caput*, também descreve as condutas adquirir, guardar, ter em depósito, transportar ou trazer consigo, diferenciando-se do art. 28, porque naquele a intenção do agente é a entrega ao consumo de outrem (tráfico), enquanto neste é o consumo pelo próprio agente. De acordo com o art. 28, § 2º, para determinar se a droga destinava-se a consumo pessoal ou ao tráfico, o juiz atenderá à natureza e à quantidade da substância apreendida, ao local e às condições em que se desenvolveu a ação, às circunstâncias sociais e pessoais, bem como à conduta e aos antecedentes do agente. Se o juiz ainda assim ficar na dúvida a respeito da intenção, deve condenar o agente pelo crime menos grave, ou seja, pelo porte para consumo pessoal – princípio do *in dubio pro reo*.

De acordo com a jurisprudência, o sujeito que tinha a droga para uso próprio, mas que acaba vendendo parte dela, responde apenas pelo crime de tráfico (o porte fica absorvido). Igualmente, o traficante que faz uso de pequena parte do entorpecente que tem em seu poder só responde pelo tráfico.

6. Objeto material. Como nos demais crimes da Lei, o objeto material é a substância entorpecente ou que determine dependência física ou psíquica. É necessário que exista capitulação (em lei ou normas infralegais) do princípio ativo componente da droga e que sua existência seja constatada por exame químico-toxicológico.

7. Elemento normativo do tipo. Encontra-se na expressão "sem autorização ou em desacordo com determinação legal ou regulamentar". Para mais detalhes, *v.* tópico respectivo no crime de tráfico (art. 33, *caput*).

8. Crime de perigo abstrato. O art. 28 da Lei Antidrogas descreve crime de perigo presumido, abstrato, pois pune o risco à saúde pública, representado por quem detém o entorpecente. Por essa razão, não importa a quantia da droga portada. Sendo constatada a existência do princípio ativo, haverá crime. Por algum tempo, entretanto, existiu entendimento por parte da jurisprudência no sentido de que o porte de até um grama de maconha não constituiria crime em virtude do princípio da insignificância. As Cortes Superiores, atualmente, entendem incabível a aplicação de referido princípio ao crime em análise.

Há quem defenda que a incriminação ao mero porte de entorpecente para uso próprio seria inconstitucional, por ser vedado ao Estado interferir na liberdade de as pessoas fazerem o que quiserem com sua própria saúde. Para justificar tal interpretação, utilizam-se, inclusive, de direito comparado (alemão, holandês etc.). Deve-se lembrar, entretanto, que o porte de entorpecente representa um perigo para toda a coletividade e não apenas para o réu. A pessoa drogada, além de danos à sua própria saúde, pode ficar violenta, causar vários tipos de acidentes e, até mesmo, em face da necessidade de sustentar seu vício, cometer crimes contra o patrimônio ou de outra natureza. Por essas razões, pensamos não haver qualquer inconstitucionalidade no dispositivo.

Observação: A constitucionalidade deste dispositivo será em breve apreciada pelo Plenário do Supremo Tribunal Federal que, no julgamento do RE 635.659, reconheceu a repercussão geral do tema. Neste recurso, a Defensoria Pública de São Paulo alega ser inconstitucional criminalizar o porte de droga para consumo próprio porque isto fere os princípios da intimidade e da vida privada (art. 5º, X, da Constituição) e, por consequência, o princípio da lesividade.

9. Sujeito ativo. Pode ser qualquer pessoa. Trata-se de crime comum. Abrange o usuário eventual e o dependente.

A coautoria é possível e ocorre, p. ex., quando duas ou mais pessoas compram determinada quantia de droga para uso conjunto. Veja-se, contudo, que não há coautoria quando existem duas pessoas no interior de um automóvel e os policiais encontram o entorpecente em poder de apenas uma delas, não se conseguindo provar que a outra tinha alguma relação com a droga.

É também muito comum que policiais encontrem uma porção de maconha sob o banco de um carro em que estavam várias pessoas. Nesse caso, se não ficar provado quem era o responsável pelo tóxico, nenhum deles poderá ser processado ou condenado.

10. Sujeito passivo. O Estado.

11. Consumação. A modalidade adquirir é instantânea e consuma-se quando há o acordo de vontades entre o vendedor e o comprador. As modalidades trazer consigo, guardar, ter em depósito e transportar constituem crimes permanentes e consumam-se no momento em que o agente obtém a posse da droga, protraindo-se no tempo enquanto ele a mantiver.

12. Tentativa. Nas modalidades permanentes ela é inadmissível.

Em relação ao verbo "adquirir", existem várias interpretações. Para uns, se a pessoa procura o traficante para comprar a droga e é preso nesse momento, antes de recebê-la, responde por tentativa. Para outros, o fato é atípico, pois seria pressuposto do delito o recebimento da droga. Não podemos, contudo, concordar com esses entendimentos. Com efeito, parece-nos que a interpretação correta é a seguinte: nos termos da lei civil (art. 482 do CC), a compra e venda aperfeiçoa-se com o simples acordo de vontades entre vendedor e comprador, já que se trata de contrato consensual. Assim, se o comprador, p. ex., entra em contato pela *Internet* com o fornecedor, efetua o pagamento da droga e fica de recebê-la pelo correio, mas a droga acaba sendo apreendida antes de chegar ao destino, o crime já está consumado, pois ele já tinha adquirido a substância (o efetivo recebimento, portanto, não é requisito para a tipificação ou para a consumação do ilícito penal). Porém, se alguém procura um conhecido traficante e lhe diz que quer comprar determinada quantia de entorpecente, mas não chegam a um acordo em relação ao preço, é inegável a ocorrência de tentativa (de aquisição).

Ademais, exigir que o agente efetivamente receba a droga para que a modalidade "adquirir" esteja consumada significa, em verdade, inviabilizar essa figura, pois, na prática, se o agente já recebeu o entorpecente, ele é acusado de "trazer consigo" ou "guardar" a substância, ou até mesmo por tráfico, caso a tenha repassado para terceiro.

13. Pena. A grande inovação da Lei n. 11.343/2006 foi deixar de prever pena privativa de liberdade para o crime de porte para consumo próprio, cujas penas passaram a ser de advertência sobre os efeitos da droga, prestação de serviços à comunidade e medida educativa de comparecimento a programa ou curso educativo. De acordo com o art. 27, essas penas podem ser aplicadas isolada ou cumulativamente, bem como substituídas, umas pelas outras, a qualquer tempo, ouvidos o Ministério Público e o defensor.

As penas de prestação de serviços e medida educativa de frequência a cursos serão aplicadas pelo prazo máximo de cinco meses, mas em caso de reincidência poderão ser aplicadas pelo prazo máximo de dez meses (art. 28, §§ 3º e 4º).

A prestação de serviços à comunidade será cumprida em programas comunitários, entidades educacionais ou assistenciais, hospitais, estabelecimentos congêneres, públicos ou privados sem fins lucrativos, que se ocupem, preferencialmente, da prevenção do consumo ou da recuperação de usuários e dependentes de drogas (art. 28, § 5º).

Para a garantia do cumprimento dessas medidas educativas, a que injustificadamente se recuse o condenado a cumprir, poderá o juiz submetê-lo, sucessivamente, a: I – admoestação verbal; II – multa.

O juiz, atendendo à reprovabilidade da conduta, fixará o número de dias-multa, em quantidade nunca inferior a quarenta nem superior a cem, atribuindo depois a cada um, segundo a capacidade econômica do agente, o valor de um trinta avos até três vezes o valor do maior salário mínimo. Os valores decorrentes da imposição dessa multa serão creditados à conta do Fundo Nacional Antidrogas (art. 29).

Segundo o art. 30, prescrevem em dois anos a imposição e a execução das penas previstas para este crime, observado, no tocante à interrupção do prazo, o disposto nos arts. 107 e seguintes do Código Penal.

O art. 28, § 7º, dispõe que o juiz determinará ao Poder Público que coloque à disposição do infrator, gratuitamente, estabelecimento de saúde, preferencialmente ambulatorial, para tratamento especializado em recuperação.

A 1ª Turma do Supremo Tribunal Federal decidiu que não cabe *habeas corpus* para trancamento de ação penal que apura o crime de porte para consumo próprio, na medida em que não é apenado com pena privativa de liberdade (HC 127.834).

O Superior Tribunal de Justiça passou a entender que, embora o porte de droga para consumo pessoal constitua crime, a condenação por tal conduta não gera reincidência por parte de quem comete novo crime posteriormente. Alegam que o reconhecimento da reincidência ofende o princípio da proporcionalidade porque a condenação anterior por contravenção penal não gera reincidência, de modo que a condenação por crime para o qual não é prevista pena privativa de liberdade (art. 28) também não pode gerar: "Consoante o posicionamento firmado pela Suprema Corte, na questão de ordem no RE n. 430.105/RJ, a conduta de porte de substância entorpecente para consumo próprio, prevista no art. 28 da Lei n. 11.343/2006, foi apenas despenalizada pela nova Lei de Drogas, mas não descriminalizada, em outras palavras, não houve *abolitio criminis*. Desse modo, tratando-se de conduta que caracteriza ilícito penal, a condenação anterior pelo crime de porte de entorpecente para uso próprio pode configurar, em tese, reincidência" (HC 453.437/SP, Rel. Min. Reynaldo Soares da Fonseca, 5ª Turma, julgado em 4-10-2018, DJe 15-10-2018). No mesmo sentido: STJ – REsp 1672654/SP, Rel. Min. Maria Thereza de Assis Moura, 6ª Turma, julgado em 21-8-2018, DJe 30-8-2018.

14. Ação penal e procedimento. A ação é pública incondicionada.

O procedimento em relação a qualquer das condutas previstas no art. 28, salvo se houver concurso com crime mais grave, é aquele descrito nos arts. 60 e seguintes da Lei n. 9.099/95, sendo, assim, de competência do Juizado Especial Criminal. Dessa forma, a quem for flagrado na prática de infração penal dessa natureza não se imporá prisão em flagrante, devendo o autor do fato ser imediatamente encaminhado ao juízo competente, ou, na falta deste, assumir o compromisso de a ele comparecer, lavrando-se termo circunstanciado e providenciando a autoridade policial as requisições dos exames e perícias necessários. Concluída a lavratura do termo circunstanciado, o agente será submetido a exame de corpo de delito se o requerer, ou se a autoridade policial entender conveniente, e, em seguida, será liberado.

No Juizado Especial será realizada a audiência preliminar para a propositura da transação penal – se o réu perfizer os requisitos do art. 76 da Lei n. 9.099/95. Na transação penal, o Ministério Público poderá propor a aplicação imediata das penas previstas no art. 28, *caput*, da Lei (advertência, prestação de serviços ou frequência a curso educativo). Se o infrator aceitar a proposta e for ela homologada pelo juiz, aguardar-se-á o cumprimento da medida pelo agente e, ao final, será declarada extinta a pena. Se não houver êxito na transação penal por ter o acusado recusado a proposta ou por não ter comparecido à audiência, ou, ainda, por estarem ausentes os requisitos legais, a denúncia será oferecida verbalmente na própria audiência, observando-se, em seguida, o rito sumariíssimo dos arts. 77 e seguintes da Lei n. 9.099/95.

2.2. TRÁFICO ILÍCITO DE DROGAS

> **Art. 33, *caput*** – Importar, exportar, remeter, preparar, produzir, fabricar, adquirir, vender, expor à venda, oferecer, ter em depósito, transportar, trazer consigo, guardar, prescrever, ministrar, entregar a consumo ou fornecer drogas, ainda que gratuitamente, sem autorização ou em desacordo com determinação legal ou regulamentar:
> **Pena** – reclusão de cinco a quinze anos e pagamento de quinhentos a mil e quinhentos dias-multa.

1. Introdução. O crime de tráfico ilícito de drogas, previsto na Lei Antidrogas, é praticamente idêntico ao antigo crime previsto no art. 12, *caput*, da Lei n. 6.368/76. As diferenças existentes serão analisadas nos próximos tópicos.

2. Objetividade jurídica. A saúde pública.

3. Sujeito ativo. Pode ser qualquer pessoa. Trata-se de crime comum. A coautoria e a participação são possíveis em todas as condutas descritas no tipo penal.

Se o agente comete o crime prevalecendo-se de função pública ou no desempenho de função de educação, poder familiar, guarda ou vigilância, a pena será aumentada de um sexto a dois terços (art. 40, II), conforme se verá no item 2.10.

4. Sujeito passivo. A coletividade.

5. Elemento subjetivo. Todas as figuras relacionadas ao tráfico de entorpecentes são dolosas.

6. Condutas típicas. A lei contém, ao todo, dezoito condutas típicas:

Importar consiste em fazer entrar o tóxico no País, por via aérea, marítima ou por terra. O crime pode ser praticado até pelo correio. O delito consuma-se no momento em que a droga entra no território nacional. Pelo princípio da especialidade aplica-se a Lei Antidrogas e não o art. 334 do Código Penal (contrabando ou descaminho), dispositivo que, dessa forma, só pune a importação de outros produtos proibidos.

Exportar é enviar o entorpecente para outro país por qualquer dos meios mencionados.

Remeter é deslocar a droga de um local para outro do território nacional.

Preparar consiste em combinar substâncias não entorpecentes formando uma substância tóxica pronta para o uso.

Produzir é criar. É a preparação com capacidade criativa, ou seja, que não consista apenas em misturar outras substâncias.

Fabricação é a produção por meio industrial.

Adquirir é comprar, obter a propriedade, a título oneroso ou gratuito. Só constitui tráfico se a pessoa adquire com intenção de, posteriormente, entregar a consumo de outrem. Quem compra droga para uso próprio incide na conduta prevista no art. 28 – porte de droga para consumo próprio.

Vender é alienar mediante contraprestação em dinheiro ou outro valor econômico.

Expor à venda consiste em exibir a mercadoria aos interessados na aquisição.

Oferecer significa abordar eventuais compradores e fazê-los saber que possui a droga para venda.

O significado das condutas "**guardar**" e "**ter em depósito**" é objeto de controvérsia na doutrina. Com efeito, Magalhães Noronha entende que "ter em depósito" é reter a droga que lhe pertence, enquanto "guardar" é reter a droga pertencente a terceiro. Para Vicente Greco Filho, ambas as condutas implicam retenção da substância entorpecente, mas a figura "ter em depósito" sugere provisoriedade e possibilidade de deslocamento rápido da droga de um local para outro, enquanto "guardar" tem um sentido, pura e simplesmente, de ocultação.

Transportar significa conduzir de um local para outro em um meio de transporte e, assim, difere da conduta "remeter" porque, nesta, não há utilização de meio de transporte viário. Enviar droga por correio, portanto, constitui "remessa", exceto se for entre dois países, quando consistirá em "importação" ou "exportação". Por outro lado, o motorista de um caminhão que leva a droga de Campo Grande para São Paulo está "transportando" a mercadoria entorpecente.

Trazer consigo é conduzir pessoalmente a droga. É provavelmente a conduta mais comum porque se configura quando o agente, p. ex., traz o entorpecente em seu bolso ou bolsa.

Prescrever, evidentemente, é sinônimo de receitar. Por essa razão, a doutrina costuma mencionar que se trata de crime próprio, pois só médicos e dentistas podem receitar medicamentos. Lembre-se que há substâncias entorpecentes que podem ser vendidas em farmácias, desde que haja prescrição médica. Porém, se o médico, intencionalmente, prescreve o entorpecente, apenas para facilitar o acesso à droga, responde por tráfico. O crime consuma-se no momento em que a receita é entregue ao destinatário. O Superior Tribunal de Justiça, todavia, entende que o crime também pode ser cometido por quem não é médico ao firmar entendimento de que "quando o agente no exercício irregular da medicina prescreve substância caracterizada como droga, resta configurado, em tese, o delito do art. 282 do Código Penal – CP, em concurso formal com o do art. 33, *caput*, da Lei n. 11. 343/2006" (jurisprudência em teses, edição n. 126 – maio de 2019). Nesse sentido: HC 139667/RJ, Rel. Min. Felix Fischer, 5ª Turma, julgado em 17/12/2009, *DJe* 01/02/2010; HC 9126/GO, Rel. Min. Hamilton Carvalhido, 6ª Turma, julgado em 05/12/2000, DJ 13/08/2001 p. 265.

Se alguém falsifica uma receita e consegue comprar a droga, responde por tráfico na modalidade "adquirir" com intuito de venda posterior.

Veja-se, finalmente, que a prescrição culposa de entorpecente (em dose maior que a necessária ou em hipótese em que não é recomendável o seu uso) caracteriza crime específico, previsto no art. 38 da Lei.

Ministrar é aplicar, inocular, introduzir a substância entorpecente no organismo da vítima – quer via oral, quer injetável. Ex.: um farmacêutico injeta drogas em determinada pessoa sem existir prescrição médica para tanto.

Fornecer é sinônimo de proporcionar. O fornecimento pressupõe intenção de entrega continuada do tóxico ao comprador e, por tal razão, difere das condutas "vender" ou simplesmente "entregar". O fornecimento e a entrega, ainda que gratuitos, tipificam o crime.

7. Crime de ação múltipla. Nota-se facilmente que o crime do art. 33, *caput*, da Lei n. 11.343/2006 é de ação múltipla, isto é, possui várias condutas típicas separadas pela conjunção alternativa "ou". Em razão disso, a pluralidade de condutas envolvendo o mesmo objeto material constitui crime único. Ex.: adquirir, transportar, guardar e depois vender a mesma substância entorpecente. Nesse caso há um só crime porque as diversas condutas são fases sucessivas de um mesmo ilícito. Os crimes de ação múltipla são também chamados de crimes de conteúdo variado ou de tipo misto alternativo. A prática de qualquer das condutas descritas no art. 33, *caput*, é suficiente para a caracterização do crime de tráfico ilícito de drogas, sendo desnecessária a realização de ato de venda do entorpecente.

Não haverá, por sua vez, delito único quando as condutas se referirem a cargas diversas de entorpecente sem qualquer ligação fática. Assim, se uma pessoa compra um quilo de maconha, depois o vende e, na semana seguinte, compra mais dois quilos e vende, responde por dois delitos em continuação delitiva, já que a forma de execução foi a mesma. Porém, se o agente importa cinquenta quilos de maconha e produz dez quilos de crack, responderá pelos delitos na forma do concurso material, uma vez que as condutas são diversas (importar e produzir).

8. Objeto material (norma penal em branco). A Lei Antidrogas alterou a denominação do objeto material do crime. Na redação antiga do art. 12 da Lei n. 6.368/76, era utilizada a expressão "substância entorpecente ou que determine dependência física ou psíquica". Na atual redação, o objeto material recebeu a singela denominação de "droga", e o art. 1º, parágrafo único, da Lei n. 11.343/2006, por sua vez, estabelece que se consideram como drogas as substâncias ou os produtos capazes de causar dependência, assim especificados em lei ou relacionados em listas atualizadas periodicamente pelo Poder Executivo da União – mais especificamente pelo Ministério da Saúde. Percebe-se, portanto, que se trata de norma penal em branco que precisa ser complementada por outra, a fim de ser possível a completa tipificação do ilícito penal. O art. 1º, parágrafo único, permite que o complemento ocorra por norma de igual nível (lei) ou de nível inferior (decretos, portarias etc.). Na prática, entretanto, o complemento tem sido feito quase sempre por meio de decretos e portarias, porque, assim, facilitam-se as revisões para excluir e, principalmente, incluir novas substâncias entorpecentes, exatamente como preconiza o art. 1º, parágrafo único, já que o surgimento de novas drogas é muito comum e a punição dos traficantes depende da prévia menção na norma complementar. As portarias e decretos que completam o tipo penal não precisam fazer menção ao nome comercial ou popular (maconha, lança-perfume), bastando que contenham o nome do princípio ativo, que é o componente tóxico que causa a dependência (tetra-hidrocanabinol, cloreto de etila). A relação de substâncias entorpecentes que se encontrava em aplicação no momento da aprovação da Lei de Drogas era a Portaria n. 344/98, da Anvisa (Agência Nacional de Vigilância Sanitária, que integra o Ministério da Saúde). A fim de confirmar seu teor, a nova Lei, em seu art. 66, estabeleceu que, "para fins do disposto no parágrafo único do art. 1º desta Lei, até que seja atualizada a terminologia da lista mencionada no preceito, denominam-se drogas as substâncias entorpecentes, psicotrópicas, precursoras e outras sob controle especial, da Portaria SVS n. 344, de 12 de maio de 1998", ou seja, referida portaria ganhou força de lei. Na prática, as drogas mais comumente apreendidas são a maconha, a cocaína (em pó ou em pedra – conhecida como *crack*), o lança-perfume, o *ecstasy*, a heroína, o LSD, o ópio, dentre outras.

Para que uma substância seja incluída como entorpecente basta que provoque dependência física ou psíquica. Dependência física é um estado fisiológico alterado com uma adaptação do organismo à presença continuada da droga, de tal forma que sua retirada desencadeia distúrbios fisiológicos, com sentido geralmente oposto ao dos efeitos farmacológicos da droga. É a chamada síndrome de abstinência, que se verifica quando ocorrem alterações orgânicas geradas pela supressão mais ou menos súbita do uso da droga e que se caracteriza pelo aparecimento de sinais e sintomas algumas horas após o término dos efeitos da última dose. Conforme já mencionado, tem sempre forma de sofrimento com sensações, em geral, opostas àquelas conferidas pela droga. Dependência psíquica, por sua vez, é manifestada por alguns indivíduos pela "ânsia" ou desejo intenso de usar a droga, cujo uso periódico tem por objetivo a obtenção de prazer, alívio de tensão ou evitar um desconforto emocional. A maconha costuma ser usada como exemplo de substância que, apesar de causar apenas dependência psíquica, é considerada entorpecente.

Tendo em vista que, para constituir crime, existe a necessidade de o material encontrado com o agente possuir o princípio ativo, exige a lei a realização de um exame químico-toxicológico para a comprovação da materialidade do delito. Assim, se for apreendido pela polícia um pó branco que fora vendido como cocaína, mas o exame resultar negativo, o fato será considerado atípico. Em sendo positivo o exame estará demonstrada a materialidade da infração penal, sendo desnecessária a aferição do grau de pureza da substância apreendida. Por isso, se traficantes misturarem farinha à cocaína que têm em seu poder, responderão pela infração penal. Nesse sentido: STJ - RHC 57526/SP, Rel. Min. Gurgel de Faria, 5ª Turma, julgado em 25/08/2015, *DJe* 11/09/2015; STJ – RHC 57579/SP, Rel. Min. Leopoldo de Arruda Raposo (DESEMBARGADOR CONVOCADO DO TJ/PE), 5ª Turma, julgado em 18/08/2015, *DJe* 01/09/2015.

9. Elemento normativo do tipo. Está contido na expressão "sem autorização ou em desacordo com determinação legal ou regulamentar".

Em geral, as pessoas não possuem autorização para comprar, transportar, guardar, trazer consigo ou realizar qualquer outra conduta envolvendo tóxico ou matéria-prima destinada à sua produção. Para essas pessoas, portanto, o crime estará sempre tipificado. Há, entretanto, vários indivíduos que, em razão de sua profissão ou por outro motivo relevante, possuem licença prévia da autoridade competente para manuseio, posse, compra ou até importação de entorpecentes. Tais pessoas, evidentemente, não cometem crime, se agirem dentro dos limites dessa licença (art. 31). Essas licenças ou autorizações podem decorrer de leis ou normas inferiores (na prática, são as próprias portarias e resoluções da Anvisa que regulamentam o tema). Dessa forma, a pessoa que possui a autorização deve exercê-la dentro dos limites impostos. Se não os respeita, comete o delito. Ex.: uma pessoa é autorizada a ter a posse de droga para fim terapêutico (farmacêutico, p. ex.), mas, indevida e abusivamente, passa a fornecê-la sem receita médica ou ministrá-la em quantia superior àquela receitada.

Trata-se de elemento normativo porque pressupõe um juízo de valor por parte do juiz, em cada caso concreto, no sentido de verificar se há ou não autorização, se ela é ou não válida, e se o agente observou ou não os seus limites.

10. Consumação. No momento em que o agente realiza a conduta típica. Algumas constituem crimes instantâneos, como, por exemplo, vender, adquirir, oferecer etc. Há também aquelas que constituem delitos permanentes, como nos verbos transportar, trazer consigo, guardar etc. Nestas, a consumação se alonga no tempo, ou seja, durante todo o período que o agente estiver com a droga o crime estará consumando-se, de forma que a prisão em flagrante será possível em qualquer momento.

É possível a prisão em flagrante do responsável pela droga quando ela for encontrada em sua casa mas ele estiver em outro local?

Sim, pois a conduta "guardar" constitui crime permanente.

Apreciando a alegação de Defensores no sentido de haver violação ao princípio da dignidade humana, que tornaria ilícita a prova quando a droga fosse encontrada em revista íntima realizada antes da entrada de visitas em estabelecimentos prisionais, o Superior Tribunal de Justiça assim decidiu: "não viola o princípio da dignidade da pessoa humana a revista íntima realizada conforme as normas administrativas que disciplinam a atividade fiscalizatória, quando houver fundada suspeita de que o visitante esteja transportando drogas ou outros itens proibidos para o interior do estabelecimento prisional" (jurisprudência em teses, edição n. 126 – maio de 2019). Tal questão será apreciada pelo Plenário do Supremo Tribunal Federal, que reconheceu a repercussão geral no julgamento do ARE 959.620 (Tema 998).

11. Tentativa. Em tese é possível. Contudo, na prática forense dificilmente será vista a forma tentada, uma vez que o legislador tipificou como infração autônoma inúmeras figuras que normalmente constituiriam mero ato preparatório de condutas ilícitas posteriores, como, por exemplo, preparar substância entorpecente com o fim de vendê-la. Ora, se o agente é preso após preparar e antes de vender, responderá pela forma consumada (preparo) e não por tentativa de venda.

Por outro lado, o médico que é preso antes de terminar a prescrição ilegal de entorpecente responde por tentativa. Igualmente a pessoa que, via *Internet*, entra em contato com fornecedores internacionais para adquirir grande lote de droga para depois vendê-la a varejo no Brasil, mas, por questão de preço, não consegue efetuar a compra, responde também por tentativa.

12. Flagrante preparado. A respeito do tema ver comentários ao art. 33, § 1º, IV.

13. Pena. Reclusão de cinco a quinze anos e pagamento de quinhentos a mil e quinhentos dias-multa. Essas penas foram aumentadas em relação àquelas previstas na Lei n. 6.368/76.

Reza o art. 42 que o juiz, na fixação das penas, considerará, com preponderância sobre o previsto no art. 59 do Código Penal, a natureza e a quantidade da substância ou do produto, a personalidade e a conduta social do agente. De acordo com esse dispositivo, e com o art. 43, o juiz fixará o montante da pena privativa de liberdade e o número de dias-multa de acordo com os critérios ali mencionados, sendo evidente, portanto, que a pessoa presa ao vender uma pequena porção de maconha deve sofrer uma punição muito menor que aquela flagrada na posse de uma tonelada de cocaína.

No que se refere à pena de multa, o art. 43 dispõe que o juiz estabelecerá, para cada dia-multa, valor não inferior a um trinta avos nem superior a cinco vezes o maior salário mínimo. Para tanto, deverá levar em conta as condições econômicas do acusado. Caso, porém, o juiz a considere ineficaz em virtude da situação econômica do acusado, poderá aumentá-la até o décuplo.

Nos termos do art. 2º, § 1º, da Lei n. 8.072/90, o regime inicial para o crime de tráfico deveria ser necessariamente o fechado, independentemente do montante da pena aplicada e de ser o réu primário ou reincidente. Acontece que o Plenário do Supremo Tribunal Federal, em 27 de junho de 2012, declarou, por oito votos contra três, a inconstitucionalidade deste art. 2º, § 1º, da Lei n. 8.072/90 por entender que a obrigatoriedade de regime inicial fechado para penas não superiores a 8 anos fere o princípio constitucional da individualização da pena (art. 5º, XLVI, da CF). Assim, mesmo para crimes hediondos, tráfico de drogas, terrorismo e tortura, o regime inicial só poderá ser o fechado (quando a pena fixada na sentença não for maior do que 8 anos), se o acusado for reincidente ou se as circunstâncias do caso concreto indicarem uma gravidade diferenciada daquele crime específico, o que deverá constar expressamente da fundamentação da sentença. Essa decisão ocorreu no julgamento do HC 111.840/ES. Em novembro de 2017, confirmando tal entendimento, o Supremo Tribunal Federal aprovou a tese 972, em sede de repercussão geral: "É inconstitucional a fixação *ex lege*, com base no art. 2º, § 1º, da Lei n. 8.072/90, do regime inicial fechado, devendo o julgador, quando da condenação, ater-se aos parâmetros previstos no art. 33 do Código Penal".

Dessa forma, se o réu primário for condenado a pena não superior a 8 anos não bastará que o juiz diga que aquele crime é o de tráfico de drogas para fixar o regime fechado, só podendo fazê-lo se justificar a providência em razão da gravidade diferenciada do delito cometido (envolvimento de menores no tráfico, quantidade muito elevada de droga etc.).

Antes do advento da Lei n. 13.964/2019 a progressão para regime mais brando pressupunha o cumprimento de dois quintos da pena, se o condenado fosse primário, e de três quintos, se reincidente. Tais regras eram encontradas no art. 2º, § 2º, da Lei n. 8.072/90, que, todavia, foi expressamente revogado pela nova lei, que, concomitantemente, alterou o art. 112 da LEP, passando a exigir o cumprimento de ao menos 40% da pena aos condenados por crime equiparado a hediondo (art. 112, V) ou 60%, se reincidente na prática de crime hediondo ou equiparado (art. 112, VII).

Em crimes comuns, a progressão pressupõe o cumprimento de apenas 16% da pena. Por sua vez, o art. 44, parágrafo único, da Lei n. 11.343/2006 estabelece que para os crimes de tráfico o livramento condicional só poderá ser obtido após o cumprimento de dois terços da pena, vedada sua concessão ao reincidente específico. A menção ao reincidente específico, dentro da própria Lei Antidrogas, refere-se àquele que já foi condenado por tráfico e volta a cometer crime dessa mesma natureza. Para os crimes comuns, o art. 83 do Código Penal prevê que o livramento pode ser obtido após o cumprimento de um terço da pena, se o réu for primário, e de metade, se reincidente em crime doloso.

O Superior Tribunal de Justiça fixou entendimento no sentido de que não há reincidência específica se a pessoa for condenada inicialmente por tráfico privilegiado e depois por tráfico comum (art. 33, *caput*, da Lei n. 11.343/2006).

Na prática, portanto, a diferença do crime de tráfico (e dos delitos hediondos) em relação aos crimes comuns é o prazo para a progressão de regime e para a obtenção do livramento condicional. Além disso, o art. 44, *caput*, estabelece que o crime de tráfico de drogas é insuscetível de *sursis*, graça, anistia e indulto. O mesmo art. 44 veda ainda a concessão de fiança e liberdade provisória, de forma que o traficante preso em flagrante deve, em tese, permanecer nesse estado até a prolação da sentença, sendo, porém, possível o relaxamento da prisão se houver excesso de prazo na instrução, ou seja, se os prazos processuais forem extrapolados. Não se pode deixar de mencionar, todavia, que, após o advento da Lei n. 11.464/2007, que deixou de proibir a liberdade provisória para crimes hediondos, passou a existir entendimento de que também para o tráfico a concessão é cabível, muito embora a lei especial diga o contrário em relação a tal delito.

14. Tráfico privilegiado. O art. 33, § 4º, da Lei n. 11.343/2006 prevê que as penas – privativa de liberdade e pecuniária – poderão ser diminuídas de um sexto a dois terços, se o agente for primário e de bons antecedentes, e desde que não se dedique a atividades criminosas nem integre organização criminosa. A jurisprudência passou a denominar essa hipótese "tráfico privilegiado". Note-se que, se o réu for primário e de bons antecedentes, mas as provas indicarem que ele é traficante contumaz, ou seja, que faz do tráfico seu meio de vida, a benesse será inviável. A elevada quantidade de drogas pode ser indicativo de que o acusado se dedica ao tráfico.

Legislação Penal Especial

Como o texto legal não faz distinção, o benefício não pode ser aplicado em qualquer caso de reincidência (específica em tráfico de drogas ou não).

De acordo com as Cortes Superiores, o fato de alguém ser flagrado atuando como "mula do tráfico" não induz necessariamente à conclusão de que integre organização criminosa e que, portanto, não faz jus ao benefício: "...acolho o entendimento uníssono do Supremo Tribunal Federal sobre a matéria, no sentido de que a simples atuação nessa condição não induz, automaticamente, à conclusão de que o sentenciado integre organização criminosa, sendo imprescindível, para tanto, prova inequívoca do seu envolvimento, estável e permanente, com o grupo criminoso, para autorizar a redução da pena em sua totalidade. Precedentes do STF" (STJ – HC 387.077/SP, Rel. Min. Ribeiro Dantas, 5ª Turma, julgado em 06/04/2017, DJe 17/04/2017).

De outro lado, entende-se que a condenação concomitante pelo crime de associação ao tráfico (art. 35 da Lei de Drogas) denota que o acusado se dedica ao tráfico e que, portanto, não faz jus à figura privilegiada.

Essa causa de diminuição também se aplica às figuras equiparadas previstas no art. 33, § 1º, da Lei.

Com a aplicação do redutor desse art. 33, § 4º, a pena do traficante pode ser fixada em patamar igual ou inferior a 4 anos, o que permitiria, em tese, a substituição da pena privativa de liberdade por restritiva de direitos (art. 44, I, do CP). A fim de inviabilizar tal substituição, o legislador expressamente inseriu proibição nesse sentido no próprio art. 33, § 4º, bem como no art. 44, caput, da Lei n. 11.343/2006. Acontece que o Supremo Tribunal Federal, no HC 97.256/RS, em 1º de setembro de 2010, julgou inconstitucional a vedação à substituição por pena restritiva de direitos nos crimes de tráfico de drogas argumentando que tal proibição fere o princípio constitucional da individualização da pena – art. 5º, XLVI, da Constituição Federal – pois, de acordo com a regra do art. 44, I, do Código Penal, a substituição por pena restritiva de direitos é cabível sempre que a pena fixada não exceder 4 anos, nos crimes cometidos sem violência ou grave ameaça, desde que as circunstâncias do crime indiquem que a medida é suficiente para a prevenção e repressão do delito cometido (art. 44, III, do CP). Assim, se, em razão da redução de pena do art. 33, § 4º, a pena fixada na sentença para o traficante não exceder 4 anos, será cabível a substituição, nos termos do art. 44, I, do Código Penal. Se, todavia, a pena privativa de liberdade aplicada for superior a 4 anos, o réu deverá cumpri-la. Após a declaração de inconstitucionalidade por parte do Supremo Tribunal Federal, o Senado Federal aprovou a Resolução n. 5/2012, excluindo expressamente do art. 33, § 4º, da Lei Antidrogas a vedação à conversão da pena privativa de liberdade em restritiva de direitos. De ver-se, contudo, que o juiz poderá deixar de efetuar a substituição se entender que a gravidade do caso concreto é incompatível com o benefício, como, por exemplo, quando a quantidade de droga apreendida for considerável.

O crime de tráfico de drogas é equiparado a hediondo nos termos do art. 5º, XLIII, da Constituição Federal, merecendo tratamento mais rigoroso. Em junho de 2014, o Superior Tribunal de Justiça aprovou a Súmula 512 no sentido de que: "a aplicação da causa de diminuição de pena prevista no art. 33, § 4º, da Lei n. 11.343/2006 não afasta a hediondez do crime de tráfico de drogas". Ocorre que, posteriormente, no julgamento do HC 118.533, Rel. Min. Cármen Lúcia, em 23-6-2016, o Plenário do Supremo Tribunal Federal decidiu que o tráfico privilegiado de drogas não possui natureza hedionda. Posteriormente, a Lei n. 13.964/2019, inseriu no art. 112, § 5º, da LEP, regra expressa no sentido de que o tráfico privilegiado não possui natureza hedionda ou equiparada. Por isso, a progressão de regime pode se dar com o cumprimento de 16% da pena imposta – ao passo que no tráfico comum (não privilegiado) a progressão pressupõe o cumprimento de ao menos 40% da pena, se o réu for primário ou 60% se for reincidente na prática de crime hediondo ou equiparado. Além disso, o livramento condicional na figura privilegiada pode ser obtido de acordo com as regras comuns do art. 83 do Código Penal (cumprimento de 1/3 da pena, se o réu for primário, e de 1/2, se reincidente na prática de crime hediondo ou equiparado). Por fim, para o tráfico privilegiado não estão vedadas a anistia, a graça e o indulto.

Em 19 de outubro de 2023, o Plenário do STF aprovou a Súmula Vinculante n. 59 com o seguinte teor: "É impositiva a fixação do regime aberto e a substituição da pena privativa de liberdade por restritiva de direitos quando reconhecida a figura do tráfico privilegiado (art. 33, § 4º, da Lei n. 11.343/2006) e ausentes vetores negativos na primeira fase da dosimetria (art. 59 do CP), observados os requisitos do art. 33, § 2º, alínea c e do art. 44, ambos do Código Penal". Assim, reconhecida a figura do tráfico privilegiado e sendo favoráveis as circunstâncias judiciais do art. 59 do CP e, ainda, sendo o réu primário, deverá o juiz fixar o regime inicial aberto e substituir a pena privativa de liberdade por restritivas de direitos (se a pena, evidentemente, não exceder 4 anos).

O Superior Tribunal de Justiça firmou entendimento no sentido de que a condenação anterior por crime de porte de droga para consumo pessoal (art. 28 da Lei de Drogas) não gera reincidência. Assim, se a pessoa que está sendo processada por crime de tráfico de drogas ostentar apenas condenação anterior pelo crime do art. 28, poderá obter o benefício (privilégio). A propósito: "Consoante o posicionamento firmado pela Suprema Corte, na questão de ordem no RE n. 430.105/RJ, a conduta de porte de substância entorpecente para consumo próprio, prevista no art. 28 da Lei n. 11.343/2006, foi apenas despenalizada pela nova Lei de Drogas, mas não descriminalizada, em outras palavras, não houve *abolitio criminis*. Desse modo, tratando-se de conduta que caracteriza ilícito penal, a condenação anterior pelo crime de porte de entorpecente para uso próprio pode configurar, em tese, reincidência. 4. Contudo, as condenações anteriores por contravenções penais não são aptas a gerar reincidência, tendo em vista o que dispõe o art. 63 do Código Penal, que apenas se refere a crimes anteriores. E, se as contravenções penais, puníveis com pena de prisão simples, não geram reincidência, mostra-se desproporcional o delito do art. 28 da Lei n. 11.343/2006 configurar reincidência, tendo em vista que nem é punível com pena privativa de liberdade. 5. Nesse sentido, a Sexta Turma deste Superior Tribunal de Justiça, no julgamento do REsp n. 1.672.654/SP, da relatoria da Ministra Maria Thereza, julgado em 21-8-2018, proferiu julgado considerando desproporcional o reconhecimento da reincidência por condenação pelo delito anterior do art. 28 da Lei n. 11.343/2006. 6. Para aplicação da causa de diminuição de pena do art. 33, § 4º, da Lei n. 11.343/2006, o condenado deve preencher, cumulativamente, todos os requisitos legais, quais sejam, ser primário, de bons antecedentes, não se dedicar a atividades criminosas nem integrar organização criminosa, podendo a reprimenda ser reduzida de 1/6 (um sexto) a 2/3 (dois terços), a depender das circunstâncias do caso concreto. No caso, tendo em vista que a reincidência foi o único fundamento para não aplicar a benesse e tendo sido afastada a agravante, de rigor a aplicação da redutora" (HC 453.437/SP, Rel. Min. Reynaldo Soares da Fonseca, 5ª Turma, julgado em 4-10-2018, *DJe* 15-10-2018).

Saliente-se, outrossim, que a 3ª Seção do Superior Tribunal de Justiça, no julgamento do EREsp 1.431.091/SP7, Rel. Min. Felix Fischer, julgado em 14-12-2016, *DJe* 1º-2-2017, firmou entendimento de que a existência de inquéritos policiais ou ações penais em curso por crime de tráfico de drogas podem ser levadas em conta pelo juiz para concluir que o acusado se dedica de forma contumaz ao tráfico ou que integra organização criminosa. Posteriormente, entretanto, no julgamento do Tema n. 1.139, em sede de recursos repetitivos, a mesma 3ª Seção aprovou a seguinte tese: "É vedada a utilização de inquéritos e/ou ações penais em curso para impedir a aplicação do art. 33, § 4º, da Lei n. 11.343/2006".

15. Ação penal. É pública incondicionada.

2.3. FIGURAS EQUIPARADAS AO TRÁFICO

> Art. 33, § 1º – Nas mesmas penas incorre quem:
> I – importa, exporta, remete, produz, fabrica, adquire, vende, expõe à venda, oferece, fornece, tem em depósito, transporta, traz consigo ou guarda, ainda que gratuitamente, sem autorização ou em desacordo com determinação legal ou regulamentar, matéria-prima, insumo ou produto químico destinado à preparação de drogas;

A matéria-prima, o insumo ou o produto químico não precisam ser tóxicos em si, bastando que sejam idôneos à produção de entorpecente. Assim é que a posse de éter ou acetona pode configurar o delito, desde que exista prova de que se destinavam à preparação de cocaína.

O art. 31 da Lei estabelece que, para a posse, venda ou compra de matéria-prima para o fim específico de preparação de droga, é necessária autorização da autoridade competente, que só será concedida dentro dos ditames legais, de modo que, se forem respeitados os limites da autorização, o fato não constituirá crime. Daí por que o tipo penal incorporou a expressão "sem autorização ou em desacordo com determinação legal ou regulamentar".

O Superior Tribunal de Justiça firmou entendimento de que "é possível a aplicação do princípio da consunção entre os crimes previstos no § 1º do art. 33 e/ou no art. 34 pelo tipificado no *caput* do art. 33 da Lei n. 11.343/2006, desde que não caracterizada a existência de contextos autônomos e coexistentes, aptos a vulnerar o bem jurídico tutelado de forma distinta" (jurisprudência em teses edição n. 126 – maio de 2019). A propósito: "Segundo precedentes da Sexta Turma desta Corte, as condutas tipificadas nos arts. 33, § 1º, e 34 da Lei n. 11.343/2006 têm natureza subsidiária em relação àquelas previstas no art. 33, *caput*, da mesma Lei (anteriormente previstas nos arts. 12 e 13 da Lei n. 6.368/1976). Sendo assim, quando praticadas todas num mesmo contexto fático, responde o agente apenas pelo crime tipificado no art. 33, caput, da Lei n. 11.343/2006" (STJ – REsp 1470276/SP, Rel. Min. Sebastião Reis Júnior, 6ª Turma, julgado em 01/09/2016, DJe 13/09/2016).

> Art. 33, § 1º, II – semeia, cultiva ou faz a colheita, sem autorização ou em desacordo com determinação legal ou regulamentar, de plantas que se constituam em matéria-prima para a preparação de drogas;

O art. 2º, *caput*, da Lei estabelece que são proibidos, em todo o território nacional, o plantio, a cultura, a colheita e a exploração de vegetais e substratos dos quais possam ser extraídas ou produzidas drogas, ressalvada a hipótese de autorização legal ou regulamentar, que, nos termos do seu parágrafo único, só pode ser concedida pela União para fins medicinais ou científicos, em local e prazo predeterminados, e mediante fiscalização. Por essa razão, o plantio, o cultivo e a colheita só constituem crime quando realizados sem autorização ou em desacordo com determinação legal ou regulamentar.

Semear é lançar a semente ao solo a fim de que ela germine. Trata-se de crime instantâneo.

A simples posse de sementes – sem que ocorra a efetiva plantação – não está abrangida no tipo penal em análise. Nesse caso, se o exame químico-toxicológico constatar a existência do princípio ativo, o agente deverá ser enquadrado em uma das figuras de tráfico previstas no *caput* (trazer consigo, guardar).

Mas e se o exame resultar negativo, tal como ocorre com a semente de maconha?

Em tal hipótese, existem duas correntes.

a) o agente deve ser punido na figura do art. 33, § 1º, I, da Lei n. 11.343/2006 – trazer consigo ou guardar matéria-prima destinada à preparação da droga. A propósito: "(...) esta Corte Superior de Justiça já firmou entendimento no sentido de que 'A importação clandestina de sementes de *cannabis sativa linneu* (maconha) configura o tipo penal descrito no art. 33, § 1º, I, da Lei n. 11.343/2006' (EDcl no AgRg no REsp 1.442.224/SP, Rel. Min. Sebastião Reis Júnior, 6ª Turma, julgado em 13/09/2016, DJe 22/09/2016) e de que não é cabível a aplicação do princípio da insignificância na hipótese de importação clandestina de produtos lesivos à saúde pública, em especial a semente de maconha" (AgRg no AREsp 1.068.491/SP, Rel. Min. Jorge Mussi, 5ª Turma, julgado em 09/05/2017, DJe 19/05/2017).

b) o fato é atípico pois, embora a semente constitua matéria-prima, ela não é tecnicamente usada na preparação da maconha e sim em sua produção, o que não consta do tipo penal do art. 33, § 1º, I. Nesse sentido: (TRF-3ª Região – HC 0025590-03.2013.4.03.0000/SP, Rel. Desembargador Federal Toru Yamamoto, 1ª Turma, j. 12/11/2013).

Já se entendeu, outrossim, que o fato é atípico por não ser a semente matéria-prima: (STF – HC 143890, Rel. Min. Celso de Mello, julgado em 13/05/2019, publicado em PROCESSO ELETRÔNICO DJe-101 DIVULG 14/05/2019 PUBLIC 15/05/2019).

Cultivar é manter, cuidar da plantação. Trata-se de crime permanente.

Fazer a colheita significa recolher a planta ou os seus frutos. Trata-se de crime instantâneo.

Para a configuração do delito não se exige que a planta origine diretamente a substância entorpecente, pois, nos termos da Lei, basta que se constitua em matéria-prima para sua preparação.

É comum que o traficante semeie, cultive, faça a colheita, obtenha a droga bruta e, após o refino, venda-a a outros traficantes ou ao consumidor. Nesse caso, ele teria infringido condutas do art. 33, caput, e também do § 1º, II. Entretanto, como são várias fases ligadas ao mesmo produto final, deverá ele responder por um só crime (princípio da consunção). Na hipótese, a realização de várias condutas deverá ser levada em conta pelo juiz na fixação da pena-base (art. 59 do CP). É evidente, contudo, que se as condutas não possuírem nexo de sucessividade, haverá concurso material. Assim, responderá por dois crimes o traficante que planta maconha e concomitantemente importa cocaína.

Reza o art. 32 da Lei que as plantações ilícitas serão imediatamente destruídas pela autoridade policial, que recolherá quantidade suficiente para exame pericial, de tudo lavrando auto de levantamento das condições encontradas, com a delimitação do local, asseguradas as medidas necessárias para a preservação da prova. O seu § 3º, por sua vez, esclarece que, em caso de ser utilizada a queimada para destruir a plantação, observar-se-á, além das cautelas necessárias à proteção ao meio ambiente, o disposto no Decreto n. 2.661/98, dispensada a autorização prévia do órgão próprio do Sistema Nacional do Meio Ambiente – Sisnama. O decreto citado regulamenta o emprego de fogo em áreas agropastoris e florestais.

Visando também coibir o tráfico, o art. 243 da Constituição Federal estabeleceu a expropriação sem direito a qualquer indenização de terras onde forem localizadas culturas ilegais de substância entorpecente. O procedimento para essa modalidade de desapropriação encontra-se na Lei n. 8.257/91.

Veja-se, por fim, que, nos termos do art. 28, § 1º, da Lei, quem semeia, cultiva ou colhe plantas destinadas à preparação de pequena quantidade de substância entorpecente, para consumo pessoal, comete crime equiparado ao porte para uso próprio, cuja pena é muito menos grave (advertência, prestação de serviços à comunidade ou medida educativa). Esse dispositivo se aplica, em geral, a pessoas que plantam alguns poucos pés de maconha em vasos na própria casa para consumo pessoal. O dispositivo em questão vem a solucionar polêmica existente na Lei anterior, sendo relevante esclarecer que a jurisprudência já era forte no sentido de a conduta não configurar tráfico, e sim o crime de porte para uso próprio (art. 16 da Lei n. 6.368/76), por analogia in bonam partem.

Art. 33, § 1º, III – utiliza local ou bem de qualquer natureza de que tem a propriedade, posse, administração, guarda ou vigilância, ou consente que outrem dele se utilize, ainda que gratuitamente, sem autorização ou em desacordo com determinação legal ou regulamentar, para o tráfico ilícito de drogas.

Na Lei n. 6.368/76 existia dispositivo semelhante, porém, muito mais abrangente, pois também punia quem utilizava ou consentia na utilização de local ou bem de sua propriedade ou posse para o uso de droga. Pela nova redação, o crime em análise só é tipificado se o local ou bem forem utilizados para o tráfico de drogas.

O local a que a lei se refere pode ser imóvel (casa, apartamento, bar, pousada) ou móvel (veículo, barco). Não é necessário que o agente seja o dono do local utilizado, bastando que tenha a sua posse ou a sua simples administração, guarda ou vigilância. Assim, o gerente de um bar ou o vigia de um parque de diversões podem ser punidos caso permitam o tráfico de entorpecente nesses locais. Trata-se, evidentemente, de crime doloso, que pressupõe que o agente saiba tratar-se de entorpecente.

É bom lembrar que o art. 63 estabelece que o juiz, ao sentenciar, poderá decretar a perda de veículos, embarcações ou aeronaves utilizados no tráfico.

Deve-se comentar que é estranha a tipificação de crime autônomo para quem utiliza local para tráfico, pois quem está traficando já está incurso nas figuras do art. 33, *caput*. Na prática, portanto, o delito estará tipificado para quem consentir na utilização de local de que tem a propriedade, posse, administração, guarda ou vigilância, público ou particular, para que, nele, um terceiro pratique o tráfico de entorpecentes. Na última hipótese – consentimento na utilização de local para tráfico –, a conduta já seria punível como participação no tráfico exercido pelo terceiro. Porém, como a lei transformou a conduta em crime autônomo, deverá ser feita a distinção: quem consente na utilização do local incidirá no § 1º, III, e quem vende a droga responderá pela figura do *caput*.

O crime se consuma com o efetivo tráfico no local, ainda que por uma única vez. A habitualidade, portanto, não é requisito.

Art. 33, § 1º, IV – vende ou entrega drogas ou matéria-prima, insumo ou produto químico destinado à preparação de drogas, sem autorização ou em desacordo com a determinação legal ou regulamentar, a agente policial disfarçado, quando presentes elementos probatórios razoáveis de conduta criminal preexistente.

É muito comum que policiais obtenham informação anônima de que, em certo local, é praticado tráfico. Assim, estando à paisana, os policiais dirigem-se ao local indicado, tocam a campainha e, alegando serem usuários, perguntam se há droga para vender. A pessoa responde afirmativamente, recebe o valor pedido das mãos dos policiais e, ao retornar com o entorpecente, acaba sendo presa em flagrante. *Seria, nesse caso, aplicável a Súmula 145 do Supremo Tribunal Federal, que diz ser nulo o flagrante, e, portanto, atípico o fato, quando a preparação do flagrante pela polícia torna impossível a consumação do delito?* Não há dúvida de que, em relação à compra, a consumação seria impossível, já que os policiais não queriam realmente efetuá-la. Acontece que o flagrante não será nulo porque o traficante, na hipótese, deverá ser autuado pela conduta anterior — ter a guarda, trazer consigo, ter em depósito —, que constitui crime permanente e, conforme já estudado, admite o flagrante em qualquer momento, sendo, assim, típica a conduta. A encenação feita pelos policiais constitui, portanto, meio de prova a respeito da intenção de traficância do agente.

A propósito: "Não há falar em flagrante preparado se o comportamento policial não induziu à prática do delito, já consumado em momento anterior. 2. Hipótese em que o crime de tráfico de drogas estava consumado desde o armazenamento do entorpecente, o qual não foi induzido pelos policiais, perdendo relevância a indução da venda pelos agentes. 3. *Writ* denegado" (STJ — HC 245.515/SC, Rel. Min. Maria Thereza de Assis Moura, 6ª Turma, julgado em 16/8/2012, *DJe* 27/8/2012); "Não fica evidenciada hipótese de crime provocado, ou de flagrante forjado, se os agentes participam da obtenção, da guarda e do transporte de cocaína, que se destina ao exterior, consistindo a atividade da Polícia, apenas, em obter informações sobre o propósito deles e em acompanhar seus passos, até a apreensão da droga, em pleno transporte, ainda no Brasil, seguida de prisão em flagrante" (STF — HC 74.510, Rel. Min. Sydney Sanches, 1ª Turma, julgado em 8/10/1996, DJ 22/11/1996, p. 45690, Ement. v. 1851-03, p. 618); "O verbete nº 145 da Súmula do Supremo Tribunal Federal dispõe que "não há crime, quando a preparação do flagrante pela polícia torna impossível a sua consumação". Contudo, não se pode confundir o flagrante preparado — no qual a polícia provoca o agente a praticar o delito e, ao mesmo tempo, impede a sua consumação, cuidando-se, assim, de crime impossível — com o flagrante esperado — no qual a polícia tem notícias de que uma infração penal será cometida e aguarda o momento de sua consumação para executar a prisão. 4. No caso dos autos, verificou-se que os pacientes já estavam sendo monitorados, não tendo havido provocação prévia dos policiais para que se desse início à prática do crime de tráfico de drogas. Ademais, consta do acórdão impugnado que as abordagens dos veículos ocorreram de forma autônoma, tendo a ligação telefônica apenas demonstrado o vínculo entre os pacientes, encontrando-se ambos em flagrante delito. Nesse contexto, não há que se falar em flagrante preparado" (STJ — AgRg no HC 438.565/SP, Rel. Min. Reynaldo Soares da Fonseca, 5ª Turma, julgado em 19/6/2018, DJe 29/6/2018).

O tema acima encontrava-se consideravelmente pacificado. A Lei n. 13.964/2019, desnecessariamente, procurou regulamentar essa situação inserindo como crime autônomo, no art. 33, § 1º, IV, da Lei n. 11.343/2006 – com as mesmas penas do tráfico – as condutas de vender ou entregar droga a policial disfarçado, desde que haja prova razoável da conduta criminal preexistente, ou seja, do ato de manter em depósito, guardar, trazer consigo a droga. *Data venia*, andou mal o Congresso Nacional que pretendeu modificar a natureza das coisas mediante aprovação de lei, pois um crime impossível – a venda – não se torna possível apenas em razão da vontade do legislador. Tecnicamente não está havendo venda porque o policial disfarçado não está comprando e sim simulando uma compra. Não faz nenhum sentido o promotor escrever na peça inicial: "...denuncio João da Silva por vender a policial disfarçado droga, por haver prova razoável que a situação era preexistente". Ora, há que se denunciar justamente pela conduta preexistente que é ilícita (crime permanente). O problema é que o novo § 1º, IV, do art. 33 não contém os verbos trazer consigo, guardar ou ter em depósito. Conclusão: os órgãos do Ministério Público devem continuar a atuar como antes, denunciando na figura do *caput* da Lei de Drogas, nos verbos trazer consigo, guardar ou ter em depósito.

Saliente-se, por outro lado, que haverá flagrante provocado e, por consequência, o fato será considerado atípico quando policiais à paisana abordarem alguém — que não possua qualquer montante de droga (consigo ou guardada) — e oferecerem a ele um bom valor por certa quantidade de cocaína, fazendo com que o sujeito se interesse pela proposta e vá adquirir o entorpecente para depois revendê-lo a maior preço aos policiais. É que, nesse caso, o sujeito foi induzido a realizar a conduta por pessoas que, em nenhum momento, iriam efetivamente comprar a droga, tratando-se, desde o início, de uma encenação.

Observações: Para as figuras equiparadas do art. 33, § 1º, I a III, a Lei estabelece que:
a) É vedada a concessão de fiança, liberdade provisória, graça, anistia e indulto, bem como a aplicação do *sursis* (art. 44, *caput*).

Após o advento da Lei n. 11.464/2007, que deixou de proibir a liberdade provisória para os crimes hediondos, surgiu entendimento de que não mais se justifica a vedação ao tráfico e suas figuras equiparadas.

b) O livramento condicional só poderá ser obtido após o cumprimento de 2/3 da pena e desde que o condenado não seja reincidente específico (art. 44, parágrafo único).

Legislação Penal Especial

c) As penas poderão ser reduzidas de 1/6 a 2/3, se o réu for primário e de bons antecedentes, e desde que não se dedique a atividades criminosas nem integre organização criminosa (art. 33, § 4º). Trata-se do chamado tráfico privilegiado. Com a redução da pena, poderá esta ficar em patamar igual ou inferior a 4 anos e, em tal hipótese, será cabível a substituição por pena restritiva de direitos (art. 44, I, do Código Penal), na medida em que o Supremo Tribunal Federal, ao julgar o HC 97.256/RS, em setembro de 2010, declarou a inconstitucionalidade da proibição que existia nesse dispositivo e que foi posteriormente excluída do texto legal de forma expressa pela Resolução n. 5/2012 do Senado Federal. A conversão deixou de ser proibida, mas, evidentemente, não se tornou obrigatória, uma vez que o art. 44, III, do Código Penal diz que ela só será possível se as circunstâncias do crime indicarem que a substituição é suficiente para a prevenção e repressão do crime. Por isso, é comum, por exemplo, que os juízes neguem a substituição em razão da gravidade diferenciada do caso concreto. Ex.: quantidade elevada de matéria-prima destinada à preparação de droga.

No julgamento do HC 118.533, Rel. Min. Cármen Lúcia, em 23-6-2016, o Plenário do Supremo Tribunal Federal decidiu que o tráfico privilegiado de drogas não possui natureza hedionda. Posteriormente, a Lei n. 13.964/2019, inseriu no art. 112, § 5º, da LEP, regra expressa no sentido de que o tráfico privilegiado não possui natureza hedionda ou equiparada. Por isso, a progressão de regime pode se dar com o cumprimento de 16% da pena imposta – ao passo que no tráfico comum (não privilegiado) a progressão pressupõe o cumprimento de 40%, se o réu for primário, ou 60 se reincidente. Além disso, o livramento condicional na figura privilegiada pode ser obtido de acordo com as regras comuns do art. 83 do Código Penal (cumprimento de 1/3 da pena, se o réu for primário, e de 1/2, se reincidente em crime doloso).

2.4. INDUZIMENTO, INSTIGAÇÃO OU AUXÍLIO AO USO DE DROGA

> Art. 33, § 2º – Induzir, instigar ou auxiliar alguém ao uso indevido de droga:
> Pena – detenção, de um a três anos, e multa de cem a trezentos dias-multa.

Induzir significa dar a ideia e convencer alguém a fazer o uso. Na instigação, a pessoa já estava pensando em fazer uso da droga e o agente reforça essa ideia, encorajando-a. No auxílio, o agente colabora materialmente com o uso fornecendo, por exemplo, seda para que outra pessoa enrole um cigarro de maconha ou cachimbo para fumar *crack*. Com a alteração trazida pela nova Lei, quem cede local para que outrem faça uso de droga comete o crime em análise na modalidade "auxílio". É necessário que o induzimento, o auxílio ou a instigação sejam voltados a pessoa(s) determinada(s). Não existe na nova Lei figura antes tipificada no art. 12, § 2º, III, que punia quem incentivasse genericamente (pessoas indeterminadas) o porte para consumo ou o tráfico de drogas, de modo que, na ausência de crime específico, a conduta será punida como incitação ao crime (art. 286 do CP). Não caracteriza, porém, infração penal a simples opinião no sentido de ser legalizado o uso ou a venda de droga. Por essa razão, o Supremo Tribunal Federal considerou incabível que decisões judiciais proíbam as chamadas "marchas da maconha" em que manifestantes realizam passeata pleiteando a liberação do uso e porte de referido entorpecente. De acordo com o julgamento da ADIn 4.274, ocorrido em 23 de novembro de 2011, o STF deu interpretação conforme à Constituição ao art. 33, § 2º, da Lei Antidrogas, para excluir do dispositivo "qualquer significado que enseje a proibição de manifestações e debates públicos acerca da descriminalização ou legalização do uso de drogas ou de qualquer substância que leve o ser humano ao entorpecimento episódico, ou então viciado, das suas faculdades psicofísicas". Veja-se a ementa do julgado: "1. Cabível o pedido de 'interpretação conforme à Constituição' de preceito legal portador de mais de um sentido, dando-se que ao menos um deles é contrário à Constituição Federal. 2. A utilização do § 3º do art. 33 da Lei n. 11.343/2006 como fundamento para a proibição judicial de eventos públicos de defesa da legalização ou da descriminalização do uso de entorpecentes ofende o direito fundamental de reunião, expressamente outorgado pelo inciso XVI do art. 5º da Carta Magna. Regular exercício das liberdades constitucionais de manifestação de pensamento e expressão, em sentido lato, além do direito de acesso à informação (incisos IV, IX e XIV do art. 5º da Constituição Republicana, respectivamente). 3. Nenhuma lei, seja ela civil ou penal, pode blindar-se contra a discussão do seu próprio conteúdo. Nem mesmo a Constituição está a salvo da ampla, livre e aberta discussão dos seus defeitos e das suas virtudes, desde que sejam obedecidas as condicionantes ao direito constitucional de reunião, tal como a prévia comunicação às autoridades competentes. 4. Impossibilidade de restrição ao direito fundamental de reunião que não se contenha nas duas situações excepcionais que a própria Constituição prevê: o estado de defesa e o estado de sítio (art. 136, § 1º, inciso I, alínea *a*, e art. 139, inciso IV). 5. Ação direta julgada procedente para dar ao § 2º do art. 33 da Lei 11.343/2006 'interpretação conforme à Constituição' e dele excluir qualquer significado que enseje a proibição de manifestações e debates públicos acerca da descriminalização ou legalização do uso de drogas ou de qualquer substância que leve o ser humano ao entorpecimento episódico, ou então viciado, das suas faculdades psicofísicas" (ADIn 4.274, rel. Min. Ayres Britto, Tribunal Pleno, *DJe* de 2-5-2012).

Na Lei n. 6.368/76, as condutas – atualmente previstas no art. 33, § 2º, da Lei n. 11.343/2006 – eram equiparadas ao tráfico, possuindo a mesma pena. Na Lei atual, a pena é consistentemente menos grave – um a três anos de detenção –, admitindo, inclusive, a suspensão condicional do processo, o *sursis* e a substituição por pena restritiva de direitos. Trata-se, outrossim, de crime afiançável e suscetível de liberdade provisória. Além disso, o livramento condicional pode ser obtido mediante o preenchimento dos requisitos genéricos do art. 83 do Código Penal – cumprimento de um terço da pena, se o condenado for primário, ou de metade, se for reincidente em crime doloso.

Há quem argumente que, no delito em tela, não há necessidade de apreensão da droga. Veja-se, entretanto, que, se não houver prova de que a substância da qual se fez uso continha o princípio ativo, não haverá certeza de que a substância era entorpecente ou de que provocava dependência.

Por fim, para a consumação do delito, é necessário que a pessoa a quem a conduta foi dirigida efetivamente faça uso da droga. Não se pode concordar com a opinião de que basta que tal pessoa obtenha a posse do entorpecente, uma vez que a própria lei exige, na descrição típica, o uso.

2.5. OFERTA EVENTUAL E GRATUITA PARA CONSUMO CONJUNTO

> Art. 33, § 3º – Oferecer droga, eventualmente e sem objetivo de lucro, a pessoa de seu relacionamento, para juntos a consumirem:
> Pena – detenção, de seis meses a um ano, e pagamento de setecentos a mil e quinhentos dias-multa, sem prejuízo das penas previstas no art. 28.

O presente dispositivo tem por finalidade punir quem tem uma pequena porção de droga e a oferece, p. ex., a um amigo ou namorada, para consumo conjunto. Na vigência da antiga Lei Antitóxicos, embora a conduta encontrasse enquadramento no crime de tráfico do art. 12, a jurisprudência era praticamente unânime em desclassificar o crime para aquele previsto no art. 16 (porte para uso próprio), já que a conduta era considerada muito menos grave do que a do verdadeiro traficante. A Lei atual solucionou a questão ao prever crime específico para a hipótese, estabelecendo que, ao agente, será imposta pena de seis meses a um ano e multa, além daquelas previstas no art. 28 (advertência, prestação de serviços à comunidade e frequência a cursos educativos), de forma que as penas serão aplicadas cumulativamente. Como a pena máxima do crime é de um ano, enquadra-se no conceito de infração de menor potencial ofensivo, sendo, portanto, cabível a proposta de transação penal no Juizado Especial Criminal. Além disso, a esse crime são inaplicáveis as vedações do art. 44, *caput*, da Lei, quanto à liberdade provisória, *sursis*, anistia, graça e indulto. Igualmente as causas de redução de pena do art. 33, § 4º, da Lei são inaplicáveis ao delito em análise.

Saliente-se que para a configuração dessa figura privilegiada são exigidos os seguintes requisitos:

a) que a oferta da droga seja eventual;
b) que seja gratuita;
c) que o destinatário seja pessoa do relacionamento de quem a oferece;
d) que a droga seja para consumo conjunto.

É de salientar que a pessoa a quem é oferecida a droga não incorre no crime deste art. 33, § 3º, da Lei, mas, se com ela for encontrada a droga, poderá ser enquadrada no crime do art. 28.

2.6. MAQUINISMOS E OBJETOS DESTINADOS AO TRÁFICO

Art. 34 – Fabricar, adquirir, utilizar, transportar, oferecer, vender, distribuir, entregar a qualquer título, possuir, guardar ou fornecer, ainda que gratuitamente, maquinário, aparelho, instrumento ou qualquer objeto destinado à fabricação, preparação, produção ou transformação de drogas, sem autorização ou em desacordo com determinação legal ou regulamentar:
Pena – reclusão, de três a dez anos, e pagamento de mil e duzentos a dois mil dias-multa.

As condutas típicas são semelhantes às do art. 33, *caput*. Entretanto, são elas relacionadas a máquinas ou objetos em geral destinados à fabricação ou produção de drogas. A importância desse dispositivo cinge-se a casos em que os agentes montam, p. ex., uma destilaria para o refino de cocaína e não se consegue apreender com eles qualquer quantidade de droga. Serão, assim, punidos pelo art. 34, pois, em relação ao art. 33, a conduta constituiria apenas ato preparatório, sendo, portanto, atípica. Se, ao contrário, dentro da refinaria fosse encontrada também droga, o agente responderia apenas pelo crime do art. 33 – que possui pena mais alta –, ficando absorvido o crime do art. 34. No exemplo, a maior gravidade do fato seria levada em conta na fixação da pena-base.

Lembre-se, também, que inúmeros objetos utilizados na produção ou fabricação de drogas são normalmente usados em laboratórios comuns para condutas absolutamente lícitas, tais como pipetas, tubos de ensaio etc. Assim, para a configuração do delito, deve haver prova da destinação ilícita que os agentes dariam aos maquinismos, objetos etc. O Superior Tribunal de Justiça entendeu que o uso e a posse de balança de precisão para pesar a cocaína ou a maconha a fim de dividi-la em porções antes de colocá-las em embalagens individuais não configura o crime em análise porque a preparação a que se refere o dispositivo em questão diz respeito à produção da droga em si e não à sua separação em porções depois de já estar pronta (preparada).

Ao sentenciar, o juiz decretará a perda dos bens (art. 63).

É necessário salientar, todavia, que o objeto material desse crime são aqueles utilizados no processo criativo da droga, não havendo punição para o porte de lâminas de barbear (para o usuário separar a cocaína em doses), na posse de maricas ou cachimbos (para o fumo de maconha ou *crack*) etc.

Nos termos do art. 44, o crime em análise é insuscetível de fiança e liberdade provisória, e, ao condenado, não poderá ser concedido o *sursis*. Além disso, não poderá obter anistia, graça ou indulto. Conforme já mencionado, o dispositivo previa também a vedação à substituição da pena privativa de liberdade por restritiva de direitos, entretanto, o STF declarou a inconstitucionalidade desta parte do art. 44 ao julgar o HC 97.256/RS, em setembro de 2010. Assim, se a pena fixada na sentença não superar 4 anos, será cabível a substituição por pena restritiva, nos termos do art. 44, I, do Código Penal, desde que as circunstâncias do crime indiquem que a medida é suficiente para a prevenção e repressão do crime (art. 44, III, do CP).

Já o art. 44, parágrafo único, restringe a possibilidade de obtenção do livramento condicional àqueles que já tiverem cumprido dois terços da pena (e desde que não sejam reincidentes específicos).

Após o advento da Lei n. 11.464/2007, que deixou de proibir a liberdade provisória para os crimes hediondos, surgiu entendimento de que não mais se justifica a vedação ao tráfico e suas figuras equiparadas.

2.7. ASSOCIAÇÃO PARA O TRÁFICO

> Art. 35 – Associarem-se duas ou mais pessoas para o fim de praticar, reiteradamente ou não, qualquer dos crimes previstos nos arts. 33, *caput* e § 1º, e 34 desta Lei:
> Pena – reclusão, de três a dez anos, e pagamento de setecentos a mil e duzentos dias-multa.
> Parágrafo único – Nas mesmas penas do *caput* deste artigo incorre quem se associa para a prática reiterada do crime definido no art. 36 desta Lei.

Paralelamente ao crime de associação criminosa descrito no art. 288 do CP, que prevê pena de reclusão, de um a três anos, para a associação de três ou mais pessoas com o fim de cometer reiteradamente crimes, a Lei Antidrogas prevê um tipo especial que envolve também a união de pessoas visando à delinquência. É claro, entretanto, que, por se tratar de crime especial, o art. 35 da Lei possui características próprias:

a) envolvimento mínimo de duas pessoas. Trata-se de crime de concurso necessário de condutas paralelas porque os envolvidos ajudam-se na prática do delito. Diverge do crime comum de associação criminosa, que pressupõe, como já mencionado, o envolvimento de pelo menos três pessoas;

b) intenção de cometer qualquer dos crimes previstos nos arts. 33, *caput* e § 1º, e 34 da Lei (tráfico). Diferencia-se do crime comum de associação criminosa porque, neste, os integrantes visam cometer outros crimes (furto, roubo, receptação, aborto, peculato etc.).

O art. 8º da Lei dos Crimes Hediondos prevê que a pena do crime de associação criminosa do art. 288 será de reclusão, de três a seis anos, quando a finalidade for a prática de crimes hediondos, tráfico de entorpecentes, terrorismo ou tortura. Esse dispositivo fez surgir controvérsia em torno da revogação do art. 14 da Lei n. 6.368/76, que tratava do crime de associação para o tráfico na antiga Lei Antitóxicos. Com a Lei n. 11.343/2006, contudo, resta claro que o crime de associação criminosa comum do art. 288 não se aplica quando o fim visado for o tráfico de drogas, já que existe delito especial para a hipótese na nova Lei, em que basta o envolvimento de duas (e não de três) pessoas;

c) que os agentes queiram cometer os crimes de forma reiterada ou não. Assim, ao contrário do que ocorre no crime comum de associação criminosa, não é necessária intenção de reiteração delituosa.

Nos expressos termos do art. 35, haverá o crime de associação para o tráfico, quer a união seja para a prática de um, quer para a de vários crimes. É preciso salientar, todavia, que o tipo penal pressupõe uma "associação" para o tráfico, de modo que, embora o art. 35 não exija a finalidade de reiteração criminosa, faz-se necessário um prévio ajuste entre as partes, um verdadeiro pacto associativo, de modo que a reunião meramente ocasional não caracteriza o delito, sendo necessária, de acordo com as Cortes Superiores, uma associação **estável e permanente**. Na prática, para fazer valer tal distinção, leva-se em conta o grau de organização, a gravidade da conduta e, evidentemente, a intenção de reiteração criminosa. Com efeito, quando existe essa intenção, não há dúvida de que está configurado o crime de associação para o tráfico (art. 35). Porém, quando não existir prova nesse sentido, o julgador deverá verificar se existe certa organização dos envolvidos, bem como a forma como se comportaram no caso concreto. Assim, ainda que não tenham intenção de reiteração, se o juiz verificar que eles se organizaram para, de uma só vez, importar e depois distribuir grande quantia da droga, responderão pelo crime autônomo (art. 35), evidentemente, em concurso material com o tráfico por eles realizado (art. 33, *caput*). A mesma conclusão deve ocorrer quando os agentes realizam várias condutas em relação ao mesmo objeto material, como, p. ex., quando plantam, cultivam, colhem, preparam e vendem um mesmo "lote" de droga. Conforme já estudado, por se tratar de crime de ação múltipla, haverá um só crime de tráfico (art. 33), mas não se poderá cogitar de mera união eventual, já que os agentes realizaram inúmeras condutas. Assim sendo, responderão também pelo crime de associação (art. 35). Por outro lado, se um pequeno traficante tem uma quantidade de droga em seu poder e vende-a a um consumidor e, para efetivar a entrega, solicita ajuda a um conhecido, vindo ambos a realizar a entrega na residência do comprador, terá havido uma união momentânea, extremamente transitória, incapaz de se enquadrar no conceito de "associação", de modo que eles responderão apenas pelo crime de tráfico (art. 33).

O crime de associação para tráfico descrito no art. 35 da Lei Antidrogas consuma-se com a mera união dos envolvidos, ou seja, no momento em que se associam. Assim, ainda que sejam detidos antes da prática do primeiro tráfico de entorpecentes, já estarão incursos no tipo penal. Por outro lado, haverá concurso material com o crime de tráfico quando, após a associação, vierem efetivamente a cometer qualquer dos crimes dos arts. 33, *caput* e § 1º, e 34 da Lei.

O Superior Tribunal de Justiça firmou entendimento de que "para a configuração do crime de associação para o tráfico de drogas, previsto no art. 35 da Lei n. 11.343/2006, é irrelevante a apreensão de drogas na posse direta do agente" (jurisprudência em teses edição n. 126 – maio de 2019).

Nos termos do art. 44, o crime em análise é insuscetível de fiança e liberdade provisória, e, ao condenado, não poderá ser concedido o *sursis*. Além disso, não poderá obter anistia, graça ou indulto. Conforme já mencionado, o dispositivo previa também a vedação à substituição da pena privativa de liberdade por restritiva de direitos, entretanto, o STF declarou a inconstitucionalidade desta parte do art. 44 ao julgar o HC 97.256/RS, em setembro de 2010. Assim, se a pena fixada na sentença não superar 4 anos, será cabível a substituição por pena restritiva, nos termos do art. 44, I, do Código Penal, desde que as circunstâncias do crime indiquem que a medida é suficiente para a prevenção e repressão do crime (art. 44, III, do CP).

Já o art. 44, parágrafo único, restringe a possibilidade de obtenção do livramento condicional àqueles que já tiverem cumprido dois terços da pena (e desde que não sejam reincidentes específicos).

==O STF e o STJ firmaram entendimento de que o crime de associação para o tráfico não constitui crime equiparado a hediondo.==

O delito não admite tentativa.

Em relação ao crime de associação para o financiamento do tráfico previsto no art. 35, parágrafo único, *vide* o tópico seguinte.

2.8. FINANCIAMENTO AO TRÁFICO

> Art. 36 – Financiar ou custear a prática de qualquer dos crimes previstos nos arts. 33, *caput* e § 1º, e 34 desta Lei:
> Pena – reclusão, de oito a vinte anos, e pagamento de mil e quinhentos a quatro mil dias-multa.

A tipificação desse ilícito penal é apontada como uma das principais inovações da Lei Antidrogas, pois, no regime anterior, quem financiasse o tráfico só poderia ser punido como partícipe desse crime. Na atual legislação, porém, a conduta constitui crime autônomo punido muito mais severamente. A conduta ilícita abrange qualquer espécie de ajuda financeira, com a entrega de valores ou bens aos traficantes. Note-se, porém, que a configuração do delito autônomo pressupõe que o agente atue como financiador contumaz, ou seja, que se dedique a tal atividade de forma reiterada. Essa é a conclusão inevitável porque, àquele que financia o tráfico de forma isolada (ocasional), está reservada a causa de aumento do art. 40, VII, combinado com o art. 33, *caput*, da Lei (*v.* tópico 2.10). O próprio art. 35, parágrafo único, ao tipificar o crime de associação para o financiamento do tráfico, exige, expressamente, que essa união de pessoas vise ao tráfico reiterado. Se houver essa associação reiterada, de duas ou mais pessoas, para o financiamento ou custeio do tráfico, estará caracterizado o crime previsto no art. 35, parágrafo único, da Lei n. 11.343/2006, em concurso material, com o do art. 36.

Aos condenados por esse tipo de infração penal são vedadas a liberdade provisória e a fiança. Além disso, não poderão obter graça, anistia ou indulto (art. 44, *caput*).

O livramento condicional só poderá ser obtido após o cumprimento de dois terços da pena e desde que o condenado não seja reincidente específico (art. 44, parágrafo único).

Após o advento da Lei n. 11.464/2007, que deixou de proibir a liberdade provisória para os crimes hediondos, surgiu entendimento de que não mais se justifica a vedação ao tráfico e suas figuras equiparadas.

2.9. INFORMANTE COLABORADOR

> Art. 37 – Colaborar, como informante, com grupo, organização ou associação destinados à prática de qualquer dos crimes previstos nos arts. 33, *caput* e § 1º, e 34 desta Lei:
> Pena – reclusão, de dois a seis anos, e pagamento de trezentos a setecentos dias-multa.

Note-se que, para a configuração deste ilícito penal, criado pela Lei n. 11.343/2006, não basta a colaboração com o tráfico, exigindo o tipo penal que se trate de informante colaborador de grupo, organização ou associação voltados para o tráfico. O informante não integra efetivamente o grupo e não toma parte no tráfico, mas passa informações a seus integrantes, como, p. ex., um policial que, ao saber que uma grande diligência será feita em certa localidade, visando à apreensão de droga, telefona para o chefe do grupo passando a informação com antecedência para que possam fugir antes da chegada dos outros policiais ao local. É evidente que o informante, em geral, recebe dinheiro por suas informações, e, se for funcionário público, responde também pelo crime de corrupção passiva (art. 317 do CP).

O livramento condicional só poderá ser obtido após o cumprimento de dois terços da pena e desde que o condenado não seja reincidente específico (art. 44, parágrafo único).

2.10. CAUSAS DE AUMENTO DE PENA

As causas de aumento elencadas no art. 40 da Lei n. 11.343/2006 aplicam-se apenas aos crimes previstos em seus arts. 33 a 37, que são os delitos ligados ao tráfico. Não incidem, portanto, nos crimes em que a intenção do agente é o consumo próprio, nem no crime culposo previsto no art. 38 e no de direção de embarcação ou aeronave descrito no art. 39.

O Superior Tribunal de Justiça firmou entendimento de que "não acarreta *bis in idem* a incidência simultânea das majorantes previstas no art. 40 aos crimes de tráfico de drogas e de associação para fins de tráfico, porquanto são delitos autônomos, cujas penas devem ser calculadas e fixadas separadamente" (jurisprudência em teses – edição 60).

Art. 40 – As penas previstas nos arts. 33 a 37 desta Lei são aumentadas de um sexto a dois terços, se:
I – a natureza, a procedência da substância ou do produto apreendido e as circunstâncias do fato evidenciarem a transnacionalidade do delito;

O tráfico com o exterior está presente nas hipóteses de importação e exportação. Nesses casos, como veremos adiante, a competência será da Justiça Federal.

Para a incidência do dispositivo não é necessário que o agente consiga sair ou entrar no país com a droga, basta que fique demonstrada que essa era sua finalidade. Em abril de 2018, o Superior Tribunal de Justiça aprovou a Súmula n. 607 nesse sentido: "A majorante do tráfico transnacional de drogas (art. 40, I, da Lei n. 11.343/2006) configura-se com a prova da destinação internacional das drogas, ainda que não consumada a transposição de fronteiras".

Art. 40, II – o agente praticar o crime prevalecendo-se de função pública ou no desempenho de missão de educação, poder familiar, guarda ou vigilância;

O dispositivo possui duas partes:

Na primeira, a lei pune mais gravemente quem comete o crime prevalecendo-se de sua função pública. A lei se refere, p. ex., aos policiais – civis ou militares, delegados de polícia, escrivães, peritos criminais, juízes, promotores de justiça etc. Suponha-se que um policial, após apreender um grande carregamento de droga, desvie uma parte para vendê-la. Estará ele incurso no art. 33, *caput*, com a pena aumentada pelo art. 40, II. Na Lei Antidrogas antiga a pena só era aumentada se a função pública fosse relacionada com repressão à criminalidade, mas como na nova Lei não existe tal exigência, o aumento incide qualquer que seja a espécie de função pública exercida.

Na segunda hipótese, pune-se de forma mais enérgica aquele que tem missão de educação, poder familiar, guarda ou vigilância. Na Lei n. 6.368/76, o aumento se referia à guarda ou vigilância da droga, como, p. ex., o responsável pelo almoxarifado de um hospital que desviava morfina destinada a doentes. Na Lei atual, o dispositivo refere-se a alguém que comete tráfico quando está no exercício de missão de educação, poder familiar, guarda ou vigilância de alguém. Ex.: professor que vende droga a aluno.

Art. 40, III – a infração tiver sido cometida nas dependências ou imediações de estabelecimentos prisionais, de ensino ou hospitalares, de sedes de entidades estudantis, sociais, culturais, recreativas, esportivas, ou beneficentes, de locais de trabalho coletivo, de recintos onde se realizem espetáculos ou diversões de qualquer natureza, de serviços de tratamento de dependentes de drogas ou de reinserção social, de unidades militares ou policiais ou em transportes públicos;

O agravamento da pena decorre do local em que o fato é cometido, ou seja, nas imediações ou no interior de um dos locais expressamente elencados. A expressão "nas imediações", que é sinônimo de "nas proximidades", deve ser interpretada caso a caso, de acordo com as circunstâncias do fato criminoso e a gravidade do delito. Não é possível, assim, fixar previamente um limite métrico.

Apesar de se tratar de dispositivo que agrava a pena, o Superior Tribunal de Justiça entende que a enumeração legal não é taxativa, sendo cabível a majorante quando o fato ocorrer em local onde haja aglomeração de pessoas ainda que não mencionado expressamente no texto legal: AgRg no AREsp 868826/MG, Rel. Min. Ribeirto Dantas, 5ª Turma, julgado em 13/12/2018, DJe 19/12/2018; REsp 1255249/MG, Rel. Min. Gilson Dipp, 5ª Turma, julgado em 17/04/2012, DJe 23/04/2012.

No caso de venda nas proximidades de estabelecimentos de ensino, não é necessário que o traficante queira vender a droga a algum dos estudantes. A conduta é considerada mais grave pela mera possibilidade de contato entre eles. Se o fato ocorrer, todavia, durante a madrugada ou domingo, não se aplica o aumento.

No que se refere a estabelecimentos penais, existe grande divergência jurisprudencial a respeito de sua aplicabilidade aos próprios presos. Parece-nos, contudo, que não há nenhuma razão convincente para deixar de aplicar o dispositivo, já que o texto legal não faz distinção, desde que a droga se destine ao tráfico. Com efeito, se a pessoa reclusa tem a droga para consumo próprio, não se aplica a causa de aumento em questão, que só alcança os crimes descritos nos arts. 33 a 37, nos exatos termos do art. 40, *caput*.

A parte final do dispositivo refere-se ao tráfico de drogas cometido em transporte público. De acordo com a jurisprudência, é preciso que a própria comercialização ocorra em transporte público ou em suas proximidades (estações de trem ou metrô, rodoviárias, terminais de ônibus etc.), não bastando a utilização de trens ou ônibus para o transporte da droga.

Art. 40, IV – o crime tiver sido praticado com violência, grave ameaça, emprego de arma de fogo, ou qualquer processo de intimidação difusa ou coletiva;

O dispositivo é extremamente abrangente, de modo a agravar a pena de quem ameaça outrem a fim de fazê-lo utilizar entorpecente, bem como de quem emprega violência para ministrar droga em terceiro. Além disso, as facções de traficantes em que uma parte dos integrantes faz a segurança de seus pontos de venda com armas de fogo e com intimidações aos moradores da região, terão, também, a pena agravada, sem prejuízo da punição pelo crime autônomo de associação para o tráfico. No que diz respeito às armas de fogo, a aplicação da majorante pressupõe que os traficantes efetivamente empreguem a arma em suas atividades ilícitas, caso contrário, não incidirá o dispositivo em estudo, podendo haver punição por crime de posse ou porte ilegal de arma de fogo previsto no Estatuto do Desarmamento (Lei n. 10.826/2003), em concurso material com o crime de tráfico.

Art. 40, V – caracterizado o tráfico entre Estados da Federação ou entre estes e o Distrito Federal;

Trata-se de inovação da Lei n. 11.343/2006, que passa a prever o agravamento da pena quando a conduta do traficante consiste em levar a droga de um Estado para outro, ou para o Distrito Federal, ou vice-versa.

O Superior Tribunal de Justiça aprovou a Súmula 587 nesse sentido: "Para a incidência da majorante prevista no art. 40, V, da Lei n. 11.343/2006, é desnecessária a efetiva transposição de fronteiras entre estados da Federação, sendo suficiente a demonstração inequívoca da intenção de realizar o tráfico interestadual".

O Superior Tribunal de Justiça firmou entendimento no sentido de que podem ser cumuladas as majorantes relativas à transnacionalidade e interestadualidade (incisos I e V do art. 40), quando evidenciado que a droga proveniente do exterior se destina a mais de um estado da federação. Nesse sentido: AgRg no REsp 1744207/TO, Rel. Min. Felix Fischer, 5ª Turma, julgado em 26/06/2018, DJe 01/08/2018; HC 214942/MT, Rel. Min. Rogerio Schietti Cruz, 6ª Turma, julgado em 16/06/2016, DJe 28/06/2016.

Art. 40, VI – sua prática envolver ou visar a atingir criança ou adolescente ou a quem tenha, por qualquer motivo, diminuída ou suprimida a capacidade de entendimento e determinação;

Quem, no crime de tráfico, "visa" a criança ou adolescente, ou pessoa que tenha sua capacidade diminuída ou suprimida, é aquele que busca neles um consumidor. A causa de aumento é bastante pertinente, pois é óbvia a maior suscetibilidade dos jovens de se envolver com as drogas, quer pela curiosidade, quer pela inexperiência ou necessidade de afirmação perante seu grupo. Já a incapacidade de resistência a que se refere a lei pode ser de qualquer espécie, parcial ou total. Abrange, portanto, as hipóteses de venda ou entrega de droga a pessoa embriagada, deficiente mental, dependente de drogas etc. O Estatuto da Pessoa Idosa havia acrescentado na Lei n. 6.368/76 causa de aumento se a venda visasse a pessoa idosa, mas como a regra não foi repetida na Lei Antidrogas, restou prejudicada.

Na vigência da Lei n. 6.368/76 não existia a causa de aumento para os casos em que a prática do tráfico envolvesse menor, de modo que o traficante que se unisse a menores para, juntos, venderem drogas responderia por tráfico do art. 12 e pelo delito do art. 14 ou pelo art. 18, III, 1ª figura – dependendo da espécie de associação (prolongada ou eventual) – e também pelo crime de corrupção de menores do art. 1º da Lei n. 2.252/54 (atual crime do art. 244-B do Estatuto da Criança e do Adolescente). Seria punido pelo art. 14 ou 18, III, 1ª figura, pela associação, e, finalmente, pela corrupção de menores, por ter-se unido a um menor para o cometimento do delito. Como a nova Lei prevê aumento de pena para o traficante que envolva menor no delito, a sua punição, atualmente, é feita da seguinte forma: pela venda da droga em conjunto com um menor ou deficiente mental, responde pelo crime de tráfico (art. 33, *caput*), com a pena aumentada de um sexto a dois terços, em face do art. 40, VI; **se tiver havido efetiva associação com o menor, responde também pelo crime do art. 35,** *caput*. Saliente-se, por fim, que "Configura *bis in idem* a condenação conjunta do tráfico de drogas majorado pela participação de menor com o crime de corrupção de menores previsto no art. 244-B da Lei n. 8.069/90" (STJ – AgRg nos EDcl no REsp 1716826/PR, Rel. Min. Joel Ilan Paciornik, 5ª Turma, julgado em 10-4-2018, *DJe* 23-4-2018).

A Terceira Seção do Superior Tribunal de Justiça, no julgamento do Tema 1.052, em sede de recursos repetitivos, aprovou a seguinte tese: "Para ensejar a aplicação de causa de aumento de pena prevista no art. 40, VI, da Lei n. 11.343/2006 ou a condenação pela prática do crime previsto no art. 244-B da Lei n. 8.069/90, a qualificação do menor, constante do boletim de ocorrência, deve trazer dados indicativos de consulta a documento hábil – como o número do documento de identidade, do CPF ou de outro registro formal, tal como a certidão de nascimento".

Art. 40, VII – o agente financiar ou custear a prática do crime.

Considerando que o art. 36 da Lei prevê crime específico para o agente que financia ou custeia o tráfico, e que para tal delito é prevista pena de oito a vinte anos de reclusão, torna-se necessária uma diferenciação entre o crime autônomo e a presente causa de aumento. O crime do art. 36 exige que o agente atue como financiador contumaz, que invista valores de forma reiterada no tráfico (*v.* tópico 2.8.). Na causa de aumento, o que se verifica é a ocorrência de um único tráfico em que alguém atua, de forma isolada, como financiador e, por isso, responde pelo crime do art. 33, *caput*, com a pena aumentada em razão do art. 40, VII, da Lei n. 11.343/2006.

Observação: É possível que o juiz reconheça mais de uma dessas causas de aumento de pena. Ex.: policial que vende droga para preso (incisos II e III). Nos termos do art. 68, parágrafo único, do Código Penal, o juiz pode aplicar apenas uma vez o índice de aumento. É claro, porém, que, nesse caso, não deverá fazê-lo no mínimo legal, já que a lei possibilita um aumento de um sexto a dois terços.

2.11. CAUSA DE DIMINUIÇÃO DE PENA

> Art. 41 – O indiciado ou acusado que colaborar voluntariamente com a investigação policial e o processo criminal na identificação dos demais coautores ou partícipes do crime e na recuperação total ou parcial do produto do crime, no caso de condenação, terá pena reduzida de um terço a dois terços.

Para a incidência da causa de diminuição, além de ser voluntária a colaboração, exige-se que as informações passadas pelo agente efetivamente impliquem a identificação de todos os demais envolvidos no crime, bem como a recuperação de algum produto do delito (bens comprados pelos traficantes com o lucro obtido com a venda ou recebidos como forma de pagamento).

Quanto maior a colaboração, maior será a redução da pena pelo juiz.

2.12. CONDUÇÃO DE EMBARCAÇÃO OU AERONAVE APÓS O CONSUMO DE DROGA

> Art. 39 – Conduzir embarcação ou aeronave após o consumo de drogas, expondo a dano potencial a incolumidade de outrem:
> Pena – detenção, de seis meses a três anos, além da apreensão do veículo, cassação da habilitação respectiva ou proibição de obtê-la, pelo mesmo prazo da pena privativa de liberdade aplicada, e pagamento de duzentos a quatrocentos dias-multa.
> Parágrafo único – As penas de prisão e multa, aplicadas cumulativamente com as demais, serão de quatro a seis anos e de quatrocentos a seiscentos dias-multa, se o veículo referido no *caput* deste artigo for de transporte coletivo de passageiros.

O presente tipo penal, que tutela a segurança no espaço aéreo e aquático, pune a condução perigosa de aeronave ou embarcação decorrente da utilização de substância entorpecente. Para a configuração do delito é necessário que, em razão do consumo da droga, o agente conduza a aeronave ou embarcação de forma anormal, expondo a perigo a incolumidade de outrem. Não é necessário, entretanto, que se prove que pessoa determinada foi exposta a uma situação de risco, bastando a prova de que houve condução irregular da aeronave ou embarcação. Estas, aliás, podem ser de qualquer categoria ou tamanho (ex.: avião a jato, monomotor, turboélice, lancha, *jet-ski*, veleiro, navio). Em se tratando de condução de veículo automotor em via pública (automóvel, motocicleta, caminhão etc.), sob o efeito de entorpecente, a conduta se enquadra no crime do art. 306 da Lei n. 9.503/97 (Código de Trânsito Brasileiro – CTB), cujas penas são as mesmas. Na modalidade simples, do *caput*, é cabível a suspensão condicional do processo (art. 89 da Lei n. 9.099/95), já que a pena mínima é inferior a 1 ano. O mesmo não ocorre com a modalidade qualificada do parágrafo único, em que a pena mínima é de 2 anos, quando a embarcação ou aeronave for de transporte coletivo de passageiros.

O crime se consuma no momento em que o agente inicia a condução anormal da aeronave ou embarcação, e a ação penal é pública incondicionada.

2.13. CRIME CULPOSO

> Art. 38 – Prescrever ou ministrar, culposamente, drogas, sem que delas necessite o paciente, ou fazê-lo em doses excessivas ou em desacordo com determinação legal ou regulamentar:
> Pena – detenção, de seis meses a dois anos, e pagamento de cinquenta a duzentos dias-multa.

Legislação Penal Especial

A lei descreve apenas duas condutas típicas: prescrever, que é o mesmo que receitar, e ministrar, que é inocular, introduzir a substância entorpecente no organismo de alguém.

Trata-se de crime que, normalmente, é cometido por médico, dentista, farmacêutico ou profissional de enfermagem. Veja-se que os dois últimos podem praticar o crime exclusivamente na modalidade ministrar, já que apenas médicos e dentistas podem prescrever substâncias entorpecentes – para tratamento de algum tipo de distúrbio da saúde ou para fins terapêuticos em geral (diminuição de dor, p. ex.).

O delito em análise, conforme dispõe expressamente a lei, é culposo, uma vez que prescrever ou ministrar dolosamente constitui tráfico (art. 33, *caput*).

Os crimes culposos geralmente possuem o tipo aberto, isto é, a lei não descreve em que deve consistir a imprudência, negligência ou imperícia, devendo o juiz, no caso concreto, verificar se o réu agiu ou não com as cautelas necessárias. No entanto, o delito culposo do art. 38 da Lei Antidrogas não possui o tipo aberto, visto que a lei menciona exatamente quais condutas culposas tipificam-no:

a) **quando o paciente não necessita da droga.** Só se aplica quando ocorre um erro de avaliação, ou seja, o agente supõe que o quadro do paciente indica a necessidade de aplicação de droga, quando, em verdade, isso não é efetivamente necessário. Ex.: o médico prescreve morfina a um paciente que tem câncer para fazer diminuir a dor e, depois, descobre-se que a dor referida pelo paciente não era causada pelo tumor;

b) **dose receitada ou ministrada de forma excessiva.** Ocorre quando a dose é maior do que a necessária. Só haverá crime quando houver uma diferença razoável entre a dose recomendável para o tratamento e a efetivamente prescrita ou aplicada. Se, em razão do excesso, a vítima morre ou sofre lesão corporal, o agente responderá também por crime de homicídio culposo ou lesão corporal culposa;

c) **substância ministrada em desacordo com determinação legal ou regulamentar.** Quando ocorre outra espécie de engano, em desatenção ao que estabelece a lei ou o regulamento.

O crime na modalidade "prescrever" consuma-se no momento em que a receita é entregue ao paciente. Em virtude da redação do dispositivo, não é necessário que o paciente consiga adquirir a droga. Vicente Greco Filho, ao comentar a antiga Lei Antitóxicos, defende ser possível a tentativa quando a receita é enviada por correio e não chega às mãos do paciente destinatário. Esse posicionamento é questionável, pois sabe-se que não existe tentativa de crime culposo. Com efeito, na tentativa, o agente quer o resultado e não o atinge por circunstâncias alheias à sua vontade. No caso em tela, o médico não quer o resultado, ou seja, não quer prescrever **em excesso**, fazendo-o de forma culposa.

Na modalidade "ministrar", o delito consuma-se no instante em que a substância é inoculada na vítima.

3 DO PROCEDIMENTO PENAL

3.1. INTRODUÇÃO

A Lei n. 11.343/2006 prevê um procedimento especial para apurar os crimes descritos em seus arts. 33 a 39, procedimento este que será estudado adiante. O art. 48, entretanto, ressalva que, nas omissões, aplica-se subsidiariamente o Código de Processo Penal.

Para os crimes previstos no art. 33, § 3º (oferta de droga para pessoa de seu relacionamento para consumo conjunto), e no art. 38 (prescrição ou administração culposa de droga), deverá ser adotado integralmente o rito da Lei n. 9.099/95, já que esses delitos se enquadram no conceito de infração de menor potencial ofensivo, pois suas penas máximas não excedem dois anos.

3.2. FASE POLICIAL

O art. 50 estabelece que, ocorrendo prisão em flagrante, a autoridade policial fará, imediatamente, comunicação ao juiz competente, remetendo-lhe cópia do auto lavrado, do qual será dada vista ao órgão do Ministério Público, em vinte e quatro horas. O Ministério Público e o juiz devem analisar se o flagrante está formalmente em ordem e se o caso era mesmo de flagrante delito, pois, do contrário, a prisão deverá ser relaxada. A comunicação da prisão é decorrência do art. 5º, LXII, da Constituição Federal.

Para a lavratura do auto de prisão e estabelecimento da materialidade, dispõe o art. 50, § 1º, que é suficiente o laudo de constatação da natureza e a quantidade da droga, firmado por perito oficial ou, na falta deste, por pessoa idônea.

Estando o indiciado preso, o inquérito deverá ser concluído em trinta dias. Se estiver solto, o prazo será de noventa dias (art. 51). Esses prazos, porém, podem ser duplicados pelo juiz após ter ouvido o Ministério Público, mediante pedido justificado da autoridade policial (arts. 51, parágrafo único, e 52, II).

Findos os prazos, a autoridade policial deverá encaminhar o inquérito ao juízo. Para tanto, deverá elaborar "relatório" narrando sumariamente os fatos e justificando as razões que a levaram à classificação do delito, indicando a quantidade e a natureza da substância ou do produto apreendido, o local e as condições em que se desenvolveu a ação criminosa, as circunstâncias da prisão, a conduta, a qualificação e os antecedentes do agente (art. 52, I), ou requerer a devolução dos autos para a realização de diligências necessárias.

Estabelece o art. 52, parágrafo único, que a remessa do inquérito a juízo far-se-á sem prejuízo de diligências complementares:

I – necessárias ou úteis à plena elucidação do fato, cujo resultado deverá ser encaminhado ao juízo competente até três dias antes da audiência de instrução e julgamento;

II – necessárias ou úteis à indicação dos bens, direitos e valores de que seja titular o agente, ou que figurem em seu nome, cujo resultado deverá ser encaminhado ao juízo competente até três dias antes da audiência de instrução e julgamento.

Já o art. 53 dispõe que, em qualquer fase da persecução criminal relativa aos crimes previstos na Lei, são permitidos, além dos previstos em lei, mediante autorização judicial e ouvido o Ministério Público, os seguintes procedimentos investigatórios:

I – infiltração por agentes de polícia, em tarefas de investigação, constituída pelos órgãos especializados pertinentes;

II – não atuação policial sobre os portadores de drogas, seus precursores químicos ou outros produtos utilizados em sua produção, que se encontrem no território brasileiro, com a finalidade de identificar e responsabilizar maior número de integrantes de operações de tráfico e distribuição, sem prejuízo da ação penal cabível. Nesta hipótese, a autorização será concedida desde que sejam conhecidos o itinerário provável e a identificação dos agentes do delito ou de colaboradores (art. 53, parágrafo único).

3.3. DA INSTRUÇÃO CRIMINAL

De acordo com o art. 54, sendo recebidos em juízo os autos de inquérito policial, de investigação feita por Comissão Parlamentar de Inquérito, ou peças de informação, dar-se-á vista ao Ministério Público para, no prazo de dez dias, adotar uma das seguintes medidas:

I – requerer o arquivamento;

II – requisitar as diligências que entender necessárias;

III – oferecer denúncia.

Se o Ministério Público requerer o arquivamento e o juiz concordar com a manifestação, os autos irão diretamente para o arquivo. O art. 7º da Lei n. 1.521/51 prevê que o juiz deve recorrer de ofício sempre que determinar o arquivamento de inquérito que apure crime contra a saúde pública. É pacífico, entretanto, que tal dispositivo não se aplica aos crimes da Lei Antidrogas que, apesar de atingirem a saúde pública, possuem rito específico que não determina tal providência. O recurso de ofício, portanto, só vale para outros crimes contra a saúde pública.

Se o juiz discordar do pedido de arquivamento, deverá aplicar a regra do art. 28 do Código de Processo Penal e remeter os autos ao órgão superior do Ministério Público, que dará a palavra final, insistindo no arquivamento ou determinando o oferecimento de denúncia.

Por sua vez, se o Órgão do Ministério Público se convencer da existência de indícios de autoria e de materialidade, deverá oferecer denúncia. Nesse caso, se o crime imputado tiver pena mínima não superior a um ano, deverá ser analisada a possibilidade de proposta de suspensão condicional do processo. Feita a proposta pelo Ministério Público, sendo ela aceita pelo réu e homologada pelo juiz, será decretada a suspensão, nos termos da Lei n. 9.099/95. Na grande maioria dos crimes da Lei Antidrogas, todavia, a pena mínima é bem superior a um ano, de forma que o benefício em análise é incabível.

Deverá também ser analisada a possibilidade de aplicação do acordo de não persecução penal.

Na denúncia, poderão ser arroladas até cinco testemunhas, independentemente de o crime ser punido com reclusão ou detenção, devendo também o Ministério Público requerer as diligências necessárias (art. 54, III).

Em juízo, o procedimento deverá observar as seguintes fases:
a) defesa prévia;
b) recebimento da denúncia;
c) citação;
d) audiência para oitiva de testemunhas, interrogatório e debates orais;
e) sentença.

Nos termos do art. 55, *caput*, oferecida a denúncia, o juiz ordenará a notificação do acusado para oferecer defesa prévia, por escrito, no prazo de dez dias. Nessa defesa, o denunciado poderá arguir preliminares (prescrição, p. ex.) e exceções, além de invocar todos os argumentos que entenda pertinentes no sentido de convencer o juiz a não receber a denúncia. Para tanto, poderá oferecer documentos e justificações. É nessa defesa que o denunciado deve elencar as provas que pretende produzir, antes e depois de eventual recebimento da denúncia, e arrolar até cinco testemunhas.

As exceções a que a lei se refere são aquelas previstas nos arts. 95 a 113 do Código de Processo Penal (suspeição ou impedimento, incompetência do juízo, litispendência, ilegitimidade de parte e de coisa julgada) e, nos termos do art. 55, § 2º, da Lei n. 11.343/2006, serão processadas em apartado.

Caso o denunciado não apresente a defesa, o juiz nomeará defensor para oferecê-la, fixando, para tanto, mais dez dias de prazo e abrindo, no ato de nomeação, vista dos autos ao defensor (art. 55, § 3º).

Apresentada a defesa, o juiz, no prazo de cinco dias, terá de tomar uma das seguintes decisões: a) receber a denúncia; b) rejeitá-la; c) determinar a realização de diligências que entenda imprescindíveis. Nesta última hipótese, o juiz fixará prazo máximo de dez dias para a realização de diligências, exames ou perícias determinadas e, em seguida, terá mais cinco dias para decidir se recebe ou rejeita a denúncia.

Caso a denúncia seja rejeitada, caberá recurso em sentido estrito (art. 581, I, do CPP).

Recebida a denúncia, o juiz designará dia e hora para a audiência de instrução e julgamento, ordenará a citação pessoal do acusado, a intimação do Ministério Público, do assistente, se for o caso, e requisitará os laudos periciais faltantes (art. 56, *caput*). Embora a Lei não mencione expressamente, é evidente que também deverá ser intimado o defensor do acusado, bem como determinada sua requisição, caso esteja preso.

Em se tratando dos crimes previstos nos arts. 33, *caput* e § 1º, e 34 a 37, o juiz, ao receber a denúncia, poderá decretar o afastamento cautelar do denunciado de suas atividades, se for funcionário público, comunicando a decisão ao órgão onde atua o réu (art. 56, § 1º). Esse dispositivo se aplica, por exemplo, se o acusado for policial.

Se o réu for citado pessoalmente e não comparecer na audiência, será decretada sua revelia, de modo que ele não será mais intimado para os demais atos processuais (art. 367 do CPP). Caso compareça, será devidamente interrogado. Se o réu não for encontrado para citação pessoal, o juiz determinará a citação por edital; nesse caso, se o réu não comparecer ao interrogatório designado nem nomear defensor, o juiz decretará a suspensão do processo e do prazo prescricional, nos termos do art. 366 do Código de Processo Penal, que se aplica subsidiariamente à Lei Antidrogas (art. 48). Esta hipótese só ocorrerá, na prática, se o réu estiver solto, e, por tal razão, o juiz analisará se a decretação da prisão preventiva se mostra necessária.

A audiência de instrução e julgamento deverá ser realizada dentro do prazo de trinta dias, a contar do despacho em que foi recebida a denúncia, salvo se tiver sido determinada a realização de avaliação para atestar a dependência de drogas do acusado, hipótese em que deverá ser realizada no prazo de noventa dias.

Na audiência, o juiz ouvirá inicialmente as testemunhas, primeiro as de acusação e depois as de defesa. O depoimento de policiais (militares ou civis) tem o mesmo valor que em qualquer outro processo penal (furto, roubo, porte de arma etc.), devendo ser aferido pela harmonia com os demais depoimentos, pela firmeza com que foi prestado etc. Nada obsta a condenação fundada apenas em depoimento de policiais, uma vez que é extremamente comum que as testemunhas civis não queiram ser mencionadas na ocorrência policial por temerem depor contra traficantes. É óbvio, todavia, que o juiz não poderá aceitar depoimentos completamente contraditórios de policiais como fundamento para eventual condenação.

De acordo com o art. 49, sempre que as circunstâncias recomendarem, o juiz empregará os instrumentos protetivos para testemunhas previstos na Lei n. 9.807/99.

Ouvidas as testemunhas, o juiz interrogará o acusado. De acordo com o art. 57 da Lei de Drogas, o interrogatório deveria ser feito antes da oitiva das testemunhas, mas o Plenário do Supremo Tribunal Federal, no julgamento do HC 127.900, em março de 2016, decidiu que o interrogatório deve ser feito após a oitiva das testemunhas. Entendeu a Corte Suprema que o art. 400 do Código de Processo Penal – que após as modificações da Lei n. 11.709/2008 passou a prever o interrogatório ao final no rito ordinário – prevalece sobre os ritos previstos em leis especiais.

O interrogatório deve ser feito na forma estabelecida no Código de Processo Penal. Deverá, ainda, o magistrado indagar ao acusado acerca de eventual dependência toxicológica, caso o incidente não tenha sido anteriormente instaurado. Essa providência deve ser tomada qualquer que seja o crime, já que a lei não faz distinção. Se o réu declarar-se dependente e existirem indícios nesse sentido, o juiz deverá determinar a realização de exame para atestar a dependência do acusado. Aliás, mesmo que o acusado não se declare dependente, o juiz deverá determinar o exame se, diante das provas colhidas ou de outras evidências, perceber que ele é dependente.

O art. 57, parágrafo único, estabelece a possibilidade de as partes fazerem perguntas ao réu no final do interrogatório, sempre, porém, por intermédio do juiz. Essa medida já havia sido adotada no art. 188 do Código de Processo Penal, com a redação dada pela Lei n. 10.792/2003.

Findo o interrogatório, as partes terão, cada qual, tempo de vinte minutos, prorrogáveis por mais dez (a critério do juiz), para a sustentação oral. Por fim, o juiz proferirá sentença ou, se não se julgar habilitado a fazê-lo de imediato, ordenará que os autos lhe sejam conclusos para, no prazo de dez dias, proferi-la (art. 58, *caput*).

Em tese, essa audiência deveria ser una, pois, em um só ato processual, deveriam ser realizadas a instrução, os debates e, se possível, o julgamento. É, porém, muito comum que seja desdobrada, quer pela ausência de uma testemunha (ouvem-se as presentes e marca-se nova data para as faltantes), quer por não haver chegado o exame químico-toxicológico ou o laudo do exame de dependência. O rito desta lei especial, aliás, não comporta a substituição dos debates orais pela entrega de memoriais (breves alegações finais por escrito, apresentadas no prazo de cinco dias). Contudo, tal providência é extremamente comum no dia a dia forense, uma vez que os tribunais não têm reconhecido qualquer nulidade nessa atitude.

Estando devidamente provado que o réu tinha a droga em seu poder, é necessário que o juiz decida e fundamente por qual crime irá condená-lo. Nesse sentido, para o magistrado verificar se a droga se destinava ao tráfico ou ao consumo pessoal do agente, deverá levar em conta vários fatores apontados no art. 28, § 2º: natureza e quantidade da droga apreendida, local e condições em que se desenvolveu a ação criminosa, circunstâncias pessoais e sociais do agente, bem como sua conduta e antecedentes.

Lembre-se de que, observados todos esses critérios e quaisquer outros considerados relevantes pelo juiz, caso persista dúvida, deverá ele optar pela condenação pelo crime menos grave (*in dubio pro reo*).

Em abril de 2019, o Superior Tribunal de Justiça aprovou a súmula n. 630, segundo a qual "a incidência da atenuante da confissão espontânea no crime de tráfico ilícito de entorpecentes exige o reconhecimento da traficância pelo acusado, não bastando a mera admissão da posse ou propriedade para uso próprio".

Na sentença, além das fases indispensáveis – relatório, fundamentação e dispositivo –, o juiz também deverá:

a) analisar a decretação da perda do cargo ou função pública (art. 92, I, do CP) se o crime tiver sido cometido com abuso da função pública e a pena for superior a um ano;
b) decidir sobre o perdimento do produto, bem, direito ou valor apreendido ou objeto de medidas assecuratórias; e sobre o levantamento dos valores depositados em conta remunerada e a liberação dos bens utilizados nos termos do art. 62 (art. 63, incisos I e II, com a redação dada pela Lei n. 13.840/2019);
c) fixar o regime de cumprimento da pena;
d) verificar a possibilidade de o réu apelar em liberdade, ou a necessidade de decretar-lhe a prisão.

Observações:

De acordo com o art. 50, § 3º, da Lei Antidrogas, com a redação dada pela Lei n. 12.961/2014, recebida a cópia do **auto de prisão** em flagrante, o juiz, no prazo de **dez** dias, certificará a regularidade formal do laudo de constatação e determinará a **destruição das drogas** apreendidas, guardando-se amostra necessária à realização do laudo definitivo. Referida destruição será executada pelo **delegado de polícia** competente no prazo de **quinze** dias na presença do **Ministério Público** e da **autoridade sanitária** (art. 50, § 4º). O local será vistoriado antes e depois de efetivada a destruição das drogas referida no § 3º, sendo lavrado **auto circunstanciado** pelo delegado de polícia, certificando-se neste a destruição total delas (art. 50, § 5º).

Já o art. 72 dispõe que **encerrado** o processo penal ou arquivado o inquérito policial, o juiz, de ofício, mediante representação do delegado de polícia ou a requerimento do Ministério Público, determinará a destruição das **amostras** guardadas para contraprova, certificando isso nos autos.

Por fim, prevê o art. 50-A que a destruição de drogas apreendidas **sem a ocorrência de prisão em flagrante** será feita por incineração, no prazo máximo de **trinta** dias contados da data da apreensão, guardando-se **amostra** necessária à realização do laudo definitivo, aplicando-se, no que couber, o procedimento dos §§ 3º a 5º do art. 50.

4 COMPETÊNCIA

Nos termos do art. 109, V, da Constituição Federal, são julgados pela Justiça Federal os crimes previstos em tratado ou convenção internacional, quando, iniciada a execução no País, o resultado tenha ou devesse ter ocorrido no estrangeiro, ou reciprocamente. Assim, por ser objeto de tratado internacional, o dispositivo abrange os crimes de tráfico, de forma que se pode concluir que o tráfico internacional de drogas é de competência da Justiça Federal, enquanto o tráfico doméstico é apurado na esfera estadual. Nesse sentido, o art. 70, *caput*, da Lei n. 11.343/2006, que estabelece que o processo e o julgamento dos crimes previstos nos arts. 33 a 37, se caracterizado ilícito transnacional, são de competência da Justiça Federal. Já o art. 70, parágrafo único, trouxe importante inovação ao dispor que os crimes praticados nos Municípios que não sejam sede de vara federal serão processados e julgados na vara federal da circunscrição respectiva. Assim, se em uma pequena cidade próxima a Ribeirão Preto for efetuada uma apreensão de carregamento de droga proveniente da Colômbia, os traficantes serão julgados em Ribeirão Preto porque nesta cidade existe vara da Justiça Federal, enquanto naquela, não.

O crime de porte para consumo próprio (art. 28) e os demais delitos da Lei com pena máxima não superior a dois anos serão julgados pelo Juizado Especial Criminal (art. 48, § 1º), salvo se houver concurso com crime de tráfico ou outro crime comum mais grave. Nestes casos, ambos os delitos serão julgados na Vara Comum, nos termos do art. 48, § 1º, da Lei Antidrogas e art. 60, parágrafo único, da Lei n. 9.099/95, com a redação dada pela Lei n. 11.313/2006.

Normalmente o crime de porte para consumo próprio será julgado no Juizado Especial Criminal Estadual; se, porém, o crime tiver sido cometido a bordo de embarcação ou aeronave, o julgamento caberá ao Juizado Especial Criminal Federal, nos termos do art. 109, IX, da CF.

No caso de conexão entre crime de competência do júri e delito da Lei Antidrogas, prevalecerá a competência do júri, ainda que o crime doloso contra a vida tenha pena menor. Os jurados julgarão os dois crimes.

Na conexão entre tráfico e crime eleitoral, prevalece a competência da Justiça Eleitoral, já que se trata de jurisdição especial.

Se houver conexão entre tráfico e crime militar, haverá separação de processos, porque, apesar de a Justiça Militar ser especial, o art. 79, I, do Código de Processo Penal estabelece que ela não julga crime comum conexo.

Na conexão entre tráfico internacional e doméstico (praticado apenas no território nacional), prevalece a competência da Justiça Federal para ambos os delitos (Súmula 122 do STJ).

No caso de conexão entre tráfico doméstico e outro crime comum, prevalece a competência do local em que for praticado o crime mais grave, isto é, daquele que tiver a maior pena máxima. Ex.: uma pessoa rouba grande quantidade de drogas de uma farmácia em São Paulo e vende-as em Santos. A pena máxima do tráfico é de quinze anos, e a do roubo é dez. Assim, o julgamento ficará a cargo da Justiça Estadual de Santos. **Nesse caso, qual rito deve ser seguido, o ordinário (roubo) ou o da Lei n. 11.343/2006 (tráfico)?** O rito que proporcione maiores possibilidades de defesa ao acusado.

5 LAUDO DE CONSTATAÇÃO E TOXICOLÓGICO

Apreendida a substância entorpecente, dois exames periciais deverão ser realizados. Com base nesses exames, os peritos deverão apresentar suas conclusões pelas seguintes peças:

a) **Laudo de constatação (art. 50, § 1º).** É um laudo provisório, feito de forma superficial e, portanto, sem caráter científico, logo após a apreensão da droga, por um perito oficial ou por pessoa idônea, de preferência com habilitação, a respeito da natureza da droga apreendida. Como só existe crime se for constatada a existência do princípio ativo, e considerando que um exame científico demora para ser feito, a lei criou esse exame provisório que, restando positivo, permite a lavratura do auto de prisão em flagrante pela autoridade policial, bem como o oferecimento de denúncia pelo Ministério Público e seu recebimento pelo juiz.

Existindo o laudo de constatação, o Ministério Público não pode devolver o inquérito à delegacia de polícia para a juntada do exame definitivo, uma vez que o art. 16 do Código de Processo Penal só admite a devolução quando a diligência é imprescindível para o oferecimento de denúncia, e o art. 50, § 1º, da Lei Antidrogas dispensa a juntada do exame definitivo para que a ação penal seja intentada.

O laudo de constatação é uma condição de procedibilidade, pois, sem sua presença, a denúncia não pode ser recebida. Dessa forma, oferecida a denúncia desacompanhada do laudo, o juiz deve determinar sua juntada antes de decidir se a recebe ou rejeita.

b) **Laudo definitivo.** É o que resulta do exame químico-toxicológico, feito de forma científica e minuciosa. É esse laudo que comprova a materialidade do delito – a existência do princípio ativo. O art. 50, § 2º, estabelece que o perito que elaborou o laudo de constatação não está proibido de participar do exame químico-toxicológico.

O laudo deve ser juntado aos autos antes da audiência de instrução e julgamento, justamente para que as partes possam conhecer seu teor com alguma antecedência. É comum, porém, que as testemunhas sejam ouvidas antes da chegada do laudo definitivo, de forma que a audiência, que deveria ser una, acaba sendo desmembrada para aguardar o laudo, designando-se nova data para os debates e julgamento. Essa providência, apesar de contrária ao texto legal, tem contado com a benevolência dos tribunais, que, pela inexistência de prejuízo para as partes, não decretam a nulidade do feito.

No laudo definitivo devem constar a existência do princípio ativo, a quantidade da droga e a metodologia empregada para a realização do exame.

6 A INIMPUTABILIDADE NA LEI ANTIDROGAS

O art. 45, *caput*, da Lei n. 11.343/2006 prevê três hipóteses de inimputabilidade:

1) Quando o réu, em razão de dependência, era, ao tempo da ação ou da omissão criminosa, inteiramente incapaz de entender o caráter ilícito do fato ou de determinar-se de acordo com tal entendimento.

2) Se o réu, por estar sob o efeito de substância entorpecente ou que determine dependência física ou psíquica, **proveniente de caso fortuito**, era, ao tempo da ação ou omissão criminosa, inteiramente incapaz de entender o caráter ilícito do fato ou de determinar-se de acordo com tal entendimento. Existe caso fortuito, p. ex., quando a pessoa ingere acidentalmente uma substância entorpecente.

3) Quando o réu, por estar sob o efeito de substância entorpecente ou que determine dependência física ou psíquica, **proveniente de força maior**, era, ao tempo da ação ou omissão criminosa, inteiramente incapaz de entender o caráter ilícito do fato ou de determinar-se de acordo com tal entendimento. Ocorre força maior, p. ex., quando a pessoa é forçada mediante violência ou grave ameaça a ingerir a substância entorpecente.

A inimputabilidade, portanto, pressupõe que o agente não tenha capacidade de entendimento ou autodeterminação no momento da prática do ilícito penal.

Nas três hipóteses, comprovada pericialmente a inimputabilidade, o réu ficará isento de pena, qualquer que tenha sido o crime por ele cometido – da própria Lei Antidrogas ou não. Ex.: prática de furto ou roubo para sustentar o vício; venda de droga para conseguir dinheiro para comprar suas próprias substâncias etc. Assim, nos termos do art. 45, *caput*, da Lei n. 11.343/2006, o juiz deverá absolver o réu e, se for ele dependente, submetê-lo a tratamento médico.

7 A SEMI-IMPUTABILIDADE NA LEI ANTIDROGAS

O art. 46 da Lei n. 11.343/2006 trata dos semi-imputáveis, assim considerando quem:

1) em razão de dependência, estava, ao tempo da ação ou omissão criminosa, parcialmente privado de sua capacidade de entendimento ou autodeterminação;

2) por estar sob o efeito de substância entorpecente ou que provoque dependência física ou psíquica, proveniente de caso fortuito, estava, ao tempo da ação criminosa, parcialmente privado de sua capacidade de entendimento ou autodeterminação;

3) por estar sob o efeito de substância entorpecente ou que provoque dependência física ou psíquica, proveniente de força maior, estava, ao tempo da ação criminosa, parcialmente privado de sua capacidade de entendimento ou autodeterminação.

Nos termos da lei, os semi-imputáveis não são isentos de pena e, portanto, devem ser condenados. Haverá, entretanto, uma redução de um a dois terços do montante da reprimenda. Se o sentenciado for dependente, deverá ser submetido a tratamento no local em que tiver de cumprir a pena imposta (art. 47).

8 O TRATAMENTO DOS DEPENDENTES

A Lei n. 11.343/2006 estabelece as seguintes regras:

a) o inimputável em razão de dependência deve ser absolvido, e o juiz, na sentença, deve encaminhá-lo para tratamento médico de recuperação (art. 45, parágrafo único);

b) o condenado imputável ou semi-imputável por dependência (que esteja cumprindo pena privativa de liberdade ou medida de segurança) deve ser submetido a tratamento no próprio sistema penitenciário (art. 26);

c) o condenado dependente que esteja cumprindo pena fora do sistema prisional deverá ser submetido a tratamento por profissional da saúde com competência específica na forma da lei (art. 47);

d) ao usuário de droga, o juiz determinará ao Poder Público que coloque à sua disposição, gratuitamente, estabelecimento de saúde, preferencialmente ambulatorial, para tratamento especializado (art. 28, § 7º).

9 EXAME DE DEPENDÊNCIA

O exame de dependência toxicológica deve ser determinado pelo juiz se o réu declarar-se dependente ou quando houver indícios nesse sentido. A instauração desse incidente não suspende o andamento da ação penal, mas, se houver dois ou mais réus, e o exame de dependência for determinado apenas em relação a um, o juiz desmembrará o processo.

O art. 56, § 2º, da Lei diz que o juiz, ao receber a denúncia, deve marcar a audiência de instrução e julgamento em um prazo de trinta dias, ou de noventa dias, caso tenha determinado a realização do exame de dependência. Esta hipótese, porém, só ocorrerá quando a realização do exame tiver sido anteriormente determinada pelo juiz. Na prática, entretanto, o que normalmente ocorre é que o réu se declara dependente na própria audiência, ao ser interrogado, já que, no rito da Lei atual, o interrogatório é realizado na mesma data da audiência de instrução e julgamento. Nesse caso, o juiz deve fazer a audiência e determinar a realização do exame, marcando uma nova audiência em continuação, dentro do prazo de noventa dias, para que, à luz do laudo, sejam feitos os debates e prolatada a sentença.

Determinado o exame pelo juiz, as partes poderão apresentar quesitos. Dependendo das conclusões dos peritos, poderá ser o réu considerado imputável, inimputável ou semi-imputável.

10 DA APREENSÃO, ARRECADAÇÃO E DESTINAÇÃO DOS BENS DO ACUSADO

O Capítulo IV do Título IV da Lei n. 11.343/2006 dispõe a respeito dos bens do acusado relacionados aos crimes nela previstos (arts. 60 a 64).

10.1. DOS BENS OU VALORES OBTIDOS COM O TRÁFICO

O art. 60 da Lei de Drogas, com a redação dada pela Lei n. 13.840/2019, dispõe que o juiz, a requerimento do Ministério Público ou do assistente de acusação, ou mediante representação da autoridade de polícia judiciária, poderá decretar, no curso do inquérito ou da ação penal, a apreensão e outras medidas assecuratórias nos casos em que haja suspeita de que os bens, direitos ou valores sejam produto do crime ou constituam proveito dos crimes previstos nesta Lei, procedendo-se na forma dos arts. 125 e seguintes do Código de Processo Penal.

A ordem de apreensão ou sequestro de bens, direitos ou valores poderá, todavia, ser suspensa pelo juiz, ouvido o Ministério Público, quando a sua execução imediata puder comprometer as investigações.

Quando as medidas assecuratórias recaírem sobre moeda estrangeira, títulos, valores mobiliários ou cheques emitidos como ordem de pagamento, será determinada, imediatamente, a conversão em moeda nacional (art. 60-A). Os cheques, portanto, devem ser compensados e a moeda estrangeira deve ser vendida.

Ao proferir a sentença, o juiz decidirá sobre o perdimento do produto, bem, direito ou valor apreendido ou objeto de medidas assecuratórias (art. 63, I). Lembre-se que, de acordo com o art. 91, II, "b", do Código Penal, constitui efeito da condenação a perda em favor da União, ressalvado o direito do lesado ou de terceiro de boa-fé, do produto do crime ou de qualquer bem ou valor que constitua proveito auferido pelo agente com a prática do fato criminoso.

O Superior Tribunal de Justiça firmou entendimento no sentido de que "a expropriação de bens em favor da União, decorrente da prática de crime de tráfico ilícito de entorpecentes, constitui efeito automático da sentença penal condenatória" (jurisprudência em teses, edição n. 126 – maio de 2019).

10.2. DOS BENS UTILIZADOS PARA O TRÁFICO

A apreensão de veículos, embarcações, aeronaves e quaisquer outros meios de transporte e dos maquinários, utensílios, instrumentos e objetos de qualquer natureza utilizados para a prática dos crimes definidos nesta Lei será imediatamente comunicada pela autoridade de polícia judiciária responsável pela investigação ao juízo competente (art. 61).

O juiz, no prazo de 30 dias, determinará a alienação dos bens apreendidos, excetuadas as armas, que serão recolhidas na forma da legislação específica (art. 61, § 1º).

A alienação será realizada em autos apartados, dos quais constará a exposição sucinta do nexo de instrumentalidade (vínculo) entre o delito e os bens apreendidos, a descrição e especificação dos objetos, as informações sobre quem os tiver sob custódia e o local em que se encontrem. O juiz determinará a avaliação dos bens apreendidos, que será realizada por oficial de justiça, no prazo de 5 dias a contar da autuação, ou, caso sejam necessários conhecimentos especializados, por avaliador nomeado pelo juiz, em prazo não superior a 10 dias. Feita a avaliação, o juiz intimará o órgão gestor do Funad, o Ministério Público e o interessado para se manifestarem no prazo de 5 dias e, dirimidas eventuais divergências, homologará o valor atribuído aos bens.

Por seu turno, o art. 62-A estabelece que o depósito, em dinheiro, de valores referentes ao produto da alienação ou relacionados a numerários apreendidos ou que tenham sido convertidos, serão efetuados na Caixa Econômica Federal, por meio de documento de arrecadação destinado a essa finalidade. Em caso de futura absolvição, o valor do depósito será devolvido ao acusado pela Caixa Econômica Federal no prazo de até 3 dias úteis, acrescido de juros, na forma estabelecida pelo § 4º do art. 39 da Lei n. 9.250, de 26 de dezembro de 1995. Na hipótese contrária, ou seja, de decretação do perdimento em favor da União, o valor do depósito será transformado em pagamento definitivo, respeitados os direitos de eventuais lesados e de terceiros de boa-fé.

De acordo com o art. 62, se houver interesse público na utilização de quaisquer dos bens de que trata o art. 61, os órgãos de polícia judiciária, militar e rodoviária poderão deles fazer uso, sob sua responsabilidade e com o objetivo de sua conservação, mediante autorização judicial, ouvido o Ministério Público e garantida a prévia avaliação dos respectivos bens. O órgão responsável pela utilização do bem deverá enviar ao juiz periodicamente, ou a qualquer momento quando por este solicitado, informações sobre seu estado de conservação. Quando a autorização judicial recair sobre veículos, embarcações ou aeronaves, o juiz ordenará à autoridade ou ao órgão de registro e controle a expedição de certificado provisório de registro e licenciamento em favor do órgão ao qual tenha deferido o uso ou custódia, ficando este livre do pagamento de multas, encargos e tributos anteriores à decisão de utilização do bem até o trânsito em julgado da decisão que decretar o seu perdimento em favor da União. Na hipótese de levantamento, se houver indicação de que os bens utilizados na forma deste artigo sofreram depreciação superior àquela esperada em razão do transcurso do tempo e do uso, poderá o interessado requerer nova avaliação judicial. Constatada a depreciação, o ente federado ou a entidade que utilizou o bem indenizará o detentor ou proprietário dos bens.

A perda efetiva do bem, apreendido será declarada pelo juiz apenas na sentença (art. 63, I). A perda é declarada em favor da União, sendo revertida ao Fundo Nacional Antidrogas – Funad. Em geral, essa sentença será condenatória, mas é também possível que o juiz declare a perda do bem apesar de ter absolvido o réu. Suponha-se que traficantes escondam grande quantia de droga no tanque de combustível de um caminhão e, em seguida, contratem um motorista, dizendo a ele que se trata do transporte de madeira. Durante o trajeto, policiais param o caminhão e localizam o entorpecente, sendo o motorista acusado pelo tráfico. Ao final, contudo, o juiz absolve o motorista, por entender que ele fora enganado pelos traficantes – que, entretanto, não foram identificados. Apesar da absolvição, deve ser decretada a perda do caminhão (que não pertencia ao motorista).

No julgamento do RE 638.491, em 17 de maio de 2017, o Pleno da Corte Suprema, ao julgar o tema n. 647, aprovou a seguinte tese: "É possível o confisco de todo e qualquer bem de valor econômico apreendido em decorrência do tráfico de drogas, sem a necessidade de se perquirir a habitualidade, reiteração do uso do bem para tal finalidade, a sua modificação para dificultar a descoberta do local do acondicionamento da droga ou qualquer outro requisito além daqueles previstos expressamente no art. 243, parágrafo único, da Constituição Federal".

É evidente, por sua vez, que estão assegurados os direitos de terceiros de boa-fé. Ex.: uma pessoa compra um caminhão com alienação fiduciária e utiliza-o para traficar. Nesse caso, a decretação da perda do bem iria prejudicar a instituição financeira. Nesse sentido:

11 DESAPROPRIAÇÃO DE TERRAS UTILIZADAS PARA O CULTIVO DE CULTURAS ILEGAIS

O art. 243 da Constituição Federal prevê a desapropriação, sem indenização, de terras onde forem localizadas culturas ilegais de substância entorpecente e o confisco de bens apreendidos em decorrência do tráfico. A desapropriação das terras foi regulamentada pela Lei n. 8.257/91, que dispõe acerca do procedimento, da decretação da perda de terras em favor da União, de sua destinação para o assentamento de colonos etc.

O Plenário do Supremo Tribunal Federal, no julgamento do RE 635.336, em 14 de dezembro de 2016, ao apreciar o tema n. 399 (em sede de repercussão geral), aprovou a seguinte tese: "A expropriação prevista no art. 243 da Constituição Federal pode ser afastada, desde que o proprietário comprove que não incorreu em culpa, ainda que 'in vigilando' ou 'in elegendo'. Por sua vez, no julgamento do RE 638.491, em 17 de maio de 2017, o Pleno da Corte Suprema, ao julgar o tema n. 647, aprovou a seguinte tese: "É possível o confisco de todo e qualquer bem de valor econômico apreendido em decorrência do tráfico de drogas, sem a necessidade de se perquirir a habitualidade, reiteração do uso do bem para tal finalidade, a sua modificação para dificultar a descoberta do local do acondicionamento da droga ou qualquer outro requisito além daqueles previstos expressamente no art. 243, parágrafo único, da Constituição Federal".

Quadro sinótico – Tráfico de drogas

Objetividade jurídica	A saúde pública.
Tipo objetivo	a) Condutas típicas: importar, exportar, remeter, preparar, produzir, fabricar, adquirir, vender, expor à venda, oferecer, ter em depósito, transportar, trazer consigo, guardar, prescrever, ministrar, entregar a consumo ou fornecer, ainda que gratuitamente. Trata-se de tipo misto alternativo em que a realização de mais de uma conduta em relação à mesma droga constitui crime único. b) Objeto material: droga. De acordo com o art. 1º, parágrafo único, da Lei Antidrogas, consideram-se como drogas as substâncias ou produtos capazes de causar dependência, assim especificadas em lei ou relacionadas periodicamente em listas publicadas pelo Poder Executivo. Trata-se, pois, de norma penal em branco. c) Elemento normativo: que a conduta seja realizada sem autorização ou em desacordo com determinação legal ou regulamentar.
Sujeito ativo	Pode ser qualquer pessoa. Trata-se de crime comum.
Sujeito passivo	A coletividade.
Elemento subjetivo	O dolo de entregar a droga a terceiro, ainda que gratuitamente. Para verificar se a droga se destinava ao tráfico ou a consumo pessoal, o juiz deve analisar a natureza e a quantidade da substância apreendida, o local e as condições em que se desenvolveu a ação, bem como as circunstâncias pessoais do agente (conduta social, antecedentes etc.).
Consumação	No momento em que for realizada a conduta típica. Algumas delas enquadram-se no conceito de crime permanente (transportar, ter em depósito etc.).

Tentativa	Teoricamente possível, mas de difícil ocorrência na prática.
Pena	Reclusão, de cinco a quinze anos, e multa. Na fixação da pena, o juiz deve levar em conta a natureza e a quantidade da droga, bem como a personalidade e a conduta social do agente. Nos termos do art. 2º, § 1º, da Lei n. 8.072/90, regime inicial deve ser necessariamente o fechado. O Plenário do STF, todavia, declarou a inconstitucionalidade deste dispositivo. Assim, devem ser seguidas as regras comuns do Código Penal para a fixação do regime inicial. A progressão de regime somente pode ser obtida com o cumprimento de ao menos 40% da pena se o réu for primário, ou 60% se reincidente na prática de crime hediondo ou equiparado. A pena não pode ser substituída por restritiva de direitos (exceto se igual ou inferior a 4 anos) ou pelo *sursis*. O livramento condicional só pode ser obtido após o cumprimento de dois terços da pena, vedada sua concessão ao reincidente específico. O condenado não pode obter anistia, graça ou indulto.
Figuras equiparadas	A Lei Antidrogas, em seu § 1º, reserva as mesmas penas previstas no *caput* para quem: realiza qualquer das condutas típicas em relação a matéria-prima, insumo ou produto químico destinado à preparação de droga (inc. I); semeia, cultiva ou faz a colheita de plantas que constituam matéria-prima para a preparação de droga (inc. II); utiliza local ou bem de sua propriedade, posse, administração, guarda ou vigilância para o tráfico de droga, ou consente para que terceiro o faça (inc. III).
Causas de diminuição de pena	O art. 33, § 4º, prevê uma redução da pena de um sexto a dois terços, se o réu for primário e de bons antecedentes, e desde que não se dedique às atividades criminosas nem integre organização criminosa. Já o art. 41 estabelece uma redução de um terço a dois terços da pena ao indiciado ou acusado que colaborar voluntariamente com a investigação policial e o processo criminal a fim de que sejam identificados os demais coautores ou partícipes do crime, bem como recuperado, total ou parcialmente, o produto do crime.
Figura privilegiada	De acordo com o art. 33, § 4º, a pena dos delitos descritos no *caput* e no § 1º do art. 33 poderá ser reduzida de 1/6 a 2/3 desde que o agente seja primário, de bons antecedentes, não se dedique às atividades criminosas nem integre organização criminosa. O Plenário do STF decidiu que o tráfico privilegiado não se equipara aos crimes hediondos (HC 118.533, Rel. Min. Cármen Lúcia, julgado em 23-6-2016). Posteriormente, a Lei n. 13.964/2016 alterou o art. 112, § 5º, da LEP para deixar expresso que o tráfico privilegiado não é equiparado a hediondo. Por isso a progressão pode se dar após o cumprimento de 16% da pena.
Outros delitos relacionados ao tráfico	Nos arts. 34, 35, 36 e 37 da Lei Antidrogas estão elencadas outras condutas criminosas ligadas ao tráfico: a) fabricar, adquirir, utilizar, transportar, oferecer, vender, distribuir, entregar a qualquer título, possuir, guardar ou fornecer, ainda que gratuitamente, maquinário, aparelho, instrumento ou qualquer objeto destinado à fabricação, preparação, produção ou transformação de drogas, sem autorização ou em desacordo com determinação legal ou regulamentar (art. 34); b) associarem-se duas ou mais pessoas para o fim de praticar, reiteradamente ou não, qualquer dos crimes de tráfico ou equiparados (art. 35); c) financiar ou custear de qualquer forma o tráfico (art. 36); d) colaborar, como informante, com grupo organizado ou associação destinados ao tráfico (art. 37).

Legislação Penal Especial

Causas de aumento de pena	De acordo com o art. 40, as penas dos crimes relacionados ao tráfico (art. 33 a 37) serão aumentadas de um sexto a dois terços: a) se evidenciada a transnacionalidade do delito; b) se o agente cometer o crime prevalecendo-se de função pública ou no desempenho de missão de educação, poder familiar, guarda ou vigilância; c) se o crime for cometido em locais como estabelecimentos prisionais, de ensino, hospitalares, de recreação, esportivos etc.; d) se o delito for cometido com violência, grave ameaça, emprego de arma ou qualquer outro método intimidativo difuso ou coletivo; e) no caso de tráfico interestadual ou entre Estado e Distrito Federal; f) se o tráfico envolver ou visar criança ou adolescente, ou quem tenha, por qualquer motivo, diminuída ou suprimida sua capacidade de entendimento e determinação; g) se o agente financiar ou custear o tráfico, desde que ausentes os requisitos do crime autônomo do art. 36.
Ação penal	É pública incondicionada em todas as figuras.

Quadro sinótico – Porte de droga para consumo próprio (art. 28)

Objetividade jurídica	A saúde pública.
Tipo objetivo	a) Condutas típicas: adquirir, guardar, ter em depósito, transportar ou trazer consigo. O uso pretérito constatado em exame de sangue ou urina não constitui crime. b) Objeto material: droga. Trata-se de norma penal em branco, tal como mencionado no crime de tráfico.
Tipo objetivo	c) Elemento normativo: que a conduta seja realizada sem autorização ou em desacordo com determinação legal ou regulamentar.
Elemento subjetivo	Intenção de consumo pessoal da droga.
Sujeito ativo	Pode ser qualquer pessoa. Trata-se de crime comum.
Sujeito passivo	A coletividade.
Consumação	No instante em que o agente realiza a conduta típica. Algumas são permanentes, como ter em depósito ou transportar.
Tentativa	Possível na tentativa de aquisição.
Figura equiparada	Semear, cultivar ou colher plantas destinadas à preparação de pequena quantidade de droga para consumo pessoal.
Penas	Advertência sobre os efeitos das drogas, prestação de serviços à comunidade ou comparecimento a programa ou curso educativo. O prazo máximo nas duas últimas hipóteses é de cinco meses ou, se o réu for reincidente, de dez meses. Para garantia do cumprimento das medidas, o juiz poderá admoestar verbalmente o acusado ou aplicar-lhe pena de multa. A prescrição se dá em dois anos.
Ação penal	É pública incondicionada, de competência do Juizado Especial Criminal.

Quadro sinótico – Outros crimes

Ministração ou prescrição culposa de droga	De acordo com o art. 38 da Lei Antidrogas, será punido com detenção, de seis meses a dois anos, e multa, quem prescrever ou ministrar, culposamente, drogas, sem que delas necessite o paciente, ou em doses excessivas ou em desacordo com determinação legal ou regulamentar.
Condução de embarcação ou aeronave após o consumo de droga	Tal conduta é incriminada no art. 39 da Lei Antidrogas, desde que o condutor, em razão do consumo da droga, exponha a dano potencial a incolumidade de outrem. A pena é de detenção, de seis meses a três anos, além da apreensão do veículo e cassação da habilitação respectiva ou proibição de obtê-la pelo mesmo prazo da condenação, e multa. O crime é qualificado quando o veículo for de transporte de passageiros.

Capítulo III
Terrorismo

1 INTRODUÇÃO

Quando a Constituição Federal (art. 5º, XLIII) e a Lei dos Crimes Hediondos (art. 1º, parágrafo único, da Lei n. 8.072/90) fizeram menção ao crime de terrorismo, conferindo-lhe tratamento mais rigoroso do que aos crimes comuns, surgiu questionamento acerca da existência de delito dessa natureza na legislação em vigor à época.

Encontrou-se apenas no art. 20 da Lei n. 7.170/83 (Lei de Segurança Nacional) um tipo penal que fazia menção ao terrorismo:

> Art. 20, *caput* – Devastar, saquear, extorquir, roubar, sequestrar, manter em cárcere privado, incendiar, depredar, provocar explosão, praticar atentado pessoal ou atos de terrorismo, por inconformismo político ou para obtenção de fundos destinados à manutenção de organizações políticas clandestinas ou subversivas. A pena prevista é de reclusão, de três a dez anos.

Ocorre que alguns autores, como Alberto Silva Franco (*Crimes hediondos*, São Paulo: Revista dos Tribunais, 1991, p. 46), sustentavam que esse dispositivo, por se referir genericamente a atos de terrorismo, sem definir seu significado, feria o princípio constitucional da legalidade por não delimitar o âmbito de sua incidência.

Não concordávamos com tal posicionamento. Defendíamos que, como o art. 20 continha um tipo misto alternativo em que as várias condutas típicas se equivaliam pela mesma finalidade – inconformismo político ou obtenção de fundos destinados à manutenção de organizações políticas clandestinas ou subversivas –, não haveria afronta ao princípio da legalidade. Da mesma forma, Heleno Cláudio Fragoso (*Terrorismo e criminalidade política*, Rio de Janeiro: Forense, 1981, p. 98-99) afirmava que "não existe uma ação delituosa específica denominada terrorismo. Essa expressão se aplica a várias figuras de ilícito penal que se caracterizam por causar dano considerável a pessoas e coisas na perspectiva do perigo comum; pela criação real ou potencial de terror ou intimidação, e pela finalidade político-social. (...) O intérprete de nossa lei é levado à perplexidade, com o emprego, na conduta típica (...) da expressão 'praticar terrorismo' (...). Sendo, como é, o princípio da reserva legal, entre nós, garantia constitucional, é óbvio que definir crime através das expressões 'praticar terrorismo' viola a Carta Magna. A lei, porém, emprega outras expressões. Temos devastar, incendiar, depredar ou praticar atentado pessoal e sabotagem. Qualquer dessas ações pode constituir crime de terrorismo". No mesmo sentido, o entendimento de Fernando Capez (*Curso de direito penal. Legislação penal especial*, 11. ed., São Paulo: Saraiva, 2016, v. 4, p. 421-422).

Tal controvérsia, contudo, perdeu o sentido com a aprovação da Lei n. 13.260/2016, que regulamentou o disposto no inciso XLIII do art. 5º da Constituição Federal, disciplinando detalhadamente os crimes de terrorismo, tratando de disposições investigatórias e processuais e formulando o conceito de organização terrorista.

2 TIPO OBJETIVO

Ao contrário do que ocorria com a Lei n. 7.170/83, criticada por conter conceito vago de atos terroristas, a lei atual descreve de forma detalhada as condutas típicas, bem como esclarece o elemento subjetivo específico dos agentes para que haja o enquadramento nesta infração penal. O texto legal, concomitantemente, enumera hipóteses em que resta afastado o enquadramento como ato de terrorismo.

As condutas típicas estão elencadas no § 1º do art. 2º da Lei n. 13.260/2016, assim redigido:

> Art. 2º, § 1º – São atos de terrorismo:
> I – usar ou ameaçar usar, transportar, guardar, portar ou trazer consigo explosivos, gases tóxicos, venenos, conteúdos biológicos, químicos, nucleares ou outros meios capazes de causar danos ou promover destruição em massa;
> IV – sabotar o funcionamento ou apoderar-se, com violência, grave ameaça a pessoa ou servindo-se de mecanismos cibernéticos, do controle total ou parcial, ainda que de modo temporário, de meio de comunicação ou de transporte, de portos, aeroportos, estações ferroviárias ou rodoviárias, hospitais, casas de saúde, escolas, estádios esportivos, instalações públicas ou locais onde funcionem serviços públicos essenciais, instalações de geração ou transmissão de energia, instalações militares, instalações de exploração, refino e processamento de petróleo e gás e instituições bancárias e sua rede de atendimento.
> V – atentar contra a vida ou a integridade física de pessoa.

Os incisos II e III desse artigo foram vetados.

Note-se que, no inciso I, é necessário que as condutas sejam capazes de provocar danos ou promover destruição em massa. Fora dessas condições o enquadramento será na legislação comum.

A configuração do crime de terrorismo pressupõe intenção específica por parte dos agentes, elencada no *caput* do art. 2º: "O terrorismo consiste na prática por um ou mais indivíduos dos atos previstos neste artigo, por razões de xenofobia, discriminação ou preconceito de raça, cor, etnia e religião, quando cometidos com a finalidade de provocar terror social ou generalizado, expondo a perigo pessoa, patrimônio, a paz pública ou a incolumidade pública".

O dispositivo, em verdade, exige dupla motivação:
a) agir por razões de xenofobia, discriminação ou preconceito de raça, cor, etnia e religião; e
b) finalidade de provocar terror social ou generalizado, expondo a perigo pessoa, patrimônio, a paz pública ou a incolumidade pública.

Interessante notar que parte das elementares do crime de terrorismo encontra-se no *caput* do art. 2º (elemento subjetivo) e parte em seu § 1º (condutas típicas e objeto material).

O § 2º do art. 2º, por sua vez, exclui a tipificação da conduta como crime de terrorismo quando se tratar de "conduta individual ou coletiva de pessoas em manifestações políticas, movimentos sociais, sindicais, religiosos, de classe ou de categoria profissional, direcionados por propósitos sociais ou reivindicatórios, visando a contestar, criticar, protestar ou apoiar, com o objetivo de defender direitos, garantias e liberdades constitucionais, sem prejuízo da tipificação penal contida em lei".

Entendemos que o não enquadramento como crime de terrorismo em razão desse dispositivo somente será possível quando restar plenamente comprovado no caso concreto que o intuito dos envolvidos na manifestação ou no movimento era exclusivamente o de contestar, criticar, apoiar ou defender direitos, garantias, liberdades etc. De outro lado, se ficar provado que apenas usaram o movimento como "fachada" para, em verdade, de algum modo provocar terror social ou generalizado – tal como mencionado no *caput* –, estará tipificado o delito.

3 SUJEITO ATIVO

Pode ser qualquer pessoa. Trata-se de crime comum.

4 SUJEITOS PASSIVOS

O Estado e a coletividade.

5 CONSUMAÇÃO

No momento em que realizada a conduta típica, ainda que o agente não consiga provocar terror social ou generalizado, expondo a perigo pessoa, patrimônio, a paz pública ou a incolumidade pública. Trata-se de crime formal.

6 TENTATIVA E ATOS PREPARATÓRIOS DE TERRORISMO

A tentativa é possível em algumas hipóteses, desde que o agente inicie a execução do ato terrorista, mas não consiga concluir a conduta típica. Em tal hipótese, deve ser aplicada a regra do art. 14, parágrafo único, do CP, que prevê redução da pena de 1/3 até 2/3. De ver-se, por sua vez, que, no art. 5º da Lei Antiterror, o legislador estabeleceu que quem realiza atos preparatórios de terrorismo com o propósito inequívoco de consumar tal delito incorre na pena do delito consumado, diminuída de 1/4 até a 1/2. Tal redução de pena é menor do que aquela prevista no Código Penal para o crime tentado, embora, nesta última hipótese (tentativa), o agente já tenha percorrido parte maior do *iter criminis*. Parece-nos, pois, que, como este dispositivo (art. 5º) permite a punição de atos preparatórios, a redução deve ser aquela prevista no Código Penal (diminuição de 1/3 a 2/3), em atenção ao princípio da proporcionalidade.

O ato preparatório a que o dispositivo se refere não pode ser a formação de uma organização terrorista porque, se o for, estará tipificado crime autônomo, previsto no art. 3º da Lei.

Saliente-se, outrossim, que o art. 10 da Lei n. 13.260/2016 dispõe que, mesmo antes de iniciada a execução do crime de terrorismo, na hipótese do art. 5º desta Lei (atos preparatórios), aplicam-se as disposições do art. 15 do Código Penal, ou seja, será possível aplicar as regras referentes à desistência voluntária e ao arrependimento eficaz.

Se o integrante de uma organização terrorista envolve-se em atos preparatórios de um atentado terrorista específico, mas se arrepende antes do início da execução e desiste de tomar parte no delito, não incorrerá no delito do art. 5º (tomar parte em ato preparatório de ato terrorista), em razão da regra do art. 10. Responderá, contudo, pelo delito do art. 3º por ter integrado a organização terrorista.

Quem integra organização terrorista e vem efetivamente a cometer ato terrorista responde pelos dois crimes em concurso material.

O § 1º do art. 5º, por fim, dispõe que incorrerá nas mesmas penas (a do crime consumado reduzida de 1/4 até a 1/2) o agente que, com o propósito de praticar atos de terrorismo:

I – *recrutar, organizar, transportar ou municiar indivíduos que viajem para país distinto daquele de sua residência ou nacionalidade*; ou

II – *fornecer ou receber treinamento em país distinto daquele de sua residência ou nacionalidade*.

Em tais hipóteses, quando a conduta não envolver treinamento ou viagem para país distinto daquele de sua residência ou nacionalidade, a pena será a correspondente à do delito consumado, diminuída de 1/2 a 2/3 (art. 5º, § 2º).

7 PENA

A pena prevista para o crime de terrorismo é de reclusão, de doze a trinta anos, além das sanções correspondentes à ameaça ou à violência.

A punição pelo delito de terrorismo, portanto, não impede a condenação concomitante por conduta típica que atinja bens individuais. Dessa forma, a provocação de mortes que se enquadrem nessa lei – pela motivação – será também punida na forma da legislação comum, por atingir a vida das vítimas. Não fosse dessa maneira, o terrorista seria beneficiado com pena menor. O Supremo Tribunal Federal já possuía interpretação semelhante no sentido de ser possível a punição concomitante pelos crimes de genocídio e homicídio (RE 351.487/RR). Quanto ao terrorismo, a regra agora encontra-se expressa no texto legal. Em suma, se os terroristas colocam uma bomba em um ônibus e provocam a morte de vinte passageiros, responderão por um delito de terrorismo e por vinte homicídios dolosos.

O art. 7º da Lei prevê que "salvo quando for elementar da prática de qualquer crime previsto nesta Lei, se de algum deles resultar lesão corporal grave, aumenta-se a pena de um terço, se resultar morte, aumenta-se a pena da metade". Parece-nos que tais majorantes são exclusivamente preterdolosas, ou seja, só se aplicam quando o resultado agravador (lesão grave ou morte) for culposo, pois, como já mencionado, os crimes dolosos que decorrem da prática de ato terrorista são punidos autonomamente em concurso material – tal como prevê o preceito secundário do art. 2º. Suponha-se que um grupo – com fins terroristas – coloque uma bomba em um prédio abandonado imaginando não haver pessoas no imóvel, mas acabe provocando a morte de um morador de rua que havia adentrado no prédio. Será aplicada a majorante ora em análise – exceto se as circunstâncias indicarem a presença do dolo eventual.

8 ORGANIZAÇÃO TERRORISTA

O art. 3º da Lei n. 13.260/2016 prevê pena de reclusão de cinco a oito anos para quem "promover, constituir, integrar ou prestar auxílio, pessoalmente ou por interposta pessoa, a organização terrorista". O art. 2º, § 2º, II, da Lei n. 12.850/2013, introduzido pela Lei ora em estudo, define organização terrorista como aquela voltada para a prática dos atos de terrorismo legalmente definidos, ou seja, para os crimes de terrorismo descritos na própria Lei n. 13.260/2016. Apesar de o dispositivo não mencionar o número mínimo de integrantes que o grupo deve ter para ser enquadrado como organização terrorista, o fato de ter sido inserido na Lei n. 12.850/2013 leva à conclusão de que devem ser ao menos quatro os integrantes efetivos da organização.

O tipo penal prevê que aquele que "presta auxílio" à organização "pessoalmente ou por interposta pessoa" também responde pelo crime.

Para que seja considerada uma organização terrorista, é necessário que os envolvidos tenham se associado com a intenção de cometer atos terroristas de forma reiterada. Trata-se de crime formal que se consuma no momento da associação. Caso seus integrantes venham efetivamente a cometer algum dos crimes de terrorismo descritos no art. 2º da Lei responderão pelas duas infrações penais em concurso material.

9 FINANCIAMENTO AO TERROR

De acordo com o art. 6º da Lei Antiterror, incorre na pena de reclusão, de quinze a trinta anos, quem "receber, prover, oferecer, obter, guardar, manter em depósito, solicitar, investir, de qualquer modo, direta ou indiretamente, recursos, ativos, bens, direitos, valores ou serviços de qualquer natureza, para o planejamento, a preparação ou a execução dos crimes previstos nesta Lei".

Além disso, o parágrafo único do mesmo dispositivo prevê as mesmas penas para "quem oferecer ou receber, obtiver, guardar, mantiver em depósito, solicitar, investir ou de qualquer modo contribuir para a obtenção de ativo, bem ou recurso financeiro, com a finalidade de financiar, total ou parcialmente, pessoa, grupo de pessoas, associação, entidade, organização criminosa que tenha como atividade principal ou secundária, mesmo em caráter eventual, a prática dos crimes previstos nesta Lei".

10 VEDAÇÕES

O art. 5º, XLIII, da Constituição Federal dispõe que "a lei considerará crimes inafiançáveis e insuscetíveis de graça ou anistia *a prática da tortura, o tráfico ilícito de entorpecentes e drogas afins,* o terrorismo e os definidos como crimes hediondos, por eles respondendo os mandantes, os executores e os que, podendo evitá-los, se omitirem".

Por sua vez, o art. 2º, *caput*, da Lei n. 8.072/90 proibiu também o indulto em relação ao terrorismo, e o seu § 1º estabeleceu a necessidade do regime inicial fechado aos condenados por tal crime – dispositivo que, todavia, foi declarado inconstitucional pelo Supremo Tribunal Federal no julgamento do HC 111.840/MS (v. comentários ao art. 2º, § 1º, da Lei n. 8.072/90 – tópico 4 do Cap. I). O art. 17 da Lei n. 13.260/2016 reafirma a incidência da Lei n. 8.072/90 aos crimes de terrorismo.

11 AÇÃO PENAL

De acordo com o art. 11 da Lei, considera-se que os crimes nela previstos são praticados contra o interesse da União, cabendo à Polícia Federal a investigação criminal, em sede de inquérito policial, e à Justiça Federal o seu processamento e julgamento, nos termos do inciso IV do art. 109 da Constituição Federal. A ação penal é pública incondicionada, devendo ser promovida pelo Ministério Público Federal.

O art. 16 da Lei prevê que as disposições da Lei n. 12.850/2013 se aplicam para a investigação, processo e julgamento dos crimes nela previstos. O art. 19 da Lei n. 13.260/2016, inclusive, determinou a inclusão das organizações terroristas no rol dos delitos submetidos às regras da Lei n. 12.850/2013, regra esta que passou a constar do art. 2º, § 2º, II, desta última Lei.

Foi também inserida regra no art. 1º, III, *p*, da Lei n. 7.960/86, permitindo a prisão temporária para os envolvidos em crime de terrorismo quando tal providência for imprescindível para as investigações durante o inquérito policial. Saliente-se que esta forma de prisão cautelar só é permitida nos delitos expressamente elencados na mencionada Lei, razão pela qual o legislador resolveu inserir expressamente o delito de terrorismo no rol. Vê-se, entretanto, que o art. 2º, § 4º, da Lei n. 8.072/90 (Lei dos Crimes Hediondos) já continha regra tornando possível a decretação da prisão temporária para o crime de terrorismo. Em tal hipótese, inclusive, a prisão temporária pode ser decretada por até trinta dias, prorrogáveis por igual período em caso de extrema e comprovada necessidade.

A prisão preventiva, por sua vez, será possível sempre que presentes os requisitos legais, nos termos dos arts. 312 do Código de Processo Penal.

Capítulo IV
Tortura

1 INTRODUÇÃO

A Declaração Universal dos Direitos do Homem, proclamada pela Assembleia Geral das Nações Unidas, em 10 de dezembro de 1948, consagrou, em seu artigo V, o princípio básico de que ninguém será submetido a tortura, nem a tratamento ou castigo cruel, desumano ou degradante.

A Constituição Federal de 1988 estabeleceu em seu art. 5º, III, que ninguém será submetido a tortura nem a tratamento desumano e degradante.

A Convenção contra a Tortura e Outros Tratamentos ou Penas Cruéis, Desumanos ou Degradantes, adotada pela Assembleia Geral das Nações Unidas, em 10 de dezembro de 1984, assinada pelo Brasil em 1985 e ratificada em 1989, determinou, em seu art. 2º, que "cada Estado-Parte tomará medidas eficazes de caráter legislativo, administrativo, judicial ou de outra natureza, a fim de impedir a prática de atos de tortura em qualquer território sob sua jurisdição". Além disso, em seu art. 4º, enfatizou que "cada Estado-Parte assegurará que todos os atos de tortura sejam considerados crime segundo a sua legislação penal". No mesmo sentido, a Convenção Americana sobre Direitos Humanos, conhecida como Pacto de São José da Costa Rica, de 1969.

A Constituição Federal, em seu art. 5º, XLIII, determinou que a lei considerará crimes inafiançáveis e insuscetíveis de graça ou anistia a prática da tortura, o tráfico ilícito de entorpecentes e drogas afins, o terrorismo e os definidos como crimes hediondos, por eles respondendo os mandantes, os executores e os que, podendo evitá-los, se omitirem.

Esse dispositivo constitucional foi inicialmente regulamentado pela Lei n. 8.072/90, conhecida como Lei dos Crimes Hediondos, que, conforme já estudado, estabeleceu um rol dos delitos dessa natureza, e tomou uma série de outras providências, de cunho penal e processual penal, envolvendo esses crimes, bem como a prática da tortura, do tráfico ilícito de entorpecentes e o terrorismo.

Não havia, entretanto, uma tipificação específica para os crimes de tortura.

Assim, para suprir essa lacuna, foi, inicialmente, criado o delito de tortura contra menores, descrito no art. 233 do Estatuto da Criança e do Adolescente, com a seguinte redação:

Art. 233 – Submeter criança ou adolescente, sob sua autoridade, guarda ou vigilância a tortura:

Pena – reclusão, de um a cinco anos.

§ 1º – Se resultar lesão corporal grave:

Pena – reclusão, de dois a oito anos.

§ 2º – Se resultar lesão corporal gravíssima:

Pena – reclusão, de quatro a doze anos.

§ 3º – Se resultar morte:

Pena – reclusão, de quinze a trinta anos.

Esse dispositivo, apesar de considerado constitucional pelo Supremo Tribunal Federal, foi duramente criticado pela doutrina por possuir o tipo aberto, já que não esclarece exatamente em que consiste a prática da tortura e qual deve ser a intenção (elemento subjetivo) do torturador. Além desses defeitos, continuou a existir lacuna na legislação, uma vez que o Estatuto da Criança e do Adolescente não abrangia a tortura contra adultos.

Para sanar todas essas falhas, foi aprovada e promulgada, em 7 de abril de 1997, a Lei n. 9.455, que regulamentou todo o tema, e expressamente revogou o art. 233 do Estatuto da Criança e do Adolescente.

2 DOS CRIMES EM ESPÉCIE

O art. 1º da Lei n. 9.455/97 descreve vários ilícitos penais ligados à prática da tortura, cada qual com características próprias.

3 TORTURA-PROVA, TORTURA PARA A PRÁTICA DE CRIME E TORTURA DISCRIMINATÓRIA

> Art. 1º, *caput* – Constitui crime de tortura:
> I – constranger alguém com emprego de violência ou grave ameaça, causando-lhe sofrimento físico ou mental:
> a) com o fim de obter informação, declaração ou confissão da vítima ou de terceira pessoa;
> b) para provocar ação ou omissão de natureza criminosa;
> c) em razão de discriminação racial ou religiosa;
> Pena – reclusão, de dois a oito anos.

Esse dispositivo (inc. I) contém três figuras caracterizadoras do crime de tortura. São, portanto, três espécies delituosas sob o mesmo *nomem juris*, sendo, em razão disso, necessária a adoção de outras designações para diferenciá-las (tortura-prova, tortura para a prática de crime e tortura discriminatória). Porém, quanto à objetividade jurídica, meios de execução, sujeitos ativo e passivo, consumação, tentativa e ação penal, as regras são as mesmas para todos eles, que, dessa forma, se diferenciam apenas no que se refere à motivação do agente torturador.

1. Objetividade jurídica. A incolumidade física e mental das pessoas.

2. Meios de execução. A Lei estabelece como formas de execução desses crimes de tortura a violência e a grave ameaça. Violência consiste no emprego de qualquer desforço físico sobre a vítima, como socos, pontapés, choques elétricos, pauladas, chicotadas, submersão temporária em água, prisão etc. A grave ameaça consiste na promessa de mal grave, injusto e iminente, como ameaça de morte, de estupro, de lesões etc.

3. Sujeito ativo. O crime de tortura não é próprio, vale dizer, pode ser cometido por qualquer pessoa e não apenas por policiais civis ou militares. Essa opção do legislador não retrata fielmente a Convenção Internacional assinada pelo Brasil, na qual o país se compromete a combater a tortura cometida "por agentes públicos". A lei, portanto, é mais abrangente que a convenção e, além disso, prevê, em seu art. 1º, § 4º, I, que o crime terá sua pena aumentada de um sexto a um terço, se o delito for cometido por agente público.

4. Sujeito passivo. A pessoa contra quem é empregada a violência ou grave ameaça e, eventualmente, outras pessoas prejudicadas pela conduta (ex.: tortura contra uma pessoa para obter confissão de outra).

5. Consumação. Nesse tipo penal, o legislador descreve o resultado, qual seja, a provocação de sofrimento físico ou mental. É justamente nesse momento que o crime se consuma.

6. Tentativa. É possível, quando o agente emprega a violência ou grave ameaça, sem conseguir provocar sofrimento à vítima. É o que ocorre, por exemplo, quando a violência empregada não a atinge.

7. Ação penal. Todos os crimes previstos nessa lei apuram-se mediante ação pública incondicionada.

A competência para o julgamento do crime de tortura é da Justiça Comum (Federal ou Estadual, dependendo do caso), ou da Justiça Militar, se o delito for cometido por policial militar em serviço. A Lei n. 13.491/2017 alterou a redação do art. 9º, II, do Código Penal Militar, e passou a permitir que a Justiça Militar julgue também crimes previstos fora do Código Penal Militar, tal como ocorre com aqueles descritos na Lei n. 9.455/97.

8. Elemento subjetivo. O art. 1º, I, da Lei n. 9.455/97 descreve três hipóteses caracterizadoras do crime de tortura. A diferença entre esses ilícitos reside exatamente na motivação do agente.

A tortura-prova (alínea *a*) está presente quando a intenção do sujeito, ao torturar a vítima, é obter alguma informação, declaração ou confissão dela ou de terceira pessoa (ex.: empregar violência contra o filho para obter declaração dos pais).

Pouco importa a natureza da informação visada pelo agente: comercial, criminosa, pessoal etc. O crime de tortura, entretanto, ficará absorvido se constituir meio direto e imediato para a prática de delitos como roubo ou extorsão, como ocorre, p. ex., quando o agente emprega violência ou grave ameaça para obrigar a vítima a fornecer a senha de seu cartão bancário ou o segredo de um cofre (princípio da consunção).

A denominada tortura para a prática de crime (alínea *b*), por sua vez, ocorre quando o torturador usa de violência ou grave ameaça para obrigar a vítima a realizar uma ação ou omissão criminosa. Nesses casos, o agente responderá pelo crime de tortura em concurso material com o delito cometido pela vítima. Assim, se o agente tortura alguém para obrigá-lo a cometer um furto, será responsabilizado pela tortura e pelo furto. A vítima obviamente não responderá pelo crime, uma vez que foi coagida a praticá-lo. Antes da Lei n. 9.455/97, o agente responderia por furto e por constrangimento ilegal (art. 146 do CP), delito que, por ser subsidiário, fica atualmente absorvido pelo delito da lei especial.

Veja-se que essa forma de tortura não abrange o emprego de violência ou grave ameaça para a provocação de ação contravencional que, assim, continua a caracterizar o constrangimento ilegal em concurso com a contravenção realizada pela vítima.

Nas hipóteses das alíneas *a* e *b*, o crime de tortura consuma-se independentemente de o agente alcançar o objetivo almejado (informação, declaração, confissão ou prática de crime pela vítima).

Por fim, na tortura discriminatória (alínea *c*), a lei pune o emprego da violência ou grave ameaça motivadas por discriminação racial ou religiosa. É possível que, nesses casos, além de responder pela tortura, seja o agente responsabilizado também pelo crime de racismo (art. 20 da Lei n. 7.716/89).

Veja-se que a lei não descreveu no crime de tortura as hipóteses de a motivação do agente ser a vingança ou o simples sadismo (prazer de ver a vítima sofrer). Por isso, em face da ausência de previsão legal, as condutas não poderão ser enquadradas nessa lei, restando apenas eventual responsabilização por crime de lesões corporais ou constrangimento ilegal.

4 TORTURA-CASTIGO

> Art. 1º, *caput*, II – submeter alguém, sob sua guarda, poder ou autoridade, com emprego de violência ou grave ameaça, a intenso sofrimento físico ou mental, como forma de aplicar castigo pessoal ou medida de caráter preventivo.
> Pena – reclusão, de dois a oito anos.

1. Objetividade jurídica. A incolumidade física e mental da pessoa sujeita a guarda, poder ou autoridade de outrem.

2. Sujeitos ativo e passivo. Trata-se de crime próprio, pois somente pode ser cometido por quem possui autoridade, guarda ou poder sobre a vítima. Essas palavras utilizadas pela lei abrangem a vinculação no campo público ou privado, bem como qualquer poder de fato do agente em relação à vítima. Assim, pode ser cometido contra filho, tutelado, curatelado, preso, interno em escola ou hospital etc. Sujeito passivo, portanto, é quem está sujeito ao poder do agente e que, em decorrência disso, sofra alguma violência ou grave ameaça capaz de causar-lhe intenso sofrimento físico ou mental. As mulheres não estão sob a guarda, poder ou autoridade de seus maridos e, por isso, não podem ser sujeito passivo do crime em análise. Eventual agressão contra elas caracterizará crime de lesões corporais ou constrangimento ilegal com a pena agravada pela violência doméstica.

3. Meios de execução. Trata-se de crime de ação livre que pode ser praticado por qualquer meio (omissivo ou comissivo): privação de alimentos ou de cuidados indispensáveis, castigos imoderados ou excessivos, privação da liberdade etc.

4. Consumação. No momento em que a vítima é submetida a intenso sofrimento físico ou mental.

5. Tentativa. Somente é possível na modalidade comissiva, já que não existe tentativa de crime omissivo.

6. Elemento subjetivo. Intenção de expor a vítima a grave sofrimento, como forma de aplicação de castigo ou medida de caráter preventivo. Exige-se, pois, o chamado *animus corrigendi*.

Essa forma de tortura muito se assemelha ao crime de maus-tratos (art. 136 do CP). A diferença está no elemento normativo da tortura, existente apenas nesse inciso II, que exige que a vítima seja submetida a intenso sofrimento físico ou mental. A caracterização desse dispositivo, assim, é reservada para situações extremadas.

7. Ação penal. Pública incondicionada.

5 ABSORÇÃO

A configuração do crime de tortura absorve delitos menos graves decorrentes do emprego da violência ou grave ameaça, como, p. ex., os crimes de maus-tratos, lesões corporais leves, constrangimento ilegal, ameaça, abuso de autoridade etc.

6 TORTURA DO PRESO OU DE PESSOA SUJEITA A MEDIDA DE SEGURANÇA

> Art. 1º, § 1º – Na mesma pena incorre quem submete pessoa presa ou sujeita a medida de segurança a sofrimento físico ou mental, por intermédio da prática de ato não previsto em lei ou não resultante de medida legal.

Esse dispositivo é corolário do art. 5º, XLIX, da Constituição Federal, que assegura aos presos o respeito à integridade física e corporal.

Assim, a adoção de medidas não previstas na Lei de Execuções Penais, como cela escura, solitária, aplicação de choques etc., caracterizam essa figura criminal, uma vez que sujeitam a vítima a sofrimento físico ou mental.

A figura em análise difere da modalidade de abuso de autoridade, prevista no art. 13, II, da Lei n. 13.869/2019. No crime de tortura, a finalidade do agente é provocar sofrimento físico ou mental na vítima. No abuso de autoridade o agente público constrange o preso ou o detento, mediante violência, grave ameaça ou redução de sua capacidade de resistência, a submeter-se a situação vexatória ou a constrangimento não autorizado em lei. A finalidade, portanto, é submeter o preso a vexame ou constrangimento.

7 OMISSÃO PERANTE A TORTURA

> Art. 1º, § 2º – Aquele que se omite em face dessas condutas, quando tinha o dever de evitá-las ou apurá-las, incorre na pena de detenção de um a quatro anos.

Esse dispositivo contém um equívoco, uma vez que tipifica como crime menos grave a conduta de quem tem o dever de evitar a tortura e deixa de fazê-lo. Ora, nos termos do art. 13, § 2º, do Código Penal, responde pelo resultado, na condição de partícipe, aquele que deve e pode agir para evitá-lo e não o faz. Por consequência, quando uma pessoa tortura a vítima para obter dela uma confissão, e outra, que podia e devia evitar tal resultado, se omite, ambas respondem pelo crime de tortura do art. 1º, I, *a*, da Lei n. 9.455/97 (que é delito mais grave), e não por este crime descrito no § 2º. Essa solução atende ao preceito constitucional que estabelece que também responde pela tortura aquele que, podendo evitar o resultado, deixa de fazê-lo (art. 5º, XLIII, da CF).

Dessa forma, o § 2º da Lei n. 9.455/97 somente será aplicável àquele que tem o dever jurídico de apurar a conduta delituosa e não o faz. Como tal dever jurídico incumbe às autoridades policiais e seus agentes, torna-se evidente a impossibilidade de aplicação do aumento do § 4º, I, da lei (crime cometido por agente público), já que isso constituiria *bis in idem*.

Atente-se que esse delito, apesar de previsto na Lei n. 9.455/97, não constitui crime de tortura.

Saliente-se, por fim, que pelo fato de a pena mínima não exceder um ano, é, em tese, cabível o benefício da suspensão condicional do processo, desde que presentes os demais requisitos do art. 89 da Lei n. 9.099/95.

8 FORMAS QUALIFICADAS

> Art. 1º, § 3º – Se resulta lesão corporal de natureza grave ou gravíssima, a pena é de reclusão de quatro a dez anos; se resulta morte, a reclusão é de oito a dezesseis anos.

As lesões graves e gravíssimas são aquelas descritas no art. 129, §§ 1º e 2º, do Código Penal: incapacidade para as ocupações habituais por mais de trinta dias, perigo de vida, debilidade permanente de membro, sentido ou função, aceleração do parto, incapacidade permanente para o trabalho, enfermidade incurável, perda ou inutilização de membro, sentido ou função, deformidade permanente ou aborto. As lesões leves sofridas em razão da tortura ficam absorvidas por esta, mas devem ser levadas em conta pelo juiz na fixação da pena-base (art. 59 do Código Penal).

Em relação à qualificadora da morte, há que se fazer uma distinção com o crime de homicídio qualificado pela tortura, previsto no art. 121, § 2º, III, do Código Penal, cuja pena é de reclusão, de doze a trinta anos, ou seja, superior à da Lei de Tortura.

No crime de homicídio, o agente quer a morte da vítima ou assume o risco de produzi-la; vale dizer, existe dolo em relação ao resultado morte e o meio escolhido para concretizar seu intento é a tortura. Essa, portanto, é a causa direta e eficiente da morte visada pelo agente. Já no crime de tortura da lei especial, o sofrimento que o agente impõe à vítima deve ter por finalidade um dos objetivos mencionados na lei (obter informação, declaração ou confissão de alguém; provocar ação ou omissão criminosa; por discriminação racial ou religiosa; para impor castigo ou medida preventiva). Acontece que, por excessos na execução do crime, o agente acaba causando culposamente a morte da vítima. Assim, a figura do crime de tortura qualificada pela morte (art. 1º, § 3º, da Lei n. 9.455/97) é exclusivamente preterdolosa.

Há, portanto, duas situações absolutamente distintas:

a) tortura empregada como meio para provocar a morte, que o agente quer ou assume o risco de produzir, constitui homicídio qualificado pela tortura, cuja pena é de reclusão, de doze a trinta anos. Nesse caso, o crime é julgado pelo júri;
b) tortura empregada sem dolo de produzir a morte, que é provocada de forma culposa, caracteriza crime de tortura qualificada pela morte, cuja pena é reclusão, de oito a dezesseis anos. É o que ocorre, por exemplo, quando o agente se utiliza de um pedaço de ferro contaminado com ferrugem para cometer a tortura, e a vítima, algum tempo depois, apresenta quadro de tétano que a leva à morte. O julgamento cabe ao juízo comum (singular).

Não há como negar, por sua vez, que é possível a existência autônoma do crime de tortura simples em concurso material com o homicídio. Suponha-se que os torturadores empreguem a violência ou grave ameaça para obter uma informação da vítima e, após conseguirem a informação visada, provoquem sua morte com disparos de arma de fogo. Nesse caso, a tortura não foi a causa da morte e, assim, não pode qualificar o homicídio, pois, conforme já mencionado, essa hipótese somente é possível quando a tortura é causa direta do óbito. Temos, na hipótese, um crime de tortura simples em concurso material com o delito de homicídio (qualificado por visar o agente, com a morte da vítima, assegurar a ocultação ou impunidade de crime anterior).

9 CAUSAS DE AUMENTO DE PENA

Art. 1º, § 4º – Aumenta-se a pena de um sexto até um terço:
I – se o crime é cometido por agente público.

Ao se referir a agente público, a lei não se utilizou de qualquer outra expressão com a finalidade de aumentar ou restringir o alcance do dispositivo. Parece-nos, portanto, que o aumento será aplicável a qualquer funcionário público, na forma como define o art. 327 do Código Penal, que abrange qualquer pessoa que exerça cargo, emprego ou função pública, ainda que transitoriamente ou sem remuneração. Não nos parece razoável, entretanto, considerar que o dispositivo alcance também o conceito de funcionário público por equiparação, contido no art. 327, § 1º, do Código Penal, que assim considera quem exerce função em entidade paraestatal (correios, INSS etc.) e em empresa prestadora de serviço, contratada ou conveniada, para a execução de atividade típica da Administração Pública.

A lei tampouco exige que o agente esteja no exercício de suas funções, ao contrário do que costumeiramente faz. É evidente, entretanto, que o aumento somente será aplicável quando a tortura aplicada tiver algum nexo de causalidade com a função desempenhada pelo agente.

Saliente-se, ainda, que essa causa de aumento de pena não poderá ser aplicada a certas hipóteses de tortura em que a condição de funcionário público já é requisito da própria existência do tipo penal, como ocorre na figura do art. 1º, § 2º.

Art. 1º, § 4º, II – se o crime é cometido contra criança, gestante, portador de deficiência, adolescente ou maior de sessenta anos.

Criança é a pessoa menor de 12 anos, enquanto adolescente é quem possui 12 anos ou mais, e menos de 18.

No tocante às gestantes, exige-se que o agente tenha ciência da gravidez, pois, caso contrário, haveria responsabilidade objetiva.

Por fim, a deficiência da vítima que permite a exasperação da pena pode ser a física ou a mental.

O aumento em relação às vítimas com mais de sessenta anos foi acrescentado nesse inciso pela Lei n. 10.741/2003 (Estatuto da Pessoa Idosa).

> Art. 1º, § 4º, III – se o crime é cometido mediante sequestro.

Sequestro é a privação da liberdade da vítima mediante violência ou grave ameaça. Veja-se, entretanto, que a privação da liberdade por curto espaço de tempo é decorrência quase sempre necessária à prática da tortura, uma vez que esta pressupõe, na maioria das vezes, uma ação lenta e repetitiva no sentido de causar o sofrimento físico ou mental à vítima, de forma a permitir que o agente alcance a finalidade para a qual está empregando a violência ou grave ameaça. Nesses casos, não se aplica a causa de aumento de pena. Percebe-se, pois, que o dispositivo só será aplicado quando houver privação da liberdade por tempo prolongado, absolutamente desnecessário, ou quando houver deslocamento da vítima para local distante.

Mesmo que o juiz reconheça mais de uma causa de aumento de pena, poderá aplicar apenas um acréscimo, nos termos do art. 68, parágrafo único, do Código Penal. Nesse caso, por óbvio, poderá aplicar o aumento acima do mínimo legal de um sexto.

As causas de aumento de pena aplicam-se às formas qualificadas?

Apesar de respeitáveis opiniões em sentido contrário, não vemos motivos para que não se possam aplicar as causas de aumento às formas qualificadas do § 3º, já que nenhuma incompatibilidade existe entre os institutos.

10 EFEITOS DA SENTENÇA CONDENATÓRIA

> Art. 1º, § 5º – A condenação acarretará a perda do cargo, função ou emprego público e a interdição para seu exercício pelo dobro do prazo da pena aplicada.

Além da pena privativa de liberdade, o juiz deverá declarar, como efeito da sentença condenatória, a perda do cargo, emprego ou função pública e a interdição para o exercício de nova função pelo dobro do prazo da pena. A razão de tal efeito condenatório é o fato de se ter demonstrado, de forma inequívoca, que o agente público violou seus deveres funcionais de uma tal forma que o Estado e a sociedade não podem mais confiar em seus serviços. Por se tratar de consequência prevista expressamente no texto legal, não é necessária motivação específica quanto a este aspecto. É preciso, contudo, que conste da sentença a perda do cargo, incumbindo ao Ministério Público interpor embargos de declaração em caso de omissão por parte do juiz.

11 ASPECTOS PROCESSUAIS E PENAIS

> Art. 1º, § 6º – O crime de tortura é inafiançável e insuscetível de graça ou anistia.

O dispositivo repete apenas as vedações constantes do texto constitucional (art. 5º, XLIII), contrariando a Lei dos Crimes Hediondos – que também proíbe a concessão do indulto para o crime de tortura. Por se tratar de norma especial, possibilitaria a concessão do indulto aos condenados por esse crime. O STF, todavia, entende que a palavra "graça" contida na Carta Magna abrange o indulto. Assim, o texto constitucional ao vedar a graça aos crimes hediondos, tráfico de drogas, terrorismo e tortura teria também proibido o indulto a este último.

12 DO REGIME INICIAL DA PENA

> Art. 1º, § 7º – O condenado por crime previsto nesta Lei, salvo a hipótese do § 2º, iniciará o cumprimento da pena em regime fechado.

O art. 2º, § 1º, da Lei n. 8.072/90, que teve sua redação alterada pela Lei n. 11.464/2007, prevê que para os crimes hediondos, o tráfico de entorpecentes, o terrorismo e a tortura, o regime inicial a ser fixado pelo juiz na sentença deve ser sempre o fechado, independentemente do montante da pena aplicada e de ser o réu primário ou reincidente. Acontece que o Plenário do Supremo Tribunal Federal, em 27 de junho de 2012, declarou, por oito votos contra três, a inconstitucionalidade deste art. 2º, § 1º, por entender que a obrigatoriedade de regime inicial fechado para crimes com pena não superior a 8 anos fere o princípio constitucional da individualização da pena (art. 5º, XLVI, da CF). Assim, mesmo para crimes hediondos, tráfico de drogas, terrorismo e tortura, o regime inicial só poderá ser o fechado (quando a pena fixada na sentença não for maior do que 8 anos), se o acusado for reincidente ou se as circunstâncias do caso concreto indicarem uma gravidade diferenciada daquele crime específico, o que deverá constar expressamente da fundamentação da sentença. Essa decisão ocorreu no julgamento do HC 111.840/ES e apesar de somente mencionar a inconstitucionalidade do art. 2º, § 1º, da Lei n. 8.072/90, estende seus efeitos ao art. 1º, § 7º, da Lei n. 9.455/97, uma vez que a redação do dispositivo da Lei dos Crimes Hediondos (Lei n. 8.072/90), que menciona também o crime de tortura, é posterior – decorre da Lei n. 11.464/2007. Além disso, a razão da decisão do Supremo Tribunal Federal é a mesma qualquer que seja o dispositivo em questão.

Antes do advento da Lei n. 13.964/2019 a progressão para regime mais brando pressupunha o cumprimento de dois quintos da pena, se o condenado fosse primário, e de três quintos, se reincidente. Tais regras eram encontradas no art. 2º, § 2º, da Lei n. 8.072/90, que, todavia, foi expressamente revogado pela nova lei, que, concomitantemente, alterou o art. 112 da LEP, passando a exigir o cumprimento de ao menos 40% da pena aos condenados por crime equiparado a hediondo (art. 112, V) ou 60%, se reincidente na prática de crime hediondo ou equiparado (art. 112, VII).

A lei silencia quanto ao livramento condicional, de tal sorte que deve ser aplicado o art. 83, V, do Código Penal, que exige o cumprimento de dois terços da pena (caso o agente não seja reincidente específico) para a concessão desse benefício aos crimes de tortura.

Aos condenados por crime de tortura, ainda que a pena fixada na sentença não seja superior a 4 anos, será incabível a substituição da pena privativa de liberdade por restritiva de direitos, uma vez que estes crimes envolvem o emprego de violência contra pessoa ou grave ameaça e o art. 44, I, do Código Penal proíbe o benefício em tais casos. Apenas em relação ao crime de omissão perante a tortura (art. 1º, § 2º, da Lei n. 9.455/97) que tecnicamente não constitui efetivo crime de tortura e que não é cometido mediante emprego de violência contra pessoa ou grave ameaça, é cabível a substituição por pena restritiva de direitos.

13 EXTRATERRITORIALIDADE DA LEI

> Art. 2º – O disposto nesta Lei aplica-se ainda quando o crime não tenha sido cometido em território nacional, sendo a vítima brasileira ou encontrando-se o agente em local sob jurisdição brasileira.

Para que o dispositivo seja aplicado é necessário, portanto, que ocorra uma das duas hipóteses descritas: que a vítima seja brasileira ou que o autor da tortura esteja em local em que a legislação pátria seja aplicável.

14 REVOGAÇÃO DO ART. 233 DO ESTATUTO DA CRIANÇA E DO ADOLESCENTE

> Art. 4º – Revoga-se o art. 233 da Lei n. 8.069/90 – Estatuto da Criança e do Adolescente.

Legislação Penal Especial

Conforme já mencionado, os ilícitos penais envolvendo a prática da tortura passaram a ser regulados integralmente pela Lei n. 9.455/97, revogando-se expressamente o dispositivo do Estatuto da Criança e do Adolescente que tratava do tema. Atualmente, o fato de a tortura ser cometida contra menor faz com que a pena seja aumentada de um sexto a um terço (art. 1º, § 4º, II, da Lei n. 9.455/97).

Quadro sinótico – Tortura

Tortura-prova	Consiste em constranger alguém com emprego de violência ou grave ameaça, causando-lhe sofrimento físico ou mental com o fim de obter informação, declaração ou confissão da vítima ou terceira pessoa.
Tortura para a prática de crime	Consiste em constranger alguém com emprego de violência ou grave ameaça, causando-lhe sofrimento físico ou mental para provocar ação ou omissão de natureza criminosa. O agente responde pela tortura e pelo crime praticado pela vítima, em concurso material. Se o fim for forçar a vítima a cometer contravenção, o agente responderá por crime de constrangimento ilegal e não por tortura.
Tortura discriminatória	Consiste em constranger alguém com emprego de violência ou grave ameaça, causando-lhe sofrimento físico ou mental em razão de discriminação racial ou religiosa.
Tortura-castigo	Ocorre quando o agente submete alguém sob sua guarda, poder ou autoridade, com emprego de violência ou grave ameaça, a intenso sofrimento físico ou mental, como forma de aplicar castigo pessoal ou medida de caráter preventivo. Distingue-se do crime de maus-tratos porque, neste, a vítima não é submetida a intenso sofrimento.
Tortura de preso ou pessoa sujeita a medida de segurança	Comete este crime quem submete pessoa presa ou sujeita a medida de segurança a sofrimento físico ou mental por intermédio da prática de ato não previsto em lei ou não resultante de medida legal.
Omissão perante a tortura	Nesta figura pune-se aquele que se omite em face das condutas anteriores, quando tinha o dever de evitá-las ou apurá-las. Esse tipo penal contém um equívoco, já que a pessoa que tinha o dever de evitar a tortura e se omitiu é partícipe de tal crime e responde também pela tortura, nos termos do art. 5º, XLIII, da Constituição Federal, e art. 13, § 2º, do CP. Assim, o § 2º do art. 1º pune apenas quem tinha o dever de apurar a tortura e não o fez. A pena para tal conduta é menor do que as anteriores e tal crime não se enquadra no conceito de tortura.
Figuras qualificadas dos crimes de tortura	Se resulta lesão grave ou morte. Estas qualificadoras são exclusivamente preterdolosas, isto é, só se aplicam se tiver havido dolo na tortura e culpa no resultado agravador.
Causas de aumento de pena	A pena é aumentada de um sexto a um terço: a) se o crime é cometido por agente público. Nesse caso a condenação acarretará também a perda do cargo, função ou emprego e a interdição para seu exercício pelo dobro do prazo da pena aplicada; b) se o crime é cometido contra criança, adolescente, gestante, portador de deficiência ou pessoa com mais de 60 anos; c) se o crime é cometido mediante sequestro.
Consumação	No momento em que a vítima é submetida a grave sofrimento físico ou mental.

Tentativa	Possível nas modalidades comissivas.
Sujeito ativo	Pode ser qualquer pessoa. Trata-se de crime comum. Se for agente público, a pena será aumentada de um sexto a um terço.
Sujeito passivo	Qualquer pessoa. Se for criança, adolescente, gestante, portador de deficiência ou maior de 60 anos, a pena será aumentada de um sexto a um terço.
Vedações	O crime de tortura é insuscetível de anistia, graça, indulto e fiança.
Regime inicial	Nos termos do art. 2º, § 1º, da Lei n. 8.072/90, regime inicial deve ser necessariamente o fechado. O Plenário do STF, todavia, declarou a inconstitucionalidade deste dispositivo. Assim, devem ser seguidas as regras comuns do Código Penal para a fixação do regime inicial. De acordo com o art. 112 da LEP para a progressão de regime é necessário o cumprimento de ao menos 40% da pena aos condenados por crime equiparado a hediondo (art. 112, V) ou 60%, se reincidente na prática de crime hediondo ou equiparado (art. 112, VII).
Ação penal	Pública incondicionada.

Capítulo V
Armas de fogo
(Estatuto do Desarmamento)

1 INTRODUÇÃO

O porte ilegal de arma de fogo foi, por muito tempo, considerado somente contravenção penal, prevista no art. 19 da Lei das Contravenções Penais, porém, diante da enorme escalada de violência que assolou o País, o legislador resolveu transformar a conduta em crime, o que acabou se concretizando com a promulgação da Lei n. 9.437/97. Essa lei, todavia, além de possuir vários defeitos redacionais, não colaborou muito na diminuição da criminalidade, fazendo com que o legislador se esforçasse na aprovação de outra lei, ainda mais rigorosa, qual seja, a **Lei n. 10.826/2003**, conhecida como **Estatuto do Desarmamento**, que, além de penas maiores para o crime de porte de arma, trouxe várias outras providências salutares, como a restrição à venda, registro e autorização para o porte de arma de fogo, a tipificação dos crimes de posse e porte de munição, tráfico internacional de armas de fogo, dentre outros.

O Capítulo I do Estatuto regulamenta o Sistema Nacional de Armas (Sinarm), órgão instituído no Ministério da Justiça, no âmbito da Polícia Federal, com circunscrição em todo o território nacional, a quem incumbe, basicamente, cadastrar as características das armas de fogo e suas eventuais alterações; a propriedade das armas de fogo e suas respectivas transferências, bem como eventuais perdas, extravios, furtos, roubos, e, ainda, aquelas que forem apreendidas, mesmo que vinculadas a procedimento policial ou judicial; as autorizações para porte de arma de fogo e as renovações expedidas pela Polícia Federal; os armeiros em atividade no País, bem como os produtores, atacadistas, varejistas, exportadores e importadores autorizados de armas de fogo. As atribuições do Sinarm encontram-se elencadas no art. 2º do Estatuto.

Os Capítulos II e III tratam, respectivamente, das questões atinentes ao registro e ao porte de arma de fogo, e suas regras serão enfocadas em conjunto com os tipos penais descritos no Capítulo IV.

Já o Capítulo V cuida das denominadas "disposições gerais" e seus principais dispositivos serão estudados também em conjunto com os tipos penais.

2 DOS CRIMES E DAS PENAS (CAPÍTULO IV)

2.1. POSSE IRREGULAR DE ARMA DE FOGO DE USO PERMITIDO

> Art. 12 – Possuir ou manter sob sua guarda arma de fogo, acessório ou munição, de uso permitido, em desacordo com determinação legal ou regulamentar, no interior de sua residência ou dependência desta, ou, ainda no seu local de trabalho, desde que seja o titular ou o responsável legal do estabelecimento ou empresa:
> Pena – detenção, de um a três anos, e multa.

1. Objetividade jurídica. A incolumidade pública e o controle da propriedade das armas de fogo.

2. Sujeito ativo. Qualquer pessoa.

3. Sujeito passivo. A coletividade.

4. Elementos do tipo. Pelo regime atual da Lei n. 10.826/2003, a pessoa interessada na aquisição de arma de fogo deve ter mais de 25 anos (art. 28) e atender aos requisitos do art. 4º da mencionada lei e do art. 15 do Decreto n. 11.615/2023, como apresentar documentação de identificação pessoal; comprovar a efetiva necessidade da posse ou do porte de arma de fogo; comprovar idoneidade e inexistência de inquérito policial ou processo criminal, por meio de certidões de antecedentes criminais das Justiças Federal, Estadual ou Distrital, Militar e Eleitoral; apresentar documento comprobatório de ocupação lícita e de residência certa; comprovar capacidade técnica para o manuseio de arma de fogo; comprovar aptidão psicológica para o manuseio de arma de fogo, atestada em laudo conclusivo fornecido por psicólogo do quadro da Polícia Federal ou por esta credenciado; e apresentar declaração de que a sua residência possui cofre ou lugar seguro, com tranca, para armazenamento das armas de fogo desmuniciadas de que seja proprietário, e de que adotará as medidas necessárias para impedir que menor de dezoito anos de idade ou pessoa civilmente incapaz se apodere de arma de fogo sob sua posse ou de sua propriedade. A aquisição de munição, por sua vez, somente poderá ser feita no calibre correspondente à arma adquirida (art. 4º, § 2º).

Efetuada a aquisição, o interessado deverá observar a regra do art. 3º do Estatuto, que estabelece a obrigatoriedade do registro da arma de fogo no órgão competente. Em se tratando de arma de uso permitido, o Certificado de Registro de Arma de Fogo será expedido pela Polícia Federal, após anuência do Sinarm, com validade em todo o território nacional, e autoriza o seu proprietário a mantê-la exclusivamente no interior de sua residência ou dependência desta, ou, ainda, no seu local de trabalho, desde que seja ele o titular ou o responsável legal do estabelecimento ou empresa. Para trazer a arma consigo em outros locais ou em via pública, o sujeito deve obter a autorização para porte, nos termos dos arts. 6º e seguintes da lei (v. comentários ao art. 14).

O art. 23, parágrafo único, do Decreto n. 11.615/2023, contém as seguintes definições: I – interior da residência ou dependências desta – toda a extensão da área particular registrada do imóvel, edificada ou não, em que resida o titular do registro, inclusive quando se tratar de imóvel rural; II – interior do local de trabalho – toda a extensão da área particular registrada do imóvel, edificada ou não, em que esteja instalada a pessoa jurídica, registrada como sua sede ou filial; III – titular do estabelecimento ou da empresa – aquele indicado em seu instrumento de constituição; e IV – responsável legal pelo estabelecimento ou pela empresa – aquele designado em contrato individual de trabalho, com poderes de gerência.

O art. 5º, § 5º, do Estatuto (incluído pela Lei n. 13.870/2019), dispõe que aos residentes em área rural considera-se residência ou domicílio toda a extensão do respectivo imóvel rural.

Assim, o crime do art. 12 consiste exatamente em possuir ou manter a guarda de arma de fogo, acessório ou munição, de uso permitido, no interior de residência ou dependência desta, ou no local de trabalho, na condição de titular ou responsável legal do estabelecimento ou empresa, sem o devido registro. O legislador estabeleceu pena menor para esse caso por entendê-lo de menor gravidade, já que a arma está no interior de residência ou estabelecimento comercial. Por sua vez, quem portar ou detiver arma de fogo, por exemplo, em via pública ou no interior de residência ou estabelecimento alheios, responderá pelo crime de porte ilegal de arma, caso não possua autorização para fazê-lo. Neste caso, se a arma for de uso permitido, estará configurado o crime do art. 14, e se for de uso restrito ou proibido, o crime do art. 16, *caput*, e § 2º, da Lei n. 10.826/2003.

O crime do art. 12 – posse irregular de arma de fogo de uso permitido – pressupõe que o fato ocorra no interior da própria residência do agente ou em dependência desta. Assim, a detenção de arma de fogo, acessório ou munição, de uso permitido, em residência alheia, conforme já mencionado, caracterizará crime mais grave – o do art. 14. A mesma regra valerá se a detenção da arma ocorrer em empresa ou estabelecimento comercial, mas o agente não for o seu titular ou responsável legal.

O motorista de caminhão ou de táxi que traz consigo arma de fogo comete o crime de porte ilegal do art. 14. O caminhão e o táxi não podem ser considerados extensão de sua residência ou local de trabalho (STJ – AgRg no REsp 1408940/SC, Rel. Min. Rogerio Schietti Cruz, 6ª Turma, julgado em 4-8-2015, *DJe* 18-8-2015; STJ – AgRg no AREsp 980.455/PR, Rel. Min. Sebastião Reis Júnior, 6ª Turma, julgado em 17-11-2016, *DJe* 1º-12-2016).

Os objetos materiais do crime são as armas de fogo, munições ou acessórios de uso permitido.

Armas de fogo são os instrumentos que, mediante a utilização da energia proveniente da pólvora, lançam a distância e com grande velocidade os projéteis. Possuem várias espécies, como, por exemplo, revólveres, pistolas, garruchas, espingardas, metralhadoras, granadas etc. Veja-se, contudo, que esse crime do art. 12 do Estatuto do Desarmamento só abrange as armas de fogo de uso permitido, já que a posse de arma de fogo não registrada de uso restrito ou proibido, na própria residência ou estabelecimento comercial, constitui crime mais grave, previsto no art. 16, *caput*, e § 2º, da mesma Lei.

Armas de fogo de uso permitido são aquelas cuja utilização pode ser autorizada a pessoas físicas, bem como a pessoas jurídicas, de acordo com as normas do Comando do Exército e nas condições estabelecidas na Lei n. 10.826/2003.

O rol das armas de uso permitido, proibido ou restrito é disciplinado em ato do chefe do Poder Executivo Federal, mediante proposta do Comando do Exército (art. 23 do Estatuto). Trata-se, pois, de norma penal em branco. Atualmente, o conceito de arma de uso permitido encontra-se no art. 11 do Decreto n. 11.615, de 21 de julho de 2023: são de uso permitido as armas de fogo e munições cujo uso seja autorizado a pessoas físicas e a pessoas jurídicas, especificadas em ato conjunto do Comando do Exército e da Polícia Federal, incluídas: I – armas de fogo de porte, de repetição ou semiautomáticas, cuja munição comum tenha, na saída do cano de prova, energia de até trezentas libras-pé ou quatrocentos e sete joules, e suas munições; II – armas de fogo portáteis, longas, de alma raiada, de repetição, cuja munição comum não atinja, na saída do cano de prova, energia cinética superior a mil e duzentas libras-pé ou mil seiscentos e vinte joules; e III – armas de fogo portáteis, longas, de alma lisa, de repetição, de calibre doze ou inferior.

Munição é tudo quanto dê capacidade de funcionamento à arma, para carga ou disparo (projéteis, cartuchos, chumbo etc.). Para a configuração do delito, basta a apreensão da munição, sendo desnecessária a concomitante apreensão da arma de fogo. Aliás, se fosse necessária a apreensão da arma, não teria sido necessário o legislador punir o porte de munição.

Acessório é o artefato que, acoplado a uma arma, possibilita a melhoria do desempenho do atirador, a modificação de um efeito secundário do tiro ou a modificação do aspecto visual da arma.

Observação: De acordo com o art. 12 VI-A, da Lei Maria da Penha, feito o registro da ocorrência de violência doméstica, deverá a autoridade policial verificar se o agressor possui registro de porte ou posse de arma de fogo e, na hipótese de existência, juntar aos autos essa informação, bem como notificar a ocorrência à instituição responsável pela concessão do registro ou da emissão do porte, nos termos da Lei n. 10.826, de 22 de dezembro de 2003

(Estatuto do Desarmamento). Tal providência é relevante porque a pessoa que possua arma de fogo registrada em casa pode ter o seu registro suspenso pelo juiz, caso cometa violência doméstica ou familiar contra mulher, e, nesse caso, o juiz deve comunicar sua decisão à autoridade competente. O art. 22, I, da Lei n. 11.340/2006 diz que essa medida pode ser decretada cautelarmente, antes da condenação pelo crime de violência doméstica, e visa proteger a mulher do perigo representado pelo agressor, que continuaria a ter uma arma em casa. O art. 18, IV, da Lei Maria da Penha diz que o juiz pode determinar a apreensão imediata de arma de fogo sob a posse do agressor. De acordo com o art. 28, §5º, do Decreto n. 11.615/2023, a autoridade competente deverá proceder à apreensão da arma de fogo de imediato.

5. Crime de perigo. O delito em análise é de perigo abstrato e de mera conduta porque dispensa prova de que pessoa determinada tenha sido exposta a efetiva situação de risco (a lei presume a ocorrência do perigo), bem como a superveniência de qualquer resultado.

O STJ e o STF entendiam inaplicável o princípio da insignificância ao delito em análise para a hipótese de apreensão de pequena quantidade de munição. Mais recentemente, entretanto, as Cortes Superiores modificaram seu entendimento e passaram a aplicar o princípio da insignificância em casos em que apreendida pequena quantidade de munição: "Passou-se a admitir, no entanto, a incidência do princípio da insignificância quando se tratar de posse de pequena quantidade de munição, desacompanhada de armamento capaz de deflagrá-la, uma vez que ambas as circunstâncias conjugadas denotam a inexpressividade da lesão jurídica provocada. Precedentes do STF e do STJ. 4. A possibilidade de incidência do princípio da insignificância não pode levar à situação de proteção deficiente ao bem jurídico tutelado. Portanto, não se deve abrir muito o espectro de sua incidência, que deve se dar apenas quando efetivamente mínima a quantidade de munição apreendida, em conjunto com as circunstâncias do caso concreto, a denotar a inexpressividade da lesão" (STJ – HC 446.915/RS, Rel. Min. Reynaldo Soares da Fonseca, 5ª Turma, julgado em 7-8-2018, *DJe* 15-8-2018); "O Supremo Tribunal Federal admite a aplicação do princípio da bagatela às situações em que a inexpressiva quantidade de munição apreendida, aliada à ausência de dispositivo de disparo, evidencia a inexistência de riscos ao bem jurídico tutelado pela norma (RHC n. 143.449/MS, Ministro Ricardo Lewandowski, Segunda Turma, *DJe* 9-10-2017). 2. Na espécie, o acusado foi surpreendido em sua residência na posse de munição de uso permitido – dois cartuchos, calibres 38 e 7,62mm. Desse modo, considerando a quantidade não relevante de munições, bem como que não estavam acompanhadas de arma de fogo, deve ser afastada a tipicidade material do comportamento. Precedentes" (STJ – AgRg no HC 437.565/MG, Rel. Min. Antonio Saldanha Palheiro, 6ª Turma, julgado em 7-8-2018, *DJe* 14-8-2018).

Em se tratando de quantidade de munição não considerada insignificante, configura-se a infração penal ainda que seja apreendida apenas munição (sem arma de fogo).

6. Consumação. No momento em que a arma dá entrada na residência ou estabelecimento comercial. Trata-se de crime permanente em que a prisão em flagrante é possível enquanto não cessada a conduta.

7. Tentativa. É possível.

8. Suspensão condicional do processo. Sendo de um ano a pena mínima prevista para o crime, é cabível o benefício, desde que presentes os demais requisitos do art. 89 da Lei n. 9.099/95.

9. Vigência do dispositivo. O art. 30 do Estatuto do Desarmamento (com a redação dada pelas Leis n. 11.706/2008 e 11.922/2009) concedeu prazo aos possuidores e proprietários de armas de fogo de uso permitido ainda não registradas para que solicitassem o registro até 31 de dezembro de 2009 mediante apresentação de nota fiscal ou outro comprovante de sua origem lícita, pelos meios de prova em direito admitidos.

Por isso, as pessoas que tenham sido flagradas antes de 31 de dezembro de 2009 com arma de fogo de uso permitido no interior da própria residência ou estabelecimento comercial, sem o respectivo registro, não podem ser punidas porque a boa-fé é presumida, de modo que se deve pressupor que iriam solicitar o registro da arma dentro do prazo. O crime do art. 12 é norma penal em branco, que pune a posse da arma em residência ou local de trabalho em desacordo com determinação legal ou regulamentar, dependendo, portanto, de complemento. Em princípio esse complemento se encontra na própria Lei, fora do capítulo "dos crimes e das penas", em seu art. 5º, que declara que o registro autoriza o proprietário a manter a arma em sua casa ou em seu estabelecimento comercial. Daí por que a ausência do registro tipifica a conduta, pois o agente está em desacordo com a determinação legal. Ocorre que a própria Lei, no art. 30, trouxe outro complemento para a norma penal em branco, de caráter temporário, permitindo a regularização das armas não registradas, no prazo já mencionado. Em suma, quem tiver sido flagrado com arma de fogo de uso permitido em casa entre a entrada em vigor do Estatuto e o dia 31 de dezembro de 2009 não agiu em desacordo com determinação legal e, por isso, não pode ser punido. Essa regra, porém, só vale para as armas de uso permitido, nos expressos termos do art. 30.

Saliente-se, por fim, que, caso se trate de arma de fogo de uso restrito ou com numeração raspada, os crimes configurados são respectivamente aqueles do art. 16, *caput*, e 16, § 1º, IV, do Estatuto. Em relação a estes, a *abolitio criminis* temporária vigorou apenas até 23 de outubro de 2005. Nesse sentido, a Súmula 513 do STJ: "A *abolitio criminis* temporária prevista na Lei n. 10.826/2003 aplica-se ao crime de posse de arma de fogo de uso permitido com numeração, marca ou qualquer outro sinal de identificação raspado, suprimido ou adulterado, praticado somente até 23/10/2005".

10. Entrega da arma. De acordo com o art. 32 do Estatuto, com a redação dada pela Lei n. 11.706/2008, o possuidor ou proprietário de arma de fogo pode entregá-la espontaneamente, e a qualquer tempo, à Polícia Federal, hipótese em que se presume sua boa-fé e extingue-se sua punibilidade em relação ao crime de posse irregular de referida arma. Se o agente for flagrado com a arma em casa responderá pelo delito. A extinção da punibilidade pressupõe sua efetiva entrega – este dispositivo não está sujeito a prazo.

11. Registro federal. O art. 5º, § 3º, do Estatuto (modificado pelas Leis n. 11.706/2008 e 11.922/2009) estabelece que o proprietário de arma de fogo com certificados de registro de propriedade expedidos por órgão estadual ou do Distrito Federal até a data da publicação desta Lei que não optar pela entrega espontânea prevista no art. 32 desta Lei deverá renová-lo, mediante o pertinente registro federal, até o dia 31 de dezembro de 2009. Até esta data, portanto, todos deveriam ter providenciado o registro federal de suas armas de fogo. Se não o fizeram e forem flagrados com a arma no interior da própria residência, estarão em desacordo com determinação legal e incorrerão no crime do art. 12.

Além disso, o art. 18, § 3º, do Decreto n. 5.123/2004 estabelecia que o registro deveria ser renovado a cada três anos. Posteriormente, os arts. 3º, § 10, e 4º, § 2º, do Decreto n. 9.845/2019, passaram a exigir que a renovação do registro ocorra a cada dez anos. Por fim, o art. 24, II, do Decreto n. 11.615/2023 passou a exigir a renovação no prazo de 5 anos. O Superior Tribunal de Justiça, porém, firmou entendimento de que a posse de arma de fogo em residência após a expiração do prazo do registro sem a renovação constitui mera infração administrativa (HC 294.078/SP). O fundamento é o de que o Estado tem conhecimento da existência da arma na residência do proprietário em razão do registro anterior.

2.2. OMISSÃO DE CAUTELA

Art. 13, *caput* – Deixar de observar as cautelas necessárias para impedir que menor de dezoito anos ou pessoa portadora de deficiência mental se apodere de arma de fogo que esteja sob sua posse ou que seja de sua propriedade:
Pena – detenção, de um a dois anos, e multa.

1. Objetividade jurídica. A incolumidade pública em face do perigo decorrente do apoderamento da arma de fogo por pessoa despreparada, e ainda a própria integridade física do menor de idade ou deficiente mental, que também fica exposta a risco em tal situação.

2. Sujeito ativo. Qualquer pessoa que tenha a posse ou propriedade de arma de fogo.

3. Sujeito passivo. A coletividade, bem como o menor ou deficiente mental.

4. Crime de perigo. O delito em análise é de perigo abstrato porque se configura pelo simples apoderamento pelo menor ou doente mental, independentemente de ter ele apontado a arma para alguém ou para ele próprio. Em suma, não é necessário que se prove que pessoa determinada tenha sido exposta a risco.

5. Elementos do tipo. A conduta incriminada é tipicamente culposa, na modalidade de negligência, já que se pune a omissão do agente, que não observa as cautelas devidas para evitar o apoderamento pelo menor ou deficiente, como, por exemplo, deixando a arma no banco do carro e não trancando a sua porta, ou, ainda, deixando-a em uma gaveta destrancada da sala de casa etc.

6. Consumação. Pela redação do dispositivo é possível notar que, ao contrário dos demais crimes da lei, esse delito não é de mera conduta, e sim material. Com efeito, o crime não se consuma com a omissão do possuidor ou proprietário da arma, exigindo-se para tanto que o menor ou doente mental efetivamente se apoderem da arma. Assim, se alguém deixa uma arma em local de fácil apoderamento, mas isso não ocorre, não se aperfeiçoa o ilícito penal.

7. Tentativa. Não se admite, já que se trata de crime culposo. Se o menor ou deficiente se apossar da arma, o crime estará consumado; se não o fizer, o fato será atípico, conforme já mencionado.

2.3. OMISSÃO DE COMUNICAÇÃO DE PERDA OU SUBTRAÇÃO DE ARMA DE FOGO

> Art. 13, parágrafo único – Nas mesmas penas incorrem o proprietário ou diretor responsável de empresa de segurança e transporte de valores que deixarem de registrar ocorrência policial e de comunicar à Polícia Federal perda, furto, roubo ou outras formas de extravio de arma de fogo, acessório ou munição que estejam sob sua guarda, nas primeiras vinte e quatro horas depois de ocorrido o fato.

1. Objetividade jurídica. A veracidade dos cadastros de armas de fogo junto ao Sinarm e do respectivo registro perante os órgãos competentes.

2. Sujeito ativo. Trata-se de crime próprio, que só pode ser cometido pelo proprietário e pelo diretor responsável por empresa de segurança ou de transporte de valores.

3. Sujeito passivo. A coletividade, já que a veracidade dos cadastros é de interesse coletivo e não apenas dos órgãos responsáveis.

4. Elementos do tipo. Nos termos do art. 7º, *caput*, do Estatuto do Desarmamento, as armas de fogo utilizadas pelas empresas de segurança e transporte de valores deverão pertencer a elas, ficando também sob sua guarda e responsabilidade. O dispositivo estabelece, outrossim, que o registro e a autorização para o porte, expedida pela Polícia Federal, deverão ser elaborados em seu nome. A empresa deverá ainda apresentar ao Sinarm, semestralmente, a relação dos empregados habilitados – nos termos da lei – que poderão portar as armas. Tal porte evidentemente só poderá ocorrer em serviço.

Dessa forma, como a responsabilidade pela arma de fogo recaiu precipuamente sobre a empresa, o Estatuto estabeleceu também a obrigatoriedade de seu proprietário ou diretor de comunicar a subtração, perda ou qualquer outra forma de extravio a ela referentes. Assim, se não for efetuado o registro da ocorrência e não houver comunicação à Polícia Federal, em um prazo de vinte e quatro horas a contar do fato, o crime se aperfeiçoará.

5. Consumação. Com o decurso do prazo de vinte e quatro horas mencionado no tipo penal. É evidente que esse prazo não corre enquanto não tiver sido descoberta a subtração, perda ou extravio. Como a lei estabelece um período de tempo para o delito se aperfeiçoar, ele pode ser classificado como crime a prazo.

6. Tentativa. Em se tratando de crime omissivo próprio, não admite a figura da tentativa.

2.4. PORTE ILEGAL DE ARMA DE FOGO DE USO PERMITIDO

> Art. 14 – Portar, deter, adquirir, fornecer, receber, ter em depósito, transportar, ceder, ainda que gratuitamente, emprestar, remeter, empregar, manter sob sua guarda ou ocultar arma de fogo, acessório ou munição, de uso permitido, sem autorização e em desacordo com determinação legal ou regulamentar:
> Pena – reclusão, de dois a quatro anos, e multa.
> Parágrafo único – O crime previsto neste artigo é inafiançável, salvo quando a arma de fogo estiver registrada em nome do agente.

1. Objetividade jurídica. A incolumidade pública, no sentido de se evitar que pessoas armadas possam colocar em risco a vida, a incolumidade física ou o patrimônio dos cidadãos.

2. Sujeito ativo. Qualquer pessoa. Trata-se de crime comum.

Se o delito for cometido por qualquer das pessoas elencadas nos arts. 6º, 7º e 8º da Lei, a pena será aumentada em metade (art. 20 – v. comentários).

3. Sujeito passivo. A coletividade.

4. Elementos do tipo

a) **Ações nucleares:** portar, deter, adquirir, fornecer, receber, ter em depósito, transportar, ceder, ainda que gratuitamente, emprestar, remeter, empregar, manter sob sua guarda ou ocultar.

Observações:

Embora a denominação legal do delito seja "porte ilegal de arma de fogo de uso permitido", é fácil notar que o texto legal possui abrangência muito maior, já que existem inúmeras outras condutas típicas. Trata-se, porém, de crime de ação múltipla – também chamado de crime de conteúdo variado ou de tipo misto alternativo – em que a realização de mais de uma conduta típica, em relação ao mesmo objeto material, constitui crime único, na medida em que as diversas ações descritas na lei estão separadas pela conjunção alternativa "ou". Assim, se o agente adquire e, em seguida, porta a mesma arma de fogo, comete apenas um crime.

Em se tratando de arma de uso permitido, temos duas situações: a posse em residência ou no local de trabalho caracteriza o crime do art. 12, se a arma não for registrada, enquanto o porte, em outros locais, caracteriza o crime do art. 14, se o agente não tiver a devida autorização expedida pela Polícia Federal, ainda que a arma seja registrada. Em se tratando de arma de uso restrito ou proibido, tanto a posse em residência quanto o porte caracterizam crime mais grave, previsto no art. 16, *caput*, e § 2º, da Lei n. 10.826/2003. Se a arma estiver com a numeração, marca ou qualquer outro sinal identificador raspado, suprimido ou alterado, a posse ou o porte caracterizará, indistintamente, o crime do art. 16, § 1º, IV, do Estatuto, quer se trate de arma de uso permitido ou restrito. Caso se trate de arma de uso proibido com numeração raspada, a pena é a do art. 16, § 2º, do Estatuto, modificado pela Lei n. 13.964/2019.

A autorização para o porte de arma de fogo de uso permitido, em todo o território nacional, é de competência da Polícia Federal e somente será concedida após autorização do Sinarm (art. 10).

Costumava-se dizer que aquele que oculta revólver utilizado por outra pessoa na prática de um delito comete favorecimento pessoal, previsto no art. 348 do Código Penal. Ocorre que tal conduta, atualmente, se enquadra no art. 14 da Lei n. 10.826/2003, que pune, com pena mais grave, a ocultação de arma de fogo.

b) Objeto material: armas de fogo são os instrumentos que, mediante a utilização da energia proveniente da pólvora, lançam a distância e com grande velocidade os projéteis. Possuem várias modalidades, como, por exemplo, revólveres, pistolas, garruchas, espingardas, metralhadoras, granadas etc. Veja-se, contudo, que esse crime do art. 14 do Estatuto do Desarmamento só abrange as armas de fogo de uso permitido, já que o porte de arma de fogo de uso proibido ou restrito constitui crime mais grave previsto no art. 16 da mesma Lei.

Armas de uso permitido são aquelas cuja utilização pode ser autorizada a pessoas físicas, bem como a pessoas jurídicas nas condições estabelecidas na Lei n. 10.826/2003.

Atualmente, o conceito de armas de uso permitido encontra-se no art. 11 do Decreto n. 11.615, de 21 de julho de 2023: são de uso permitido as armas de fogo e munições cujo uso seja autorizado a pessoas físicas e a pessoas jurídicas, especificadas em ato conjunto do Comando do Exército e da Polícia Federal, incluídas: I – armas de fogo de porte, de repetição ou semiautomáticas, cuja munição comum tenha, na saída do cano de prova, energia de até trezentas libras-pé ou quatrocentos e sete joules, e suas munições; II – armas de fogo portáteis, longas, de alma raiada, de repetição, cuja munição comum não atinja, na saída do cano de prova, energia cinética superior a mil e duzentas libras-pé ou mil seiscentos e vinte joules; e III – armas de fogo portáteis, longas, de alma lisa, de repetição, de calibre doze ou inferior.

Munição é tudo quanto dê capacidade de funcionamento à arma, para carga ou disparo (projéteis, cartuchos, chumbo etc.).

Acessório é o artefato que, acoplado a uma arma, possibilita a melhoria do desempenho do atirador, a modificação de um efeito secundário do tiro ou a modificação do aspecto visual da arma.

c) Elemento normativo do tipo: encontra-se na expressão "sem autorização e em desacordo com determinação legal ou regulamentar". Com efeito, só comete o crime quem porta arma de fogo e não possui autorização para tanto, ou o faz em desacordo com as normas que disciplinam o tema.

O "porte" para trazer consigo arma de fogo de uso permitido é expressamente vedado, como regra, em todo o território nacional, nos termos do art. 6º da Lei n. 10.826/2003. A própria lei, todavia, traz algumas exceções, estabelecendo que ele será admitido em algumas hipóteses, quer em decorrência da função do sujeito (art. 6º), quer pela obtenção de autorização junto à Polícia Federal, após a concordância do Sinarm.

O art. 6º do Estatuto estabelece que, além das hipóteses previstas em lei própria (como no caso dos membros do Ministério Público ou da Magistratura), **podem** portar arma de fogo os integrantes das Forças Armadas, os policiais civis ou militares, os integrantes das guardas municipais1, os agentes operacionais da Agência Brasileira de Inteligência e os agentes do

---

[1] No dia 1º de março de 2021, o Plenário do Supremo Tribunal Federal, no julgamento da ADC 38 e das ADIns 5.538 e 5.948, cujo relator foi o Min. Alexandre de Moraes, declarou a inconstitucionalidade do inciso III do art. 6º da Lei n. 10.826/2003, a fim de invalidar as expressões "das capitais dos Estados" e "com mais de 500.000 (quinhentos mil) habitantes", e declarar a inconstitucionalidade do inciso IV do art. 6º da Lei n. 10.826/2003, por desrespeito aos princípios constitucionais da igualdade e da eficiência. Com tal decisão, passou a ser permitido o porte de arma de fogo para todos os Guardas Municipais, independentemente do número de habitantes do município em que atuem.

Departamento de Segurança do Gabinete de Segurança Institucional da Presidência da República, os policiais da Câmara dos Deputados ou do Senado Federal, os agentes e guardas prisionais, os integrantes de escolta de presos, os guardas portuários, os trabalhadores de empresas de segurança privada e de transporte de valores que estejam devidamente habilitados, os integrantes das entidades de desporto legalmente constituídas cujas atividades esportivas demandem o uso de armas de fogo, **os integrantes da Carreira de Auditor da Receita Federal** do Brasil e de Auditoria-Fiscal do Trabalho, cargos de Auditor-Fiscal e Analista Tributário e, por fim, os servidores dos tribunais do Poder Judiciário descritos no art. 92 da Constituição Federal e dos Ministérios Públicos da União e dos Estados que efetivamente estejam no exercício de funções de segurança, na forma do regulamento emitido pelo Conselho Nacional de Justiça – CNJ e pelo Conselho Nacional do Ministério Público – CNMP.

Em alguns casos, como os dos integrantes das Forças Armadas e dos policiais civis e militares, a autorização é pura decorrência legal, em consequência da função exercida (art. 53,§1º, do Dec. n. 11.615/2023), enquanto para outros exige-se o preenchimento de certos requisitos, como na hipótese dos guardas municipais, agentes e policiais penais, agentes da ABIN, Auditores da Receita ou Fiscais do Trabalho (§§ 2º e 3º do art. 6º do Estatuto).

O art. 10 do Estatuto estabelece que a pessoa interessada poderá obter autorização para portar arma de fogo junto à Polícia Federal, mediante anuência do Sinarm, e desde que **demonstre efetiva necessidade, por exercício de atividade profissional de risco ou da existência de ameaça à sua integridade física**, que apresente documento de propriedade da arma e seu respectivo registro junto ao órgão competente, que comprove sua idoneidade mediante juntada de certidões de antecedentes criminais, que apresente documento comprobatório de ocupação lícita e residência certa, e que demonstre capacidade técnica e aptidão psicológica para o manuseio de arma de fogo. Se não for feita prova de qualquer desses requisitos, a autorização será negada.

A autorização para o porte pode ser concedida com eficácia temporária e territorial (art. 10, § 1º). Além disso, perderá automaticamente sua eficácia caso o portador seja com ela detido ou abordado em estado de embriaguez ou sob o efeito de substâncias químicas ou alucinógenas (art. 10, § 2º). O art. 51, § 1º, do Decreto n. 11.615/2023 inclui nas hipóteses de cassação aquela em que o sujeito porta a arma de fogo sob o efeito de medicamento que provoque alteração do desempenho intelectual ou motor.

O art. 22, I, da Lei n. 11.340/2004 estabelece que o juiz pode restringir o direito ao porte de arma de fogo, com comunicação ao órgão competente, quando verificar a prática de violência doméstica ou familiar contra mulher e constatar que a manutenção integral de tal direito expõe a perigo a vítima agredida. O juiz deve especificar os limites da restrição e o desrespeito a esses limites implicará a tipificação do crime do art. 14 do Estatuto.

Nos casos de ação penal ou de inquérito policial que envolva violência doméstica e familiar contra a mulher, a arma será apreendida imediatamente pela autoridade competente, nos termos do inciso IV do *caput* do art. 18 da Lei n. 11.340/2006.

Nos termos do art. 51 do Decreto n. 11.615/2023, a autorização não dá direito de portar ostensivamente a arma de fogo, ou de adentrar, ou com ela permanecer, em locais públicos, tais como igrejas, escolas, estádios desportivos, clubes, agências bancárias ou outros locais onde haja aglomeração de pessoas, em virtude de eventos de qualquer natureza. A inobservância dessa regra importará na cassação da autorização e apreensão da arma de fogo (art. 51, § 1º).

O art. 28 do Decreto n. 11.615/2023 prevê que será instaurado procedimento de cassação do registro, e, por consequência, da autorização para porte quando houver indícios de perda superveniente de quaisquer dos requisitos previstos nos incisos III a VIII do *caput* do art. 15 do Decreto, dentre os quais se sobreleva a prova da idoneidade e inexistência de inquérito policial ou processo criminal. De acordo com o art. 28, §2º, do Decreto, são elementos que demonstram a perda do requisito de idoneidade, entre outros, a existência de mandado de prisão cautelar ou definitiva, o indiciamento em inquérito policial pela prática de crime e o recebimento de denúncia ou de queixa pelo juiz.

A aquisição, o registro e o porte de armas de fogo e munições por atiradores, colecionadores e caçadores são regulamentadas pelo Decreto n. 11.615/2023.

O porte na categoria de "caçador de subsistência" poderá ser concedido pela Polícia Federal aos residentes em áreas rurais que comprovem depender do emprego de arma de fogo para prover a subsistência alimentar familiar, desde que se trate de arma portátil, de uso permitido, de tiro simples, com um ou dois canos, de alma lisa e de calibre igual ou inferior a 16 (art. 6º, § 5º, da Lei n. 10.826/2003).

Observação: Nos termos do art. 29 do Estatuto, as autorizações para porte já existentes quando da entrada em vigor da nova Lei perderiam a sua validade no prazo de noventa dias. Esse prazo foi alterado pelo art. 1º da Lei n. 10.884/2004, de modo que o prazo de noventa dias passou a ser contado a partir de 23 de junho de 2004, tendo-se encerrado, portanto, em 20 de setembro do mesmo ano. O parágrafo único do mencionado art. 29, entretanto, permite que os detentores de referidas autorizações vencidas pleiteiem sua renovação perante a Polícia Federal, desde que satisfeitas as exigências dos arts. 4º, 6º e 10 da Lei.

5. Crime de perigo. O crime em análise é delito de perigo abstrato, em que a lei presume, de forma absoluta, a existência do risco causado à coletividade por parte de quem, sem autorização, portar arma de fogo, acessório ou munição. É, portanto, totalmente desnecessária prova de que o agente tenha causado perigo a pessoa determinada. Por isso, pode-se também dizer que se trata de crime de mera conduta, que se aperfeiçoa com a conduta típica, independentemente de qualquer resultado.

Em se tratando de crime de perigo, entendemos que o porte concomitante de mais de uma arma de fogo caracteriza situação única de risco à coletividade, e, assim, o agente só responde por um delito, não se aplicando a regra do concurso formal. O juiz deve levar em conta a quantidade de armas na fixação da pena-base, em razão da maior gravidade do fato (art. 59 do CP). Se uma das armas for de uso restrito e a outra, de uso permitido, configura-se o crime mais grave, previsto no art. 16, *caput*, da Lei.

Quando se diz que o crime é de perigo presumido ou abstrato, conclui-se apenas que é desnecessária prova de situação de risco a pessoa determinada. Exige-se, porém, que a arma possa causá-lo, pois, do contrário, não se diria que o crime é de perigo. Por isso, a própria Lei (art. 25) exige a elaboração de perícia nas armas de fogo, acessórios ou munições que tenham sido apreendidos, bem como a sua juntada aos autos, com o intuito de demonstrar a potencialidade lesiva da arma. Assim, pode-se afirmar que não há crime no porte de armas obsoletas ou quebradas.

Em relação à configuração do delito em face de arma desmuniciada, a Lei n. 9.437/97, ao prever a conduta típica "transportar" arma de fogo – inexistente no art. 19 da Lei das Contravenções Penais –, trouxe à tona forte entendimento no sentido da caracterização do ilícito penal. Não se pode, porém, esquecer a existência de consistente entendimento em sentido contrário, argumentando ser atípica a conduta, com o fundamento de que a punição do agente estaria em desacordo com o princípio da lesividade. Critica-se essa interpretação, com o argumento de que referido princípio é construção doutrinária que não encontra clara sustentação no corpo da Constituição Federal, e que os seus defensores não teriam avaliado a possibilidade de a arma desmuniciada ser utilizada para lesar o patrimônio alheio, como se o crime colocasse em risco apenas a vida e não outros bens jurídicos.

Legislação Penal Especial

A questão, contudo, parece ter sido solucionada pelo Estatuto do Desarmamento, que equiparou o porte de munição ao de arma de fogo. Assim, se há crime no porte de munição desacompanhada da respectiva arma de fogo, não há como negar a tipificação da conduta ilícita no porte da arma sem aquela. O STF entendeu que o fato não constitui crime no julgamento do RHC 81.057/SP, que, todavia, se refere a fato anterior à aprovação do Estatuto do Desarmamento. Embora referido julgamento tenha sido muito noticiado à época, a verdade é que, posteriormente, o STF reverteu tal entendimento e passou a interpretar que existe crime ainda que a arma de fogo não esteja municiada (HC 96.072/RJ, HC 91.553/DF, HC 104.206/RS, dentre inúmeros outros), reconhecendo que o crime é de perigo abstrato. O Tribunal mostrou-se também sensível ao argumento da Procuradoria-Geral da República no sentido de que, se a circunstância de a arma estar desmuniciada tornasse o fato atípico, não haveria crime por parte de quem transportasse enorme carregamento de armas, desde que desacompanhada dos respectivos projéteis, o que é absurdo.

As armas de brinquedo, simulacros ou réplicas não constituem armas de fogo, de modo que o seu porte não está abrangido na figura penal. Na Lei n. 10.826/2003 não foi repetido o crime do art. 10, § 1º, II, da Lei n. 9.437/97, que punia com detenção de um a dois anos, e multa, quem utilizasse arma de brinquedo ou simulacro de arma capaz de atemorizar outrem, para o fim de cometer crimes. Houve, portanto, *abolitio criminis* em relação a tais condutas. O Estatuto do Desarmamento se limita a proibir a fabricação, a venda, a comercialização e a importação de brinquedos, réplicas e simulacros de armas de fogo, que possam com estas se confundir, exceto para instrução, adestramento ou coleção, desde que autorizados pelo Comando do Exército (art. 26).

6. Consumação. Em se tratando de crime de mera conduta, a consumação ocorre no momento da ação, independentemente de qualquer resultado.

7. Tentativa. Em tese é possível, como, por exemplo, tentar adquirir arma de fogo.

8. Absorção e concurso. Atualmente, a interpretação adotada pela grande maioria dos doutrinadores e julgadores é no sentido de só considerar absorvido o crime de porte ilegal de arma quando a conduta tiver sido realizada única e exclusivamente como meio para outro crime.

Assim, se o agente se desentende com outrem em um bar e vai para casa buscar uma arma de fogo, retornando em seguida ao bar para matar o desafeto, responde apenas pelo homicídio. Igualmente só responde pelo roubo – agravado pelo emprego de arma de fogo (art. 157, § 2º-A, I, do CP) – quem sai armado com o intuito específico de utilizá-la em um roubo, ainda que seja preso logo depois do assalto em poder da arma. Há, todavia, concurso material, se o agente, por exemplo, já está portando um revólver e, ao ser abordado por policiais, saca a arma e os mata, exatamente para evitar a prisão em flagrante em razão do porte. É que, nesse caso, o agente não estava portando a arma com o intuito de matar aqueles policiais. Assim, responde pelo porte em concurso material com homicídio **qualificado** porque matou para garantir a impunidade de outro crime – o porte ilegal. Igualmente existe concurso material se alguém utiliza um revólver para roubar um carro e dias depois é encontrado dirigindo o veículo, estando com a arma em seu poder. Nesse caso, o porte da arma no dia da prisão não constitui meio para o roubo, já que a subtração tinha acontecido dias antes.

A aquisição de arma de origem criminosa (produto de furto ou roubo) constitui crime autônomo de receptação, sem prejuízo da punição pelo crime de porte ilegal de arma se o agente for flagrado com o instrumento em via pública, por exemplo. Não se pode falar em absorção de um delito pelo outro, na medida em que os bens jurídicos afetados e as vítimas são diferentes. Lembre-se de que, na receptação, o sujeito passivo é o dono da arma subtraída, e o bem jurídico protegido, o patrimônio, ao passo que, no porte ilegal de arma, a objetividade jurídica é a incolumidade pública (evitar o risco a que fica sujeita a coletividade – sujeito passivo).

9. Crime inafiançável. O parágrafo único do art. 14 expressamente declara ser inafiançável o crime de porte ilegal de arma de fogo, salvo se a arma estiver registrada em nome do agente.

O Supremo Tribunal Federal, todavia, por julgamento em Plenário, declarou a inconstitucionalidade do dispositivo ao apreciar ação direta de inconstitucionalidade (ADIn 3.112) no dia 2 de maio de 2007. Assim, no crime de porte ilegal de arma é possível a concessão de fiança, ainda que a arma não esteja registrada em nome do agente. É claro, porém, que a fiança só será concedida se ausentes as vedações do art. 324 do Código de Processo Penal, ou seja, desde que o réu não tenha quebrado a fiança anteriormente concedida, que não tenha descumprido as obrigações de comparecimento a todos os atos do processo e que estejam ausentes os requisitos da prisão preventiva.

O argumento para a declaração da inconstitucionalidade pelo Supremo foi o de que o delito em tela não pode ser equiparado aos crimes hediondos para os quais a Carta Magna veda a fiança.

10. Suspensão condicional do processo. Tendo em vista que a pena mínima para o delito é de dois anos, é incabível o benefício da suspensão condicional do processo, nos termos do art. 89 da Lei n. 9.099/95.

2.5. DISPARO DE ARMA DE FOGO

> Art. 15 – Disparar arma de fogo ou acionar munição em lugar habitado ou em suas adjacências, em via pública ou em direção a ela, desde que essa conduta não tenha como finalidade a prática de outro crime:
> Pena – reclusão, de dois a quatro anos, e multa.
> Parágrafo único – O crime previsto neste artigo é inafiançável.

1. Objetividade jurídica. A segurança pública.

2. Sujeito ativo. Qualquer pessoa. Trata-se de crime comum.

Se o delito for cometido por qualquer das pessoas elencadas nos arts. 6º, 7º e 8º da Lei, a pena será aumentada em metade (art. 20 – *v*. comentários).

3. Sujeito passivo. Em primeiro plano, a coletividade. Em segundo, as pessoas que, eventualmente, tenham sofrido perigo de dano decorrente do disparo da arma.

4. Crime de perigo. Trata-se de delito de perigo abstrato, em que não é necessária prova de que pessoa determinada tenha sido exposta a risco. O perigo é presumido porque o disparo em via pública ou em direção a ela, por si só, coloca em risco a coletividade. Assim, quem efetua disparo na rua, de madrugada, sem ninguém por perto, mas em local habitado, comete o crime.

5. Elementos do tipo

a) **Disparar:** significa atirar, deflagrar projéteis de arma de fogo (revólver, espingarda, garrucha etc.). Efetuar vários disparos, em um mesmo momento, configura um só delito, não se aplicando a regra do concurso formal ou da continuação delitiva dos arts. 70 e 71 do Código Penal, já que a situação de risco à coletividade é única. O juiz, entretanto, pode levar em conta o número de disparos na fixação da pena-base, em face da maior gravidade da conduta (art. 59 do CP).

O projétil tem de ser verdadeiro. Balas de festim não configuram a infração porque não causam perigo, nem mesmo em tese.

Se o disparo é efetuado porque o agente está sendo ameaçado de agressão, afasta-se a ilicitude da conduta em razão da legítima defesa.

b) **Acionar munição:** é de alguma outra forma detonar, deflagrar a munição (cartucho, projétil etc.). Não se confunde munição com artefato explosivo, como bombas e dinamites, cuja detonação constitui crime mais grave previsto no art. 16, § 1º, do Estatuto do Desarmamento, ou com a deflagração perigosa e não autorizada de fogos de artifício, que constitui contravenção penal, descrita no art. 28, parágrafo único, da Lei das Contravenções Penais.
c) **Lugar habitado:** é aquele onde reside um núcleo de pessoas ou famílias. Pode ser uma cidade, uma vila, povoado ou região onde morem poucas pessoas.
d) **Adjacências:** local próximo àquele habitado. Não se exige que seja dependência de moradia ou local contíguo, bastando que seja perto de local habitado. Por consequência, disparar em local descampado ou em uma floresta não configura a infração.
e) **Via pública ou em direção a ela:** via pública é o local aberto a qualquer pessoa, cujo acesso é sempre permitido. É todo local aberto ao público, quer por destinação, quer por autorização de particulares. Exs.: rua, avenida, praça, estrada.

Nos termos do texto legal, também existe o crime quando o disparo não é efetuado na via pública, mas a arma é apontada para ela, como, por exemplo, do quintal de uma residência em direção à rua.

Colocar alvo no quintal de casa e disparar em sua direção, sem possibilidade de atingir a via pública, não configura a infração.

O disparo efetuado para o alto caracteriza o crime, desde que seja feito em via pública ou em sua direção.

6. Absorção. A própria lei somente confere autonomia ao crime de disparo de arma de fogo quando essa conduta **não tem como objetivo a prática de outro crime**. Assim, quando o disparo visa, por exemplo, matar ou lesionar alguém, o agente responde por homicídio ou lesões corporais – consumados ou tentados, dependendo do resultado. Se a intenção do agente era matar a vítima, mas o disparo não a atinge, temos a chamada tentativa branca de homicídio.

7. Porte e disparo. Existem duas correntes. A primeira, mais antiga, no sentido de que o porte é sempre crime-meio para o disparo e, por isso, fica sempre absorvido em face do princípio da consunção. A segunda no sentido de haver absorção apenas quando ficar provado que o agente só portou a arma com a finalidade específica de efetuar o disparo. É a corrente que adotamos. Por ela, se o agente já estava portando a arma e, em determinado instante, resolveu efetuar o disparo, responderá pelos dois crimes, se não possuía autorização para o porte, ou só pelo disparo, se possuía tal autorização. Por outro lado, se uma pessoa tem uma arma em casa, mas não tem autorização para porte e, para efetuar uma comemoração, leva-a para a rua apenas com a finalidade de efetuar disparos e, de imediato, retorna para casa, responde pelo crime de disparo – o porte fica absorvido – e eventualmente pela posse da arma (art. 12), se esta não for registrada.

8. Crime inafiançável. O parágrafo único do art. 15 expressamente declara ser inafiançável o crime de disparo de arma de fogo. Não há, porém, vedação à concessão de liberdade provisória.

Em relação à vedação da fiança é preciso mencionar, todavia, que o Supremo Tribunal Federal declarou a inconstitucionalidade do art. 15, parágrafo único, do Estatuto, no julgamento da ADIn 3.112, ocorrido no dia 2 de maio de 2007. Por isso, no crime de disparo de arma de fogo em via pública, é possível a concessão de fiança. É claro, porém, que ela só será concedida se ausentes as vedações do art. 324 do Código de Processo Penal, ou seja, desde que o réu não tenha quebrado a fiança anteriormente concedida, que não tenha descumprido as obrigações de comparecimento a todos os atos do processo e que estejam ausentes os requisitos da prisão preventiva.

O argumento para a declaração da inconstitucionalidade pelo Supremo foi o de que o delito em tela não pode ser equiparado aos crimes hediondos para os quais a Carta Magna veda a fiança.

9. Suspensão condicional do processo. Tendo em vista que a pena mínima para o delito é de dois anos, é incabível o benefício da suspensão condicional do processo, nos termos do art. 89 da Lei n. 9.099/95.

2.6. POSSE OU PORTE ILEGAL DE ARMA DE FOGO DE USO RESTRITO OU PROIBIDO

> Art. 16, *caput* – Possuir, deter, portar, adquirir, fornecer, receber, ter em depósito, transportar, ceder, ainda que gratuitamente, emprestar, remeter, empregar, manter sob sua guarda ou ocultar arma de fogo, acessório ou munição de uso restrito, sem autorização e em desacordo com determinação legal ou regulamentar:
> Pena – reclusão, de três a seis anos, e multa.
> § 1º ....
> § 2º – Se as condutas descritas no caput e no § 1º deste artigo envolverem arma de fogo de uso proibido, a pena é de reclusão, de 4 a 12 anos.

1. Objetividade jurídica. É também a incolumidade pública, no sentido de se evitar a exposição a risco da vida, integridade física e patrimônio dos cidadãos.

2. Sujeito ativo. Pode ser qualquer pessoa. Trata-se de crime comum.

Se o delito for cometido por qualquer das pessoas elencadas nos arts. 6º, 7º e 8º da Lei, a pena será aumentada em metade (art. 20 – *v.* comentários).

3. Sujeito passivo. A coletividade.

4. Crime de perigo. Os delitos em análise são como espécies qualificadas dos crimes de posse e porte de arma de fogo de uso permitido, previstos, porém, em um tipo penal autônomo. A pena maior se justifica em virtude da maior potencialidade lesiva das armas de fogo de uso proibido ou restrito, que, por tal razão, elevam o risco à coletividade.

Cuida-se, também, de crime de perigo abstrato e de mera conduta, em que é desnecessária prova de que pessoa determinada tenha sido exposta a risco e cuja configuração independe de qualquer resultado.

5. Elementos do tipo

a) **Ações nucleares:** as condutas típicas são possuir, deter, portar, adquirir, fornecer, receber, ter em depósito, transportar, ceder, ainda que gratuitamente, emprestar, remeter, empregar, manter sob sua guarda ou ocultar.

Note-se que, em se tratando de arma de fogo de uso proibido ou restrito, o crime configurado é sempre o mesmo, quer a arma esteja no interior de residência sem ser registrada (posse), quer esteja na cintura do agente em uma via pública (porte). Se a arma fosse de uso permitido, a posse configuraria o crime do art. 12, e o porte tipificaria aquele do art. 14.

b) **Objeto material:** antes do advento da Lei n. 13.964/2019, o porte ou a posse de armas de fogo de uso restrito ou proibido tipificavam o mesmo delito, qual seja, aquele do art. 16, *caput*, cuja pena é de reclusão de 3 a 6 anos, e multa. A referida Lei, entretanto, trouxe importante inovação ao isolar na figura do *caput* as condutas relacionadas a armas de fogo, acessórios ou munição de uso restrito. Caso se trate de arma de fogo de uso proibido, o enquadramento deve se dar no art. 16, § 2º, cuja pena é maior: 4 a 12 anos de reclusão (sem previsão de multa).

Armas de fogo de uso restrito, nos termos do art. 12 do Decreto n. 11.615, de 21 de julho de 2023, são aquelas especificadas em ato conjunto do Comando do Exército e da Polícia

Federal, incluídas: I – armas de fogo automáticas, independentemente do tipo ou calibre; II – armas de pressão por gás comprimido ou por ação de mola, com calibre superior a seis milímetros, que disparem projéteis de qualquer natureza, exceto as que lancem esferas de plástico com tinta, como os lançadores de paintball; III – armas de fogo de porte, cuja munição comum tenha, na saída do cano de prova, energia superior a trezentas libras-pé ou quatrocentos e sete joules, e suas munições; IV – armas de fogo portáteis, longas, de alma raiada, cuja munição comum tenha, na saída do cano de prova, energia superior a mil e duzentas libras-pé ou mil seiscentos e vinte joules, e suas munições; V – armas de fogo portáteis, longas, de alma lisa: a) de calibre superior a doze; e b) semiautomáticas de qualquer calibre; e VI – armas de fogo não portáteis. Antes da entrada em vigor do decreto acima mencionado a definição de armas de fogo de uso restrito encontrava-se no no art. 3º, II, da Lei n. 10.030/2019. São munições de uso restrito aquelas especificadas para emprego nas respectivas armas de fogo constantes do Decreto.

Acessórios de **uso restrito** são aqueles que são agregados a uma arma para aumentar sua eficácia, como, por exemplo, certas miras especiais, visores noturnos, ou para dissimular seu uso, como silenciadores, por exemplo.

Armas de uso **proibido** são aquelas para as quais há **vedação total** ao uso. De acordo com o art. 14 do Decreto n. 11.615, de 21 de julho de 2023, são armas de fogo de uso proibido: a) as armas de fogo classificadas como de uso proibido em acordos ou tratados internacionais dos quais a República Federativa do Brasil seja signatária; b) as armas de fogo dissimuladas, com aparência de objetos inofensivos.

A redação do art. 16, § 2º, do Estatuto (dada pela Lei n. 13.964), não menciona acessórios e munição de uso proibido, contudo, trata-se, evidentemente, de equívoco do legislador passível de ser sanado por interpretação extensiva, pois a diferenciação não faria qualquer sentido.

São munições de uso **proibido** aquelas que sejam assim definidas em acordo ou tratado internacional de que a República Federativa do Brasil seja signatária e as munições incendiárias ou químicas (art. 14, IV, do Decreto n. 11.615/2023).

c) **Elemento normativo do tipo:** está contido na expressão "sem autorização e em desacordo com determinação legal ou regulamentar".

No que diz respeito ao registro, por exemplo, temos várias regras. O art. 27 da Lei n. 10.826/2003 diz que a aquisição de arma de uso restrito poderá ser autorizada, excepcionalmente, pelo Comando do Exército, e seu art. 3º, parágrafo único, estabelece que o registro também será feito em tal Comando. As armas de uso permitido, conforme já estudado, são registradas na Polícia Federal.

6. Consumação. Em se tratando de crime de mera conduta, a consumação ocorre no momento da ação, independentemente de qualquer resultado.

7. Tentativa. Em tese é possível, como, por exemplo, tentar adquirir arma de fogo.

8. Natureza hedionda. A Lei n. 13.497, de 26 de outubro de 2017, introduziu no rol dos crimes hediondos o porte e a posse ilegal de armas de fogo de uso **restrito** ou **proibido**. Posteriormente, contudo, a Lei n. 13.964/2019, modificou o art. 1º, parágrafo único, II, da Lei n. 8.072/90 (Lei dos Crimes Hediondos) e passou a prever que somente as condutas relacionadas a armas de fogo de uso proibido é que configuram crime hediondo. Por se tratar de norma benéfica em relação às armas de uso restrito tal lei retroage para afastar a natureza hedionda daqueles que foram flagrados em poder de arma de fogo de uso restrito.

9. Absorção e concurso. Só haverá absorção se o porte da arma de uso restrito for meio para outro crime. Assim, se após uma discussão, o agente vai até sua casa e pega a arma com o intuito específico de matar o desafeto, o crime de porte fica absorvido. Veja-se, porém, que, se o agente não tiver o registro da arma de uso restrito, responderá pela posse anterior da arma (art. 16), em concurso **material** com o homicídio. Apenas o porte ficará absorvido em tal caso.

10. Vedação de liberdade provisória. O art. 21 da Lei n. 10.826/2003 proíbe a concessão de liberdade provisória ao crime em análise. O Supremo Tribunal Federal, todavia, declarou a inconstitucionalidade desse dispositivo, em 2 de maio de 2007, no julgamento da ADIn 3.112, de modo que o juiz pode conceder a liberdade provisória aos autores desse tipo de infração penal, desde que presentes os requisitos exigidos para o benefício pelo Código de Processo Penal.

11. Entrega da arma. De acordo com o art. 32 do Estatuto, com a redação dada pela Lei n. 11.706/2008, o possuidor ou proprietário de arma de fogo pode entregá-la espontaneamente, e a qualquer tempo, à Polícia Federal, hipótese em que se presume sua boa-fé e extingue-se sua punibilidade em relação ao crime de posse irregular de referida arma. Se o agente, todavia, for flagrado com a arma em casa, responderá pelo delito. A extinção da punibilidade pressupõe sua efetiva entrega.

2.7. FIGURAS COM PENAS EQUIPARADAS

No art. 16, § 1º[2], o legislador descreve vários tipos autônomos, já que cada qual possui condutas típicas e objetos materiais próprios, tendo sido aproveitada tão somente a pena do art. 16, *caput*, e seu § 2º. Não há, portanto, nenhuma exigência de que as condutas típicas sejam ligadas a arma de uso restrito. Para que se chegue a essa conclusão basta notar, por exemplo, que o art. 16, *caput*, já pune, com reclusão de três a seis anos, e multa, quem fornece arma de uso restrito para qualquer outra pessoa. Assim, a figura do art. 16, § 1º, V, que pune, com as mesmas penas, quem fornece arma para criança ou adolescente, tem a evidente finalidade de abranger quem fornece arma de uso permitido para menores de idade. Aliás, se as figuras desse § 1º só se referissem a arma de fogo de uso proibido ou restrito, ficaria sem sentido o inciso II, que pune quem modifica arma de fogo para torná-la equivalente às de uso proibido ou restrito – referindo-se, obviamente, às de uso permitido que venham a ser alteradas. De ver-se, porém, que, quando se tratar de arma de fogo de uso proibido em uma das figuras do § 1º, a pena será maior, ou seja, aquela prevista no § 2º, conforme consta expressamente deste dispositivo.

> Art. 16, § 1º – Nas mesmas penas incorre quem:
> I – suprimir ou alterar marca, numeração ou qualquer sinal de identificação de arma de fogo ou artefato.

Esse dispositivo pune o responsável pela supressão (eliminação completa) ou alteração (mudança) da marca ou numeração. Assim, quando existir prova de que o réu foi o autor da supressão, responderá por tal delito, mas se não tiver sido ele o autor da adulteração, a posse ou o porte de arma com numeração suprimida ou alterada tipificará a conduta do art. 16, § 1º, IV, do mesmo Estatuto.

O bem jurídico tutelado é a veracidade do cadastro das armas no Sinarm.

O crime pode ser cometido por qualquer pessoa.

> Art. 16, § 1º, II – modificar as características de arma de fogo, de forma a torná-la equivalente a arma de fogo de uso proibido ou restrito ou para fins de dificultar ou de qualquer modo induzir a erro autoridade policial, perito ou juiz.

É conhecida a conduta de serrar o cano de espingarda, tornando maior o seu potencial lesivo.

O dispositivo em análise pune o autor da modificação. Qualquer outra pessoa que porte a arma já modificada estará incursa no art. 16, *caput*, da Lei n. 10.826/2003 – porte de arma de fogo de uso restrito.

---

[2] A Lei n. 13.964/2019, transformou as antigas figuras do art. 16, parágrafo único, em art. 16, § 1º.

Tendo em vista a redação dada ao art. 16, § 2º, do Estatuto pela Lei n. 13.964/2019, caso a modificação faça a arma tornar-se equivalente a uma de uso proibido, a pena será aquela do § 2º (4 a 12 anos).

Na segunda figura, o agente altera as características da arma para, por exemplo, evitar que o exame de confronto balístico tenha resultado positivo. Pela redação legal, o delito se caracteriza ainda que o agente não consiga enganar a autoridade, perito ou juiz. Trata-se de crime formal.

O crime de fraude processual do art. 347 do Código Penal deixou de ser aplicável em tal hipótese para existir agora figura específica.

Art. 16, §1º, III – possuir, deter, fabricar ou empregar artefato explosivo ou incendiário, sem autorização ou em desacordo com determinação legal ou regulamentar.

Esse tipo penal, por ser norma mais recente e com pena maior, torna inaplicável o art. 253 do Código Penal, no que se refere a artefatos explosivos. O art. 253 pune com detenção, de seis meses a dois anos, e multa, quem fabrica, fornece, adquire, possui ou transporta, sem licença da autoridade, substância ou engenho explosivo, gás tóxico ou asfixiante, ou material destinado à sua fabricação. Embora o novo tipo penal não mencione alguns verbos contidos no art. 253, como, por exemplo, "transportar" ou "adquirir", a verdade é que tais condutas estão abrangidas pelo verbo "possuir" existente na Lei n. 10.826/2003.

O art. 253 continua em vigor em relação a gases tóxicos ou asfixiantes, bem como em relação a substâncias explosivas (tolueno, p. ex.), já que a nova lei só se refere a artefato explosivo (dinamite já pronta, p. ex.).

A Lei n. 10.826/2003 incrimina também a posse ou transporte de artefato incendiário, como, por exemplo, de coquetel *molotov*. Como a Lei não menciona substância, mas apenas artefato incendiário, a posse irregular de álcool não caracteriza o delito.

Deve-se notar, outrossim, que em caso de efetiva explosão ou incêndio decorrentes dos artefatos, duas situações podem ocorrer. Se a explosão ou incêndio expuser a perigo concreto número elevado e indeterminado de pessoas ou coisas, estarão configurados os crimes de incêndio ou explosão dos arts. 250 e 251 do Código Penal. Se não houver tal consequência, estará configurado o crime do art. 16, §1º, III, do Estatuto do Desarmamento, na figura "empregar artefato explosivo ou incendiário". Embora as penas atualmente sejam iguais, os crimes dos arts. 250 e 251 continuam em vigor pelo princípio da especialidade e por possuírem causas de aumento de pena inexistentes no Estatuto.

A deflagração perigosa de fogo de artifício ou balão aceso continua a configurar a contravenção penal descrita no art. 28, parágrafo único, da Lei das Contravenções Penais.

Art. 16, §1º, IV – portar, possuir, adquirir, transportar ou fornecer arma de fogo com numeração, marca ou qualquer outro sinal de identificação raspado, suprimido ou adulterado.

Esse dispositivo veio atender a um anseio dos aplicadores do Direito, na medida em que a Lei n. 9.437/97 só punia o responsável pela supressão da numeração, delito cuja autoria quase sempre era ignorada, pois, em geral, os policiais apreendiam a arma em poder de alguém já com a numeração raspada, sendo, na maioria das vezes, impossível desvendar a autoria de tal adulteração. Com a nova lei, todavia, a posse, ainda que em residência, ou o porte, de arma de fogo com numeração raspada, por si só, torna a pena maior, pela aplicação do dispositivo em análise. Por sua vez, se for também identificado o próprio autor da adulteração, será ele punido na figura do art. 16, §1º, I, da Lei n. 10.826/2003 – já estudado.

O delito em tela descreve as condutas típicas – portar, possuir, adquirir, transportar e fornecer – e o objeto material – arma de fogo com numeração, marca ou qualquer outro sinal de identificação raspado, suprimido ou adulterado. Trata-se, portanto, de delito autônomo, que não guarda relação com a figura do *caput*, de modo que se caracteriza quer a arma de fogo seja de uso permitido, quer de uso proibido ou restrito. O próprio dispositivo não fez qualquer distinção. Caso a arma de fogo seja de uso proibido, todavia, será aplicada a pena do art. 16, § 2º.

Firmou-se entendimento no sentido de que haverá concurso formal de crimes quando o agente portar uma arma com numeração raspada e outra com a respectiva numeração, com o argumento de que os bens jurídicos tutelados não são exatamente os mesmos. Veja-se: "Condenação pelos crimes dos arts. 12 e 16 da Lei n. 10.826/03. Reconhecimento de crime único em sede de apelação. Restabelecimento do concurso formal. Precedentes. Embora as condutas de possuir arma com numeração raspada e munições e acessórios de uso permitido tenham sido praticadas em um mesmo contexto fático, houve lesão a bens jurídicos diversos, pois o art. 16 do Estatuto do Desarmamento, além da paz e segurança públicas, também protege a seriedade dos cadastros do Sistema Nacional de Armas, sendo inviável o reconhecimento de crime único" (STJ – AgRg no REsp 1732505/MG, Rel. Min. Reynaldo Soares da Fonseca 5ª Turma, julgado em 15/05/2018, DJe 25/05/2018). No mesmo sentido: STJ – AgRg no REsp 1619960/MG, Rel. Min. Reynaldo Soares da Fonseca 5ª Turma, julgado em 27/06/2017, DJe 01/08/2017).

> **Art. 16, §1º, V – vender, entregar ou fornecer, ainda que gratuitamente, arma de fogo, acessório, munição ou explosivo a criança ou adolescente; e**

Pela comparação desse tipo penal com outros da Lei n. 10.826/2003, pode-se concluir que:

a) Quem vende, entrega ou fornece arma de fogo, acessório ou munição, intencionalmente (dolosamente) a menor de idade, comete o crime do art. 16,§1º, V. O dispositivo se aplica qualquer que seja a arma de fogo.

O art. 242 da Lei n. 8.069/90 (Estatuto da Criança e do Adolescente) pune com reclusão de três a seis anos a venda ou fornecimento de arma, munição ou explosivo a criança ou adolescente. Embora esse crime tenha tido sua pena alterada pela Lei n. 10.764/2003, acabou sendo derrogado pelo dispositivo em análise do Estatuto do Desarmamento, que entrou em vigor em 22 de dezembro de 2003, e que pune as mesmas condutas. O art. 242 só continua aplicável a armas de outra natureza (que não sejam armas de fogo).

b) Quem deixa de observar as cautelas necessárias para impedir que menor de idade ou deficiente mental se apodere de arma de fogo, que esteja sob sua posse ou que seja de sua propriedade, responde pelo crime do art. 13. Trata-se de conduta culposa. Se quem se apodera da arma é pessoa maior de idade, o fato é atípico, porque a modalidade culposa não mencionou tal hipótese.

c) O sujeito que fornece, empresta ou cede dolosamente arma de fogo de uso permitido a pessoa maior de idade pratica o crime do art. 14.

d) Quem fornece, empresta ou cede dolosamente arma de fogo de uso restrito ou proibido a pessoa maior de idade incide no crime do art. 16, *caput*, ou § 2º.

e) Aquele que fornece explosivo a pessoa menor de 18 anos comete o crime do art. 16, § 1º, V, mas, se o destinatário for pessoa maior de idade, o crime será o do art. 253 do CP.

> **Art. 16, § 1º, VI – produzir, recarregar ou reciclar, sem autorização legal, ou adulterar, de qualquer forma, munição ou explosivo.**

A finalidade desse dispositivo é a de abranger algumas condutas não elencadas nos arts. 14 e 16 do Estatuto do Desarmamento, em relação a munições e explosivos.

2.8. COMÉRCIO ILEGAL DE ARMA DE FOGO

Art. 17 – Adquirir, alugar, receber, transportar, conduzir, ocultar, ter em depósito, desmontar, montar, remontar, adulterar, vender, expor à venda, ou de qualquer forma utilizar, em proveito próprio ou alheio, no exercício de atividade comercial ou industrial, arma de fogo, acessório ou munição, sem autorização ou em desacordo com determinação legal ou regulamentar:
Pena – reclusão de 6 a 12 anos, e multa.
§ 1º – Equipara-se à atividade comercial ou industrial, para efeito deste artigo, qualquer forma de prestação de serviços, fabricação ou comércio irregular ou clandestino, inclusive o exercido em residência.
§ 2º – Incorre na mesma pena quem vende ou entrega arma de fogo, acessório ou munição, sem autorização ou em desacordo com determinação legal ou regulamentar, a agente policial disfarçado, quando presentes elementos probatórios razoáveis de que a conduta criminal preexiste.

1. Objetividade jurídica. A incolumidade pública, no sentido de se evitar que armas ilegais, acessórios ou munições entrem em circulação. A pena do delito foi aumentada com a aprovação da Lei n. 13.964/2019.

A Lei n. 13.964/2019, conferiu natureza hedionda a essa modalidade de infração penal.

2. Sujeito ativo. Trata-se de crime próprio, já que o tipo penal exige que o delito seja cometido por comerciante ou industrial. Ocorre que o dispositivo é de grande abrangência na medida em que o seu parágrafo único equiparou à atividade comercial ou industrial qualquer forma de prestação de serviços, fabricação ou comércio irregular ou clandestino, inclusive o exercido em residência.

Se o delito for cometido por qualquer das pessoas elencadas nos arts. 6º, 7º e 8º da Lei, a pena será aumentada em metade (art. 20 – *v.* comentários).

3. Sujeito passivo. A coletividade.

4. Crime de perigo. O delito em análise é também crime de perigo abstrato e de mera conduta porque dispensa prova de que pessoa determinada tenha sido exposta a efetiva situação de risco, bem como a superveniência de qualquer resultado.

5. Elementos do tipo

a) **Ações nucleares:** são aquelas típicas de comerciantes e industriais, como, adquirir, alugar, receber, transportar, conduzir, ocultar, ter em depósito, desmontar, montar, remontar, adulterar, vender, expor à venda, ou de qualquer forma utilizar arma de fogo, acessório ou munição. O dispositivo não faz distinção entre arma de uso permitido ou restrito, mas o art. 19 da Lei determina que a pena será aumentada em metade no último caso (*v.* comentários).

b) **Elemento normativo do tipo:** é contido na expressão "sem autorização ou em desacordo com determinação legal ou regulamentar". Assim, comete o crime o agente que não tem autorização para vender arma, ou aquele que descumpre determinação legal, como, por exemplo, não mantendo a arma registrada em nome da empresa antes da venda da arma (art. 4º, § 4º, da Lei n. 10.826/2003), ou vendendo munição de calibre diverso (art. 4º, § 2º); ou regulamentar, como no caso descumprimento dos preceitos do art. 17 do Decreto n. 11.615/2023. Igualmente haverá crime na venda de munição sem a apresentação do registro da arma, ou em quantidade superior à permitida etc.

6. Consumação. Em se tratando de crime de mera conduta, a consumação ocorre no momento da ação, independentemente de qualquer resultado.

7. Tentativa. Em tese é possível, como, por exemplo, tentar adquirir arma de fogo.

8. Vedação de liberdade provisória. O art. 21 da Lei n. 10.826/2003 proíbe a concessão de liberdade provisória ao crime em análise. O Supremo Tribunal Federal, todavia, declarou a inconstitucionalidade desse dispositivo, em 2 de maio de 2007, no julgamento da ADIn 3.112, de modo que o juiz pode conceder a liberdade provisória aos autores desse tipo de infração penal, desde que presentes os requisitos exigidos para o benefício pelo Código de Processo Penal.

9. Figura equiparada. De acordo com o § 2º do art. 17, "incorre na mesma pena quem vende ou entrega arma de fogo, acessório ou munição, sem autorização ou em desacordo com determinação legal ou regulamentar, a agente policial disfarçado, quando presentes elementos probatórios razoáveis de que a conduta criminal preexiste". A finalidade é evitar a alegação de crime impossível.

2.9. TRÁFICO INTERNACIONAL DE ARMA DE FOGO

Art. 18 – Importar, exportar, favorecer a entrada ou saída do território nacional, a qualquer título, de arma de fogo, acessório ou munição, sem autorização da autoridade competente:
Pena – reclusão de 8 a 16 anos, e multa.
Parágrafo único – incorre na mesma pena quem vende ou entrega arma de fogo, acessório ou munição, sem autorização ou em desacordo com determinação legal ou regulamentar, a agente policial disfarçado, quando presentes elementos probatórios razoáveis de que a conduta criminal preexiste.

1. Objetividade jurídica. A incolumidade pública, no sentido de se evitar o comércio internacional de arma de fogo, acessório ou munição.

A Lei n. 13.964/2019, conferiu natureza hedionda a essa modalidade de infração penal.

2. Sujeito ativo. Pode ser cometido por qualquer pessoa. Trata-se de crime comum.

Se o delito for cometido por qualquer das pessoas elencadas nos arts. 6º, 7º e 8º da Lei, a pena será aumentada em metade (art. 20 – *v.* comentários). Não se tratando de uma dessas pessoas, mas sendo o agente funcionário público, responderá também por crime de corrupção passiva, caso tenha recebido alguma vantagem para facilitar a entrada ou saída da arma no território nacional.

3. Sujeito passivo. A coletividade.

4. Crime de perigo. O delito em análise é também crime de perigo abstrato e de mera conduta porque dispensa prova de que pessoa determinada tenha sido exposta a efetiva situação de risco, bem como a superveniência de qualquer resultado.

5. Elementos do tipo. Importar é fazer entrar a arma, acessório ou munição no território nacional, e exportar é fazer sair. A lei também pune quem favorece tal entrada ou saída, de modo que o agente é considerado autor e não partícipe do crime.

O dispositivo não faz distinção entre importação ou exportação de arma de uso permitido ou restrito, mas o art. 19 da Lei determina que a pena será aumentada em metade no último caso (*v.* comentários).

6. Consumação. O crime se consuma quando o objeto material entra ou sai do território nacional. No caso de importação, se o agente entrar com a arma no Brasil e for preso na alfândega, o crime já estará consumado.

7. Tentativa. É possível.

8. Vedação de liberdade provisória. O art. 21 da Lei n. 10.826/2003 proíbe a concessão de liberdade provisória ao crime em análise. O Supremo Tribunal Federal, todavia, declarou a inconstitucionalidade desse dispositivo, em 2 de maio de 2007, no julgamento da ADIn 3.112, de modo que o juiz pode conceder a liberdade provisória aos autores desse tipo de infração penal, desde que presentes os requisitos exigidos para o benefício pelo Código de Processo Penal.

9. Figura equiparada. De acordo com o parágrafo único do art. 18, "incorre na mesma pena quem vende ou entrega arma de fogo, acessório ou munição, sem autorização ou em desacordo com determinação legal ou regulamentar, a agente policial disfarçado, quando presentes elementos probatórios razoáveis de que a conduta criminal preexiste". A finalidade é evitar a alegação de crime impossível.

2.10. CAUSAS DE AUMENTO DE PENA

A Lei n. 10.826/2003, em dois artigos, determinou o acréscimo de metade da pena para alguns de seus ilícitos penais:

> Art. 19 – Nos crimes previstos nos arts. 17 e 18, a pena é aumentada da metade se a arma de fogo, acessório ou munição forem de uso restrito ou proibido.

O acréscimo só é aplicável aos crimes de comércio ilegal (art. 17) e tráfico internacional de armas de fogo (art. 18). O aumento decorre da maior lesividade das armas de uso proibido ou restrito.

> Art. 20 – Nos crimes previstos nos arts. 14, 15, 16, 17 e 18, a pena é aumentada da metade se:
> I – forem praticados por integrante dos órgãos e empresas referidas nos arts. 6º, 7º e 8º desta Lei, ou;
> II – o agente for reincidente específico em crimes dessa natureza.

Essa regra vale para os crimes de porte ilegal de arma de fogo de uso permitido (art. 14), disparo de arma de fogo (art. 15), porte ilegal de arma de uso proibido ou restrito (art. 16), comércio ilegal (art. 17) e tráfico internacional de armas de fogo (art. 18).

Refere-se a crimes cometidos por integrantes das Forças Armadas, policiais civis ou militares, integrantes das guardas municipais, agentes operacionais da Agência Brasileira de Inteligência e do Departamento de Segurança do Gabinete de Segurança Institucional da Presidência da República, policiais da Câmara dos Deputados ou do Senado Federal, agentes e guardas prisionais, integrantes de escolta de presos, guardas portuários, funcionários de empresas de segurança privada ou de transporte de valores, seguranças dos tribunais do Poder Judiciário e do Ministério Público e integrantes de entidades desportivas.

Segundo Damásio de Jesus, o aumento só se justifica quando o delito for praticado no exercício da função ou em razão dela, ainda que fora da atividade funcional, ou da realização da atividade profissional (Informativo *Phoenix*, março de 2004, n. 6).

A hipótese do inciso II foi inserida pela Lei n. 13.964/2019, e refere-se ao agente que comete pela segunda vez um dos crimes elencados no dispositivo (arts. 14, 15, 16, 17 e 18).

3 VEDAÇÃO DE LIBERDADE PROVISÓRIA

> Art. 21 – Os crimes previstos nos arts. 16, 17 e 18 são insuscetíveis de liberdade provisória.

A lei se refere a todos os crimes do art. 16, bem como ao comércio ilegal (art. 17) e tráfico internacional de armas de fogo (art. 18). O Supremo Tribunal Federal, todavia, no julgamento da ADIn 3.112, ocorrido em 2 de maio de 2007, declarou a inconstitucionalidade desse dispositivo, de modo que, atualmente, a pessoa presa em flagrante por um desses crimes poderá obter a liberdade provisória, desde que ausentes as vedações do art. 324 do CPP, ou seja, que o réu não tenha quebrado a fiança anteriormente concedida, que não tenha descumprido as obrigações de comparecimento a todos os atos do processo e que estejam ausentes os requisitos da prisão preventiva.

4 DESTRUIÇÃO DOS OBJETOS APREENDIDOS

O art. 25 do Estatuto dispõe que as armas de fogo, acessórios e munições que não mais interessarem à persecução penal, ou que não constituam prova em inquérito policial ou ação penal, deverão ser encaminhados pelo juiz competente ao Comando do Exército, no prazo máximo de quarenta e oito horas, para destruição ou posterior doação aos órgãos de segurança pública ou às Forças Armadas.

5 REGISTROS BALÍSTICOS (ART. 34-A)

Os registros de elementos de munição deflagrados por armas de fogo relacionados a crimes serão armazenados no Banco Nacional de Perfis Balísticos, a fim de subsidiar apurações criminais federais, estaduais e distritais. Referido Banco será gerido pela unidade oficial de perícia criminal.

O Banco Nacional de Perfis Balísticos tem como objetivo cadastrar armas de fogo e armazenar características de classe e individualizadoras de projéteis e de estojos de munição deflagrados por arma de fogo (art. 34-A, § 1º). É vedada a comercialização parcial ou total dos dados armazenados, que têm caráter sigiloso. Quem permitir ou promover sua utilização para fins diversos dos previstos em lei ou em decisão judicial responderá civil, penal e administrativamente.

6 REFERENDO POPULAR

No Capítulo VI da Lei n. 10.826/2003, que trata das chamadas "disposições finais", estabeleceu o legislador uma regra que só entraria em vigor se fosse aprovada por referendo popular. Esse dispositivo (art. 35, *caput*, e § 1º) proibia a comercialização de arma de fogo e munição em todo o território nacional, exceto para as entidades previstas no art. 6º. O referendo foi realizado no dia 23 de outubro de 2005 e o dispositivo foi rejeitado por 63,94% dos eleitores, de modo que não se encontra proibida a venda de armas e munições no território nacional, embora a aquisição pressuponha certas condições, conforme já estudado no tópico 2.1, no subtítulo *Elementos do tipo*.

Em suma, o Estatuto do Desarmamento dificultou a aquisição e a autorização para o porte de arma de fogo e munição, mas a efetiva proibição foi rechaçada pelo referendo popular.

7 REVOGAÇÃO DA LEI N. 9.437/97

O art. 36 da Lei n. 10.826/2003 revogou expressamente a Lei n. 9.437/97.

Essa revogação tem grande relevância no que se refere à qualificadora elencada no art. 10, § 3º, IV, da Lei n. 9.437/97, que estabelecia pena maior a quem cometesse um dos crimes da lei e possuísse condenação anterior por crime contra pessoa, patrimônio ou tráfico de entorpecentes, já que tal dispositivo não foi repetido no Estatuto do Desarmamento, de modo que, atualmente, a circunstância de possuir condenação anterior só pode ser reconhecida na forma da agravante genérica da reincidência (art. 61, I, do CP), como, aliás, sempre ocorreu com os demais delitos. Houve, portanto, *novatio legis in mellius* (art. 2º, parágrafo único, do CP), inviabilizando a aplicação da referida qualificadora até mesmo para fatos ocorridos antes da entrada em vigor do novo Estatuto, bem como beneficiando as pessoas já condenadas. Com efeito, estabelece o Código Penal que a lei posterior, que de qualquer modo favoreça o agente, aplica-se aos fatos anteriores (art. 2º, parágrafo único), tendo, portanto, caráter retroativo.

Legislação Penal Especial

Quadro sinótico – Armas de fogo (Estatuto do Desarmamento)

Registro e porte	Segundo o art. 5º do Estatuto do Desarmamento, o registro da arma regularmente adquirida dá direito ao proprietário de mantê-la no interior de sua residência ou dependência desta, ou em seu local de trabalho, desde que seja o titular ou responsável pelo estabelecimento.
Registro e porte	O porte de arma é, em regra, proibido em todo território nacional, exceto para determinadas autoridades que, por lei, têm direito a ele (juízes, promotores de justiça, policiais etc.) e para aqueles que, demonstrando a necessidade, obtenham autorização para o porte junto à Polícia Federal, desde que preencham os requisitos legais. O porte autoriza o seu titular a trazer a arma consigo.
Objeto material	As armas de fogo foram divididas pelo Estatuto da seguinte forma: a) armas de uso permitido – para as quais teoricamente é possível a obtenção do porte em caso de comprovada necessidade e preenchimento dos requisitos legais; b) armas de uso proibido ou restrito – para as quais não é possível a obtenção do porte. A classificação em uma ou outra categoria consta do Decreto n. 11.615/2023 e leva em conta fatores como calibre, comprimento do cano, forma de repetição (automática, semiautomática etc.). Trata-se, pois, de norma penal em branco. Inovação do Estatuto foi a de punir também a posse e o porte de munição ou acessório de arma de fogo.
Crimes de posse e porte de arma, munição ou acessório	Os principais tipos penais do Estatuto levam em conta os fatores: inexistência de registro ou de porte, e espécie de armamento (de uso permitido ou proibido).
Crimes de posse e porte de arma, munição ou acessório	No art. 12, pune-se com detenção, de um a dois anos, a posse de arma de uso permitido, na própria residência ou local de trabalho, sem o devido registro. Pune-se também a posse da respectiva munição ou acessório. No art. 14, pune-se com reclusão, de dois a quatro anos, o porte de arma de fogo de uso permitido, sem a devida autorização. Ex.: pessoa que está em via pública com uma arma de fogo de calibre 32 na cintura e que não possui o porte de arma. O dispositivo pune também o porte de munição ou de acessórios de armas de fogo, bem como outras condutas envolvendo arma de fogo de uso permitido: aquisição, fornecimento a terceiro, transporte, empréstimo etc. Caso se trate de arma de uso restrito, o enquadramento será no art. 16, *caput*, do Estatuto, mas se a arma for de uso proibido, será em seu art. 16, § 2º, quer se trate de posse de arma sem o devido registro, quer se trate de porte não autorizado. No primeiro caso, a pena é de reclusão, de três a seis anos, e no segundo, de quatro a doze anos Em se tratando de posse ou porte de arma com numeração raspada ou suprimida, o enquadramento será no art. 16, §1º, IV, do Estatuto, quer se trate de arma de uso permitido ou restrito. Se a arma com numeração raspada for de uso proibido, o enquadramento igualmente será no art. 16, § 1º, IV, mas a pena é aquela do art. 16, § 2º.
Outros ilícitos penais do Estatuto	Existem vários outros crimes previstos no Estatuto: No art. 13, *caput*, é punido quem deixa de observar as cautelas necessárias para impedir que menor de 18 anos ou portador de doença mental se apodere de arma de fogo. Em seu parágrafo único, pune-se o dono ou diretor de empresa de segurança ou de transporte de valores que deixa de registrar, no prazo de 24 horas, o furto, roubo, perda ou outra forma de extravio de arma de fogo, acessório ou munição que estejam sob sua guarda. No art. 15 pune-se o disparo de arma de fogo em via pública ou em direção a ela, em local habitado ou suas adjacências.

Outros ilícitos penais do Estatuto	No parágrafo único do art. 16 punem-se várias condutas, como as de suprimir ou alterar numeração de arma de fogo; modificar as características de arma para torná-la equivalente a uma de uso proibido ou restrito; possuir, fabricar ou empregar artefato explosivo ou incendiário; vender arma de fogo ou fornecê-la, ainda que gratuitamente, a pessoa menor de 18 anos; produzir, recarregar ou reciclar munição ou explosivo. Além disso, no art. 17 está incriminado o comércio ilegal de arma de fogo, crime próprio que só pode ser cometido por comerciante ou fabricante de arma, munição ou acessório e, no art. 18, o tráfico internacional de armas.
Modalidades hediondas	A Lei n. 13.964/2019 modificou a Lei n. 8.072/90, passando a considerar como crimes hediondos: a) o crime de posse ou porte ilegal de arma de fogo de uso proibido; b) o crime de comércio ilegal de armas de fogo; c) o crime de tráfico internacional de arma de fogo, acessório ou munição.

Capítulo VI
Contravenções penais

I – PARTE GERAL DAS CONTRAVENÇÕES

1 INTRODUÇÃO

As contravenções estão previstas, em regra, no Decreto-Lei n. 3.688/41, conhecido como Lei das Contravenções Penais. Há, entretanto, algumas outras contravenções previstas em leis especiais, como as do Decreto-Lei n. 6.259/44.

1.1. CLASSIFICAÇÃO DAS INFRAÇÕES PENAIS

As infrações penais, no Brasil, dividem-se em:
a) crimes;
b) contravenções.

A estrutura jurídica de ambas, todavia, é a mesma, ou seja, as infrações, incluindo os crimes e as contravenções, caracterizam-se por serem fatos típicos e antijurídicos. Em razão disso é que Nélson Hungria definiu a contravenção como "crime anão", já que nada mais é do que um "delito" com menores consequências e sanções de menor gravidade. Por isso é que se diz que a tipificação de um fato como crime ou contravenção depende exclusivamente da vontade do legislador. Um fato considerado mais grave deve ser tipificado pelo legislador como crime e um menos grave, como contravenção.

Como, então, diferenciá-los?

A diferença mais importante é dada pelo art. 1º da Lei de Introdução ao Código Penal e refere-se à pena:

"Art. 1º Considera-se crime a infração penal a que a lei comina pena de reclusão ou de detenção, quer isoladamente, quer alternativa ou cumulativamente com a pena de multa; contravenção, a infração penal a que a lei comina, isoladamente, pena de prisão simples ou de multa, ou ambas, alternativa ou cumulativamente".

Temos, portanto, as seguintes possibilidades em relação à pena para os crimes: **a)** reclusão; **b)** reclusão e multa; **c)** reclusão ou multa; **d)** detenção; **e)** detenção e multa; **f)** detenção ou multa.

A pena de multa nunca é cominada isoladamente aos crimes.

Com relação às contravenções, temos as seguintes hipóteses: **a)** prisão simples; **b)** prisão simples e multa; **c)** prisão simples ou multa; **d)** multa.

Existem, ainda, outras diferenças importantes:
a) os crimes podem ser de ação pública (condicionada ou incondicionada) ou privada; as contravenções sempre se apuram mediante ação penal pública incondicionada;
b) nos crimes, a tentativa é punível; nas contravenções, não;
c) em certos casos, os crimes cometidos no exterior podem ser punidos no Brasil, desde que presentes os requisitos legais. Já as contravenções cometidas no exterior nunca podem ser punidas no Brasil.

2 APLICAÇÃO DAS REGRAS GERAIS DO CÓDIGO PENAL

> Art. 1º – Aplicam-se às contravenções as regras gerais do Código Penal, sempre que a presente Lei não disponha de modo diverso.

Esse artigo consagra o princípio da especialidade. De acordo com ele, quando a Lei das Contravenções Penais regular um assunto de determinada forma, será ela aplicada. Se a Lei das Contravenções Penais, porém, nada dispuser sobre tal assunto, aplicar-se-ão as regras gerais do Código Penal, como, por exemplo, aquelas referentes às excludentes de ilicitude, concurso de agentes e de infrações penais, causas extintivas da punibilidade etc.

3 TERRITORIALIDADE

> Art. 2º – A lei brasileira só é aplicável à contravenção praticada no território nacional.

Esse artigo consagrou o princípio da territorialidade exclusiva em relação às contravenções. A Lei das Contravenções Penais só tem aplicação para os fatos praticados dentro do território nacional. Veja-se que, com relação aos crimes, é possível a aplicação da lei brasileira a fatos cometidos no exterior, desde que presentes certos requisitos previstos no art. 7º do Código Penal. É a chamada extraterritorialidade da lei penal brasileira, que vigora apenas em relação aos crimes.

4 VOLUNTARIEDADE, DOLO E CULPA

> Art. 3º – Para a existência da contravenção, basta a ação ou omissão voluntária. Deve-se, todavia, ter em conta o dolo ou a culpa, se a lei faz depender, de um ou de outra, qualquer efeito jurídico.

Com relação aos crimes, a conduta é sempre dolosa ou culposa. De acordo com o art. 3º da Lei das Contravenções Penais, porém, para a existência da contravenção, basta a ação ou a omissão voluntária, independentemente de dolo ou culpa. Por esse dispositivo, não se analisa a intenção do agente. Investiga-se, simplesmente, se ele realizou ou não a conduta. É a chamada voluntariedade, que significa a simples vontade de realizar a conduta do tipo, despida de qualquer intenção ou direção. O art. 3º, entretanto, faz uma ressalva, possibilitando que a Parte Especial da Lei das Contravenções Penais traga exceções a tal regra, exigindo em uma ou outra contravenção a existência do dolo ou da culpa. Nesses casos, a contravenção só estará configurada com a ocorrência desses elementos. Exs.: **a)** os arts. 26, 29 (2ª parte), 30 e 31 (2ª parte) da Lei das Contravenções Penais exigem culpa; **b)** o art. 21 exige dolo.

Temos, assim, as contravenções típicas ou próprias (regra) e as contravenções atípicas ou impróprias, que incluem dolo ou culpa.

Muitos autores, todavia, entendem que esse dispositivo não tem mais aplicação. Damásio de Jesus, por exemplo, cuidando da matéria, assim se manifestou: "hoje, ..., adotada a teoria finalista da ação e vedada a responsabilidade objetiva pela reforma penal de 1984, o disposto na última parte do art. 3º, em que se diz prescindir a contravenção de dolo ou culpa, salvo casos excepcionais, está superado: a contravenção, assim como o crime, exige dolo ou culpa, conforme a descrição típica. O dolo se apresenta como elemento subjetivo implícito no tipo; a culpa, como elemento normativo. Ausentes, o fato é atípico. Veja-se, entretanto, que a admissão da modalidade culposa, nas contravenções, é diferente do sistema do Código Penal. Neste, a culpa deve ser expressa (art. 18, parágrafo único). Nas hipóteses em que a infração é culposa, a Lei das Contravenções Penais não emprega as expressões usuais do Código Penal, como 'se o crime é culposo', 'no caso de culpa' etc. A existência da modalidade culposa, nas contravenções, decorre da própria descrição legal do fato. Ex.: 'dar causa a desabamento de construção **por erro no projeto**' (art. 31, *caput*). A culpa decorre da própria natureza do fato definido na norma. É necessário, portanto, que a lei contravencional contenha referência à modalidade culposa, empregando termos indicativos da ausência de cuidado na realização da conduta. Ausentes, significa que a contravenção só admite dolo, sendo atípico o fato culposo. Assim, as vias de fato são estritamente dolosas, uma vez que o art. 21 da Lei das Contravenções Penais não contém redação recepcionando o comportamento culposo" (Damásio de Jesus, *Lei das Contravenções Penais anotada*, 8. ed., São Paulo, Saraiva, 2001).

5 TENTATIVA

Art. 4º – Não é punível a tentativa de contravenção.

A maioria das contravenções é infração de mera conduta e unissubsistente, nas quais não é possível a ocorrência da tentativa. Há, porém, algumas contravenções em que seria possível a sua existência, como nas vias de fato do art. 21 da Lei das Contravenções Penais (vias de fato: agressão perpetrada sem intenção de lesionar). Ora, se alguém quer dar um tapa no rosto de outro e a vítima desvia, pratica, sem sombra de dúvidas, tentativa de vias de fato. O legislador, entretanto, preferiu afastar expressamente essa possibilidade, declarando não ser punível a tentativa de contravenção.

Na verdade, o legislador adotou esse critério por política criminal, em virtude da pequena potencialidade lesiva de uma eventual tentativa de contravenção. Hipótese muito comum de tentativa impunível ocorre na contravenção do jogo do bicho, quando o apostador é flagrado antes de entregar o dinheiro ao tentar efetuar uma aposta. Teríamos, nesse caso, tentativa de jogo do bicho, mas a lei considera o fato impunível.

6 PENAS PRINCIPAIS

Art. 5º – As penas principais são:
I – prisão simples;
II – multa.

1. Prisão simples (art. 6º, *caput*, da LCP). É cumprida, sem rigor penitenciário, em cadeia pública, no regime semiaberto ou aberto (a espécie de regime dependerá da pena aplicada e de eventual reincidência). O preso ficará sempre separado dos condenados a penas de reclusão ou detenção (art. 6º, § 1º). O trabalho será facultativo se a pena aplicada não exceder a quinze dias (art. 6º, § 2º).

Observações:
a) É incabível prisão preventiva nas contravenções. Isso porque o art. 312 do Código de Processo Penal diz que esta espécie de prisão só é possível nos crimes.
b) Como todas as contravenções são consideradas infrações de menor potencial ofensivo, aplica-se em relação a elas o art. 69, parágrafo único, da Lei n. 9.099/95, que veda a lavratura do auto de prisão em flagrante e a exigência de fiança sempre que o agente for de imediato conduzido ao Juizado Criminal ou assumir o compromisso de fazê-lo assim que possível.
c) Aplica-se às contravenções o art. 11 do Código Penal, que diz que as frações de dia devem ser desprezadas na pena. Por isso, se o juiz aumentar de metade uma pena de quarenta e cinco dias de prisão simples, aplicará pena final de sessenta e sete dias. A fração restante (doze horas) não será computada.

2. Multa. Originariamente, o seu valor era tratado em contos de réis ou cruzeiros. Atualmente, aplica-se o critério de dias-multa previsto no Código Penal. A quantidade de dias-multa varia de dez a trezentos e sessenta dias, e o valor do dia-multa pode variar de um trinta avos a cinco vezes o maior salário mínimo vigente no País. Na fixação do número de dias-multa devem-se levar em conta as circunstâncias judiciais do art. 59 do Código Penal. Na fixação do valor de cada dia-multa deve ser considerada, principalmente, a situação econômica do condenado (art. 60, *caput*, do CP).

As frações de dia-multa também devem ser desprezadas, bem como as frações da unidade monetária.

A regra do art. 9º da Lei das Contravenções Penais – que possibilitava a conversão da pena de multa em prisão simples em caso de inadimplemento do condenado, acompanhando as regras do Código Penal – foi revogada pela Lei n. 9.268/96, que alterou a redação do art. 51 do Código Penal, estabelecendo que a pena de multa não paga deve ser executada para a cobrança do valor.

7 REINCIDÊNCIA

> **Art. 7º** – Verifica-se a reincidência quando o agente pratica uma contravenção depois de passar em julgado a sentença que o tenha condenado, no Brasil ou no estrangeiro, por qualquer crime, ou, no Brasil, por motivo de contravenção.

De acordo com a legislação penal vigente, pela conjugação do art. 7º da Lei das Contravenções Penais com o art. 63 do Código Penal, temos as seguintes hipóteses em relação à reincidência:

a) quem pratica nova contravenção após ter sido condenado por outra contravenção no Brasil é reincidente (art. 7º da LCP);

b) quem comete nova contravenção após ter sido condenado por outra contravenção no exterior não é reincidente, já que a hipótese não foi mencionada pelo art. 7º da Lei das Contravenções Penais;

c) quem pratica crime após ter sido condenado por contravenção não é reincidente, pois a hipótese não foi prevista no art. 63 do Código Penal e tampouco no art. 7º da Lei das Contravenções Penais;

d) quem comete crime depois de ter sido condenado por outro crime, no Brasil ou no exterior, é reincidente (art. 63 do CP);

e) quem comete contravenção depois de ter sido condenado por crime, no Brasil ou no exterior, é reincidente (art. 7º da LCP).

8 ERRO DE DIREITO

> **Art. 8º** – No caso de ignorância ou de errada compreensão da lei, quando escusáveis, a pena pode deixar de ser aplicada.

O art. 21 do Código Penal, em sua parte inicial, prevê que o desconhecimento da lei é inescusável. Todavia, o art. 8º da Lei das Contravenções Penais traz um caso de perdão judicial para a hipótese de haver desconhecimento escusável da lei (considera-se escusável o erro em que qualquer pessoa comum incidiria, nas mesmas circunstâncias). O perdão judicial tem natureza jurídica de causa extintiva da punibilidade, nos termos do art. 107, IX, do Código Penal. Desse modo, após reconhecer a existência da contravenção e a culpabilidade do agente, o juiz pode deixar de aplicar a pena respectiva, conforme a previsão do art. 8º.

Legislação Penal Especial

Damásio de Jesus, com o aplauso de vários outros doutrinadores, entende, no entanto, que o art. 8º da Lei das Contravenções Penais encontra-se revogado desde 1984. O raciocínio é o seguinte: o art. 8º da Lei das Contravenções Penais foi elaborado na mesma época do antigo art. 16 do Código Penal. Esse artigo dizia ser irrelevante o erro de direito quanto aos crimes, ainda que fosse escusável. Com a reforma penal de 1984, ele foi substituído pelo art. 21, que trata do chamado erro de proibição. Nesse dispositivo, o legislador diz que o erro sobre a ilicitude do fato, se inevitável (isto é, escusável), exclui a culpabilidade, devendo o réu ser absolvido. Ora, se no crime, que é infração mais grave, o desconhecimento da lei exclui a culpabilidade, seria injusto que nas contravenções (infrações de menor gravidade) tal circunstância funcionasse como mero perdão judicial. Por isso, entende-se que o art. 8º foi revogado pelo art. 21 do Código Penal e, assim, desde que escusável o erro, haverá exclusão da culpabilidade com a consequente absolvição.

9 LIMITE DAS PENAS

> Art. 10 – A duração da pena de prisão simples não pode, em caso algum, ser superior a cinco anos, nem a importância das multas ultrapassar cinquenta contos de réis.

O limite da pena de prisão vale mesmo em caso de concurso de contravenções.

A menção à pena de multa encontra-se revogada, conforme já estudado.

10 SUSPENSÃO CONDICIONAL DA PENA E LIVRAMENTO CONDICIONAL

> Art. 11 – Desde que reunidas as condições legais, o juiz pode suspender, por tempo não inferior a um ano nem superior a três, a execução da pena de prisão simples, bem como conceder livramento condicional.

Os requisitos para o *sursis* são os mesmos do Código Penal, ou seja, aqueles previstos no art. 77: **a)** que a pena imposta na sentença não seja superior a dois anos; **b)** que não seja cabível a substituição por pena restritiva de direitos; **c)** que as circunstâncias judiciais do art. 59 do Código Penal sejam favoráveis ao condenado; **d)** que o réu não seja reincidente.

O período de prova para as contravenções é de um a três anos, enquanto nos crimes é de dois a quatro.

As regras de revogação e prorrogação do *sursis*, previstas no art. 81 do Código Penal, aplicam-se às contravenções.

É também cabível nas contravenções o livramento condicional que é uma antecipação provisória da liberdade do condenado a pena igual ou superior a dois anos, mediante o cumprimento de parte da pena e o preenchimento dos demais requisitos do art. 83 do Código Penal.

11 MEDIDAS DE SEGURANÇA

> Art. 13 – Aplicam-se, por motivo de contravenção, as medidas de segurança estabelecidas no Código Penal, à exceção do exílio local.

As medidas de segurança previstas no Código Penal são a internação em hospital de custódia e tratamento psiquiátrico e o tratamento ambulatorial. Como as contravenções têm menor potencial ofensivo, é normalmente indicado o tratamento ambulatorial (art. 97 do CP).

A referência ao exílio local foi revogada, uma vez que essa modalidade de medida de segurança foi extinta pela reforma penal de 1984.

O art. 16 da Lei das Contravenções Penais prevê que o prazo mínimo de duração da internação em manicômio judiciário ou em casa de custódia e tratamento é de seis meses. Em seu parágrafo único, diz que o juiz pode, em vez de decretar a internação, submeter o indivíduo a liberdade vigiada. A regra deste parágrafo, contudo, também se encontra revogada, pois não existe mais liberdade vigiada na legislação penal.

Art. 12 da LCP – revogado pela Lei n. 7.209/84.
Art. 14 da LCP – revogado pela Lei n. 7.209/84.
Art. 15 da LCP – revogado pela Lei n. 7.209/84.

12 AÇÃO PENAL

Art. 17 – A ação penal é pública, devendo a autoridade proceder de ofício.

O art. 26 do Código de Processo Penal previa que, nas contravenções, a ação penal iniciava-se pelo auto de prisão em flagrante ou por portaria baixada pelo juiz. O rito era o sumaríssimo previsto nos arts. 531 a 537 do Código Processual. Esses dispositivos, entretanto, não foram recepcionados pela Constituição de 1988, que, em seu art. 129, I, atribuiu ao Ministério Público a titularidade exclusiva da ação pública. Assim, a ação penal deve se iniciar por denúncia do Ministério Público, já que nas contravenções a ação é pública de acordo com o art. 17 da Lei das Contravenções Penais.

Atualmente, o rito para a apuração das contravenções é o rito sumaríssimo estabelecido nos arts. 77 e seguintes da Lei n. 9.099/95, uma vez que todas as contravenções são infrações de menor potencial ofensivo, admitindo-se, inclusive, a transação penal e a suspensão condicional do processo, desde que presentes os requisitos legais.

As contravenções penais são sempre julgadas na Justiça Estadual, ainda que conexas com crime de competência da Justiça Federal ou que atinjam bens, serviços ou interesses da União, uma vez que o art. 109, IV, segunda parte, da Constituição Federal, expressamente previu que a Justiça Federal não julga contravenções penais. Nesse sentido, a Súmula 38 do STJ: Compete à Justiça Estadual Comum, na vigência da Constituição de 1988, o processo por contravenção penal, ainda que praticada em detrimento de bens, serviços ou interesse da União ou de suas entidades.

II – PARTE ESPECIAL DAS CONTRAVENÇÕES

Tendo em vista as características desta obra, serão abordadas apenas as principais contravenções de cada capítulo.

13 DAS CONTRAVENÇÕES REFERENTES À PESSOA (CAPÍTULO I)

13.1. FABRICO, COMÉRCIO OU DETENÇÃO DE ARMA OU MUNIÇÃO

Art. 18 – Fabricar, importar, exportar, ter em depósito ou vender, sem permissão da autoridade, arma ou munição:
Pena – prisão simples, de três meses a um ano, ou multa, ou ambas cumulativamente, se o fato não constitui crime contra a ordem política ou social.

Legislação Penal Especial

Essa contravenção perdeu muito de sua importância, pois, em relação às armas de fogo e munições, o fabrico, o comércio e a detenção passaram a constituir crimes previstos na Lei n. 10.826/2003 (*Estatuto do Desarmamento* – v. comentários). O art. 18 da Lei das Contravenções Penais só continua tendo aplicação para as armas brancas: faca, punhal, soco inglês, espada etc.

13.2. PORTE DE ARMA

> Art. 19 – Trazer consigo arma fora de casa ou de dependência desta, sem licença da autoridade:
> Pena – prisão simples, de quinze dias a seis meses, ou multa, ou ambas cumulativamente.

1. Introdução. O art. 19 da Lei das Contravenções Penais deixou de ter aplicação em relação às armas de fogo, desde o advento da Lei n. 9.437/97, que transformou tal conduta em crime. Atualmente, os crimes envolvendo a posse e o porte de arma de fogo estão previstos na Lei n. 10.826/2003 (Estatuto do Desarmamento). O dispositivo, portanto, continua tendo incidência apenas para as armas brancas, como facões, punhais, sabres, espadas, soco inglês etc.

A jurisprudência, porém, tem se mostrado condescendente perante o porte de canivete, de faca de pequeno tamanho ou de faca trazida como meio de trabalho no meio rural. Diversa a situação de quem é surpreendido em um bar, trazendo consigo faca de trinta centímetros de comprimento, atingindo a lâmina quase dois terços dessa extensão (*JTACrimSP*, 90/387), ou portando em via pública um facão ou uma peixeira, uma navalha que não seja seu instrumento de trabalho etc.

Existe, ainda, entendimento amplamente minoritário de que o art. 19 estaria totalmente revogado, uma vez que não existe licença para portar arma branca (*v.* comentários adiante).

2. Objetividade jurídica. A incolumidade física e a saúde dos cidadãos.

3. Sujeito ativo. Trata-se de contravenção comum, que pode ser cometida por qualquer pessoa.

4. Sujeito passivo. O Estado.

5. Natureza jurídica. Trata-se de contravenção de perigo, que pune a mera possibilidade de dano que a pessoa armada pode causar. Assim, dispensa-se indagação quanto à intenção do agente ao portar a arma.

6. Elementos do tipo

a) **Trazer consigo:** equivale a portar a arma, tê-la junto a si, com possibilidade de usá-la a qualquer momento para ataque ou defesa. Não se exige, entretanto, que o agente a mantenha junto a seu corpo, bastando que a tenha ao seu alcance, de modo a poder usá-la a qualquer instante. Configura-se, pois, o porte com a detenção da arma, de forma que possa ser facilmente usada, trazendo-a na cintura, no bolso, sob o banco do carro, no porta-luvas etc.

b) **Fora de casa ou da dependência desta:** só existe a contravenção se o agente está fora de casa ou de suas dependências (pátios, jardins, garagem etc.). A jurisprudência entende que o porte de arma no território da própria fazenda do agente constitui o ilícito, pois nem toda propriedade deve ser considerada como "casa" para fins penais, devendo esse termo ser entendido como habitação, moradia.

O art. 150, § 4º, do Código Penal aplica-se à Lei das Contravenções Penais e prevê que estão compreendidos na expressão "casa":

I – qualquer compartimento habitado – casa, apartamento, barraco (a cela do preso, todavia, não pode ser considerada sua casa);

II – aposento ocupado de habitação coletiva (o porte de faca em quarto de pensão não configura a contravenção);

III – compartimento não aberto ao público, onde alguém exerce sua profissão (consultório, escritório etc.; repartição pública não pode ser considerada casa).

O art. 150, § 5º, do Código Penal, por sua vez, exclui da expressão "casa":

I – hospedaria, estalagem ou qualquer outra habitação coletiva, enquanto aberta (diz respeito às partes comuns do estabelecimento);

II – taverna, casa de jogo e outras do mesmo gênero (portar faca no interior de um bar caracteriza a contravenção).

Observação: Automóvel não é prolongamento da casa. O mesmo se diga acerca de caminhões (mesmo que o caminhoneiro o utilize para dormir), trens, aviões, navios etc. Nessas hipóteses, estará configurada a contravenção.

c) **Sem licença da autoridade:** trata-se do elemento normativo do tipo dessa contravenção. A opção de conceder ou não o porte a uma determinada pessoa está dentro do poder discricionário da autoridade responsável. Ocorre que, como não existe licença para o porte de armas brancas e considerando que o art. 19 da Lei das Contravenções Penais somente estaria em vigor em relação a estas, tal parte do dispositivo encontra-se sem aplicação prática.

7. Concurso de crimes

a) Com relação ao porte e aos crimes de homicídio e lesões corporais, aplica-se o princípio da consunção, segundo o qual o delito menos grave (meio) considera-se absorvido pelo crime-fim. O porte, dessa forma, é absorvido pelo homicídio ou pela lesão corporal. Se o agente, no entanto, portava um facão e matou a vítima a pauladas, há concurso material, porque o facão não foi utilizado como meio para a prática do homicídio.

b) Se alguém carrega duas armas ao mesmo tempo, responde por uma só contravenção, não havendo aplicação da regra do concurso formal. Isso porque há uma única situação de perigo.

8. Confisco da arma. Segundo o art. 91, II, *a*, do Código Penal, constitui efeito da condenação a perda em favor da União dos instrumentos do crime se o seu porte constitui fato ilícito. Diverge a jurisprudência acerca da incidência de tal norma às contravenções: **a)** não pode haver confisco porque o artigo fala em instrumento de crime e não em instrumento de contravenção. Impossível, pois, a interpretação ampliativa; **b)** há o confisco porque a palavra crime foi usada em sentido genérico, *lato sensu*, abrangendo também as contravenções. Além disso, o art. 1º da Lei das Contravenções Penais prevê que as normas do Código Penal aplicam-se às contravenções, desde que não haja disposição em contrário nesta Lei. Ora, como ela é omissa em relação ao confisco, é cabível a aplicação subsidiária do Código Penal, que possibilita ao juiz decretar a perda da arma. Ademais, interpretação diversa acabaria gerando situações absurdas, como a não aplicação às contravenções das regras da legítima defesa (art. 23) ou do concurso de pessoas (art. 29), uma vez que, em ambos os casos, a lei só se refere a crime. É a tese majoritária.

9. Causa de aumento de pena. Nos termos do art. 19, § 1º, da Lei das Contravenções Penais, a pena é aumentada de um terço até a metade se o agente já foi condenado, em sentença irrecorrível, por violência contra pessoa. Ex.: se já foi condenado por homicídio, roubo com emprego de violência, lesões corporais etc.

10. Figuras equiparadas. Segundo o art. 19, § 2º, incorre na pena de prisão simples, de quinze dias a três meses, ou multa, quem, possuindo arma ou munição:

Legislação Penal Especial

a) deixa de fazer comunicação ou entrega à autoridade, quando a lei o determina;
b) permite que alienado, menor de dezoito anos ou pessoa inexperiente no manejo da arma a tenha consigo;
c) omite as cautelas necessárias para impedir que dela se apodere facilmente alienado, menor de dezoito anos ou pessoa inexperiente em manejá-la.

Em relação às armas de fogo, tais condutas tipificam, atualmente, crime da Lei n. 10.826/2003 (Estatuto do Desarmamento).

13.3. VIAS DE FATO

> **Art. 21** – Praticar vias de fato contra alguém:
> **Pena** – prisão simples, de quinze dias a três meses, ou multa, se o fato não constitui crime.

1. Objetividade jurídica. A incolumidade pessoal.
2. Sujeitos ativo e passivo. Qualquer pessoa.
3. Elemento objetivo do tipo. O emprego de vias de fato consiste na violência ou no desforço físico sem a intenção de provocar dano à integridade corporal da vítima. Poderíamos dizer que é a agressão praticada sem intenção de lesionar. Ex.: empurrão, tapa, puxar o cabelo, beliscão etc. Aqui é desnecessária a realização de exame de corpo de delito, porque a vítima não sofre lesões corporais.

O que distingue a contravenção de vias de fato e o crime de tentativa de lesão corporal é a **intenção do agente**. No crime de lesão corporal o agente quer lesionar mas não consegue, enquanto na contravenção não existe tal intenção por parte do agressor. A provocação de eritema, isto é, vermelhidão da pele de pequena duração, não constitui lesão, caracterizando a contravenção, salvo se o agente queria machucar a vítima e só conseguiu causar o eritema. Quanto ao edema (inchaço), há divergência acerca da configuração de crime de lesões corporais ou da contravenção. Para alguns, depende do tamanho do edema.

A equimose e o hematoma configuram lesão corporal. Equimose é a mancha escura, resultante de rompimento de pequenos vasos sob a pele ou mucosas. É a roxidão. Hematoma é o tumor passageiro formado por sangue extravasado. É a equimose com inchaço.

De acordo com a Súmula n. 589 do Superior Tribunal de Justiça: "É inaplicável o princípio da insignificância nos crimes ou contravenções penais praticados contra a mulher no âmbito das relações domésticas".

Já a Súmula n. 588 do mesmo Superior Tribunal de Justiça diz que "A prática de crime ou contravenção penal contra a mulher com violência ou grave ameaça no ambiente doméstico impossibilita a substituição da pena privativa de liberdade por restritiva de direitos".

4. Subsidiariedade. As vias de fato constituem contravenção subsidiária, pois só se configuram se a violência não for meio de execução de algum crime. O próprio art. 21 prevê para as vias de fato penas de quinze dias a três meses, ou multa, **se o fato não constitui crime**. Trata-se de hipótese de subsidiariedade expressa ou explícita, pois consta do próprio texto legal. Assim, eventuais vias de fato empregadas para a prática de roubo, extorsão, estupro, ficam absorvidas.

5. Causa de aumento de pena. A pena será aumentada de um terço até a metade se a vítima é maior de 60 anos (art. 21, parágrafo único, da LCP, com redação dada pela Lei n. 10.741/2003 – Estatuto da Pessoa Idosa).

6. Ação penal. Apesar de o art. 17 da Lei das Contravenções Penais estabelecer que todas as contravenções se apuram mediante ação pública incondicionada, a jurisprudência vem entendendo que, nas vias de fato, a ação depende de representação, por analogia *in* *bonam partem*. Com efeito, após a Lei n. 9.099/95 ter passado a exigir representação no crime de lesão leve, por analogia deve a regra ser estendida à contravenção em análise, já que se trata de agressão de menor gravidade, pois nem sequer causa lesão. A ação penal, todavia, será incondicionada quando se tratar de vias de fato que envolva violência doméstica ou familiar contra a mulher, pois a lesão leve em tais hipóteses também se apura mediante ação pública incondicionada.

14 DAS CONTRAVENÇÕES REFERENTES AO PATRIMÔNIO (CAPÍTULO II)

14.1. INSTRUMENTO DE EMPREGO USUAL NA PRÁTICA DE FURTO

> Art. 24 – Fabricar, ceder ou vender gazua ou instrumento empregado usualmente na prática de crime de furto:
> Pena – prisão simples, de seis meses a dois anos, e multa.

1. Objetividade jurídica. O patrimônio. A norma visa evitar que se facilite o ataque ao patrimônio alheio.

2. Sujeito ativo. Qualquer pessoa.

3. Sujeito passivo. A coletividade, pois não ocorre efetiva lesão ao patrimônio de alguém. Trata-se de contravenção de perigo.

4. Condutas típicas

a) **Fabricar:** dar origem, manufaturar, criar, confeccionar. Compreende, ainda, a transformação de um objeto já existente, fazendo com que se torne apto a ser utilizado em furtos.

b) **Ceder:** emprestar, dar, fornecer, trocar.

c) **Vender:** alienar por qualquer forma, transferindo a propriedade.

Trata-se de contravenção de ação múltipla. A realização de mais de uma conduta, com relação ao mesmo objeto, constitui, portanto, contravenção única. Ex.: o sujeito fabrica gazua e depois a vende.

Quem simplesmente adquire o objeto não pratica a contravenção em estudo (já que não está prevista a modalidade "adquirir") nem receptação, que exige que o objeto seja produto de crime. Dependendo do caso, todavia, pode o agente responder pela contravenção do art. 25 da Lei das Contravenções Penais.

5. Objeto material

a) **Gazua:** chave falsa ou "mixa" (todo instrumento capaz de abrir uma fechadura ou cadeado). Normalmente é um pedaço de um ferro curvo.

b) **Outro instrumento empregado normalmente para a prática de furtos:** abrange os ganchos, pés de cabra, alavancas, limas, pinças etc. Com relação a estes, que podem ter outra destinação, a contravenção fica afastada se o agente provar a sua boa-fé.

6. Absorção. Se, após fabricar o objeto, o agente utiliza-o na prática de um furto, só responde por este, qualificado pelo emprego de chave falsa (art. 155, § 4º, III, do CP). A contravenção é mero meio para a execução do furto e fica por ele absorvida (princípio da consunção).

14.2. POSSE NÃO JUSTIFICADA DE INSTRUMENTO DE EMPREGO USUAL NA PRÁTICA DE FURTO

> Art. 25 – Ter alguém em seu poder, depois de condenado por crime de furto ou roubo, ou enquanto sujeito à liberdade vigiada ou quando conhecido como vadio ou

mendigo, gazuas, chaves falsas ou alteradas ou instrumentos empregados usualmente na prática de crime de furto, desde que não prove destinação legítima:

Pena – prisão simples, de dois meses a um ano, e multa.

1. **Objetividade jurídica.** O patrimônio.
2. **Sujeito ativo.** Trata-se de contravenção própria. Só pode ser praticada por pessoa que já foi anteriormente condenada por crime de furto ou roubo. Havendo previsão expressa na Lei, não pode haver interpretação extensiva para abranger pessoas condenadas por outros crimes contra o patrimônio, como estelionato, receptação etc. A condenação já deve ter transitado em julgado na data do fato. Além disso, se o agente já foi reabilitado (art. 94 do CP), não se configura a contravenção.

Podia também ser sujeito ativo aquele que estivesse sob liberdade vigiada. A liberdade vigiada, porém, espécie de medida de segurança, não existe mais em nossa legislação desde a reforma da Parte Geral do Código Penal, em 1984. Em razão disso, a norma está derrogada.

Por fim, o vadio (v. conceito junto ao art. 59 da LCP) e o mendigo (aquele que vive de esmolas) também podem ser autores dessa contravenção, desde que conhecidos como tais, conforme exige a descrição típica.

3. **Sujeito passivo.** A coletividade.
4. **Conduta típica.** Consiste em ter em seu poder algum dos objetos citados no tipo. Ter a posse abrange a detenção física e a disponibilidade imediata do instrumento, como no porta-luvas do carro etc. Se o agente, estando na posse do objeto, utiliza-o na prática de furto, só responde por este crime, ficando absorvida a contravenção.
5. **Objeto material.** São os mesmos da contravenção do art. 24.
6. **Ilegitimidade da posse.** Sem esta, não existe a contravenção. Trata-se de exigência da própria lei. Assim, se o agente justifica a posse do objeto, não responde pela infração. Em razão da descrição típica, verifica-se que essa contravenção possui uma caraterística que a diferencia dos demais ilícitos penais. Normalmente, a prova das elementares de uma infração cabe ao órgão acusador. Aqui a lei prevê a responsabilidade do agente "desde que não prove destinação legítima", cabendo, pois, o ônus da prova da destinação àquele que é encontrado na posse do objeto.
7. **Não recepção do dispositivo pela Constituição Federal.** O Plenário do Supremo Tribunal Federal, em 3 de outubro de 2013, ao julgar o Recurso Extraordinário 583.523, por unanimidade, "declarou não recepcionado pela Constituição Federal de 1988 o artigo 25 da Lei de Contravenções Penais, que considera como contravenção o porte injustificado de objetos como gazuas, pés de cabra e chaves michas por pessoas com condenações por furto ou roubo ou classificadas como vadios ou mendigos. Segundo o ministro Gilmar Mendes, relator do processo, o dispositivo da LCP é anacrônico e não foi recepcionado pela CF por ser discriminatório e contrariar o princípio fundamental da isonomia. A matéria teve repercussão geral reconhecida. O ministro Gilmar Mendes lembrou que a Lei de Contravenções Penais foi instituída por meio de decreto-lei, em 1941, durante o período ditatorial conhecido como Estado Novo. 'Não há como deixar de reconhecer o anacronismo do tipo penal que estamos a analisar. Não se pode admitir a punição do sujeito apenas pelo fato do que ele é, mas pelo que faz', afirmou. 'Acolher o aspecto subjetivo como determinante para caracterização da contravenção penal equivale a criminalizar, em verdade, a condição pessoal e econômica do agente, e não fatos objetivos que causem relevante lesão a bens jurídicos importantes ao meio social'. O RE 583.523 teve repercussão geral reconhecida pelo Supremo por tratar da admissibilidade constitucional da punição criminal de alguém pelo fato de já ter sido anteriormente condenado e, ainda, por discutir os limites constitucionais da noção de crime de perigo abstrato, o que demonstrou a necessidade de análise da constitucionalidade

da norma da LCP. Na ocasião em que foi reconhecida a repercussão geral, o STF considerou que o tema tem profundo reflexo no 'ius libertatis', bem jurídico fundamental, e, por este motivo, ultrapassa os limites subjetivos da causa". (Notícias STF – 3-10-2013: <http://www.stf.jus.br/portal/cms/verNoticiaDetalhe.asp?idConteudo=250053>).

14.3. EXPLORAÇÃO DA CREDULIDADE PÚBLICA

> Art. 27 – Explorar a credulidade pública mediante sortilégios, predição do futuro, explicação de sonho, ou práticas congêneres:
> Pena – prisão simples, de um a seis meses, e multa.

Essa conhecida contravenção foi expressamente revogada pela Lei n. 9.521/97.

15 DAS CONTRAVENÇÕES REFERENTES À INCOLUMIDADE PÚBLICA (CAPÍTULO III)

15.1. DISPARO DE ARMA DE FOGO

> Art. 28, *caput* – Disparar arma de fogo em lugar habitado ou em suas adjacências, em via pública ou em direção a ela:
> Pena – prisão simples, de um a seis meses, ou multa.

Essa conduta atualmente constitui crime previsto no art. 15 da Lei n. 10.826/2003 (Estatuto do Desarmamento).

15.2. DEFLAGRAÇÃO PERIGOSA DE FOGO DE ARTIFÍCIO

> Art. 28, parágrafo único – Incorre na pena de prisão simples, de quinze dias a dois meses, ou multa, quem, em lugar habitado ou em suas adjacências, em via pública ou em direção a ela, sem licença da autoridade, causa deflagração perigosa, queima fogo de artifício ou solta balão aceso.

Deflagração significa a detonação de fogos de artifício, como rojões, bombas de São João, busca-pés etc. De acordo com o texto legal, a contravenção só se aperfeiçoa se o fato causar perigo.

Balão é o invólucro de papel ou tecido que, com a injeção de ar quente, eleva-se pelo ar. Atualmente, a conduta se enquadra no art. 42 da Lei Ambiental (Lei n. 9.605/98).

Para que se caracterize a infração, o fato deve ser realizado "sem licença da autoridade" (elemento normativo do tipo). Se houver autorização, o fato será atípico.

A contravenção se consuma no momento da deflagração perigosa. Se atingir alguém provocando-lhe lesões corporais, configura-se o crime do art. 129 do Código Penal.

15.3. OMISSÃO DE CAUTELA NA GUARDA OU CONDUÇÃO DE ANIMAIS

> Art. 31, *caput* – Deixar em liberdade, confiar à guarda de pessoa inexperiente, ou não guardar com a devida cautela animal perigoso:
> Pena – prisão simples, de dez dias a dois meses, ou multa.

1. Objetividade jurídica. A incolumidade pública.
2. Sujeito ativo. Qualquer pessoa, proprietária ou possuidora do animal.

3. Sujeitos passivos. A coletividade e, eventualmente, as vítimas do perigo provocado pelo animal.

4. Contravenção de perigo. Cuida-se de contravenção de perigo **abstrato**, não sendo necessário que alguém seja efetivamente exposto à situação de perigo, pois a Lei o presume com a realização das condutas do tipo. Assim, se o dono deixa solto o animal bravio, configura-se a contravenção mesmo que este não tenha investido contra alguém. É de ressaltar que, se o agente deixa animal bravio solto e este morde alguém, causando-lhe lesões, responde por infração mais grave, ou seja, pelo crime de lesões corporais culposas, em face da negligência na guarda do animal.

5. Elementos do tipo

a) Deixar em liberdade: deixar solto, a seu próprio destino, sem grades ou impeditivos à sua locomoção.

b) Pessoa inexperiente: aquela que não tem conhecimentos adequados para o trato com determinados animais, que exigem certa habilidade em seu acompanhamento.

c) Não guardar com as cautelas devidas: deixar o animal preso, mas de forma insatisfatória. A situação concreta ditará as medidas e cautelas necessárias a cada espécie de animal, de acordo com suas características próprias.

d) Animal perigoso: é o animal bravio, não domesticado, a fera, o animal selvagem. Inclui-se, também, aquele animal que, por sua irracionalidade ou por seu estado de saúde, possa oferecer risco à integridade física ou saúde de alguém, que não o seu próprio dono. Ex.: um cão manso pode tornar-se perigoso se estiver acometido de hidrofobia.

Art. 31, parágrafo único – Incorre na mesma pena quem:
a) **na via pública abandona animal de tiro, carga ou corrida, ou o confia a pessoa inexperiente.**

Abandonar significa deixar solto, desamarrado para que possa mover-se livremente sem qualquer fiscalização. Soltos, os animais podem estragar jardins ou plantações ou provocar perigo, caso se assustem com outros animais ou até com as pessoas ao seu redor.

Animal de **tiro** é aquele que transporta veículos. Animais de **carga** são os burros, as mulas, jegues, bois. Animais de **corrida** são os cavalos.

Corriqueira também a hipótese de deixar cavalos ou bois soltos, próximos a estradas de rodagem, que configura a infração penal, já que o animal não tem capacidade de discernimento e acaba atravessando a pista ou ficando parado no asfalto ocasionando sérios riscos de acidente.

Art. 31, parágrafo único, *b* – excita ou irrita animal, expondo a perigo a segurança alheia.

Excitar significa estimular o animal a correr, a pular etc. Por sua vez, consegue-se a irritação do animal soltando-se bombas ou assustando-o por qualquer modo.

Pela redação desse dispositivo, o fato só será punido se expuser pessoa determinada a perigo (perigo **concreto**), já que a Lei exige perigo à segurança de **alguém**.

O agente não pode ter agido com intenção de lançar o animal contra outrem, pois, nesse caso, haveria crime de lesão corporal ou homicídio.

Art. 31, parágrafo único, *c* – conduz animal, na via pública, pondo em perigo a segurança alheia.

Significa conduzir com imperícia ou omitindo as cautelas necessárias para a espécie de animal ou pelas circunstâncias do percurso. Exs.: exibição de equitação na via pública, corridas de cavalo em via pública; condução de boiada sem as cautelas devidas em região habitada, gerando "estouro" da manada; pessoas que conduzem cães em via pública sem a devida coleira de forma que o animal avance na direção de outras pessoas, sendo necessário ser contido pelo dono etc.

Essa modalidade pressupõe perigo concreto.

15.4. FALTA DE HABILITAÇÃO PARA DIRIGIR VEÍCULO

Art. 32 – Dirigir, sem a devida habilitação, veículo na via pública, ou embarcação a motor em águas públicas:
Pena – multa.

1. Introdução. O Código de Trânsito brasileiro derrogou esta contravenção no que se refere à condução de veículo automotor, que, assim, só continua tendo aplicação em caso de condução de embarcação motorizada. Com efeito, o Código de Trânsito pune apenas como infração administrativa o fato de dirigir veículo sem habilitação de forma normal (art. 162, I, do CTB), tipificando como crime apenas a condução de veículo que provoque perigo de dano (art. 309 do CTB). Em suma, o Código de Trânsito ao regular o tema deixou de considerar ilícito penal a conduta de dirigir veículo sem habilitação, mas de forma regular. Ao tratar o assunto como mera infração administrativa, derrogou o art. 32. Nesse sentido a Súmula 720 do Supremo Tribunal Federal: "O art. 309 do Código de Trânsito Brasileiro, que reclama decorra do fato perigo de dano, derrogou o art. 32 da Lei das Contravenções Penais no tocante à direção sem habilitação em vias terrestres".

2. Objetividade jurídica. A incolumidade pública, no que se refere à segurança em águas públicas.

3. Sujeito ativo. Qualquer pessoa. Trata-se de contravenção comum. O pai que fornece a embarcação a filho menor não habilitado incorre na contravenção na condição de partícipe.

4. Sujeito passivo. A coletividade.

5. Elementos do tipo. Trata-se de contravenção de perigo abstrato, que se caracteriza pela simples conduta de dirigir embarcação, independentemente de expor alguém a perigo concreto. É necessário, porém, que se trate de embarcação provida de motor (lanchas, *jet-skis*, barcos a motor etc.) e que o fato ocorra em águas públicas, como rios, mares etc. A condução de barco a motor em açude existente no interior de propriedade particular não caracteriza a contravenção em razão de não se tratar de águas públicas, conforme exige o tipo.

Para a condução de embarcações motorizadas exige-se também habilitação. Assim, caracteriza a contravenção o simples ato de manobrar ou ancorar uma lancha, de nada importando o fato de o condutor ser experiente, se não é regularmente habilitado. Também não tem o condão de excluir a contravenção o fato de o agente estar providenciando a habilitação, mas ainda não ser efetivamente habilitado.

6. Absorção. Discute-se se a contravenção do art. 32 fica absorvida se o agente, na condução da embarcação, comete crime culposo. A primeira corrente diz que sim, porque é meio para o crime culposo. A segunda diz que não, porque as objetividades jurídicas são diferentes (uma de perigo abstrato e outra de dano) e os momentos consumativos também são diversos. Já a terceira corrente defende que só ocorre absorção se o crime culposo tiver sido cometido por imperícia, porque o art. 32 da Lei das Contravenções Penais pune o condutor da embarcação justamente por presumir que ele é imperito.

15.5. DIREÇÃO PERIGOSA DE VEÍCULO NA VIA PÚBLICA

Art. 34 – Dirigir veículos na via pública, ou embarcações em águas públicas, pondo em perigo a segurança alheia:

Legislação Penal Especial

Pena – prisão simples, de quinze dias a três meses, ou multa.

1. Objetividade jurídica. A incolumidade pública, no aspecto da segurança no trânsito.

2. Sujeito ativo. Qualquer pessoa, habilitada ou não.

3. Sujeitos passivos. Em primeiro plano, a coletividade. Também o serão aqueles que sejam expostos à situação de perigo. Não se exige, todavia, a existência de vítima determinada para a ocorrência da contravenção, bastando que a conduta possa colocar pessoas em perigo.

4. Contravenção de perigo. Apesar de divergências, prevalece o entendimento de que a contravenção em tela é de perigo abstrato ou presumido.

5. Elementos do tipo

a) **Dirigir:** significa ter sob seu direto controle os comandos de velocidade e direção do veículo ou embarcação.

b) **Veículo:** nessa contravenção, a lei não exige que o veículo seja motorizado, de modo que abrange todo e qualquer meio de transporte de pessoas ou de carga, qualquer que seja sua propulsão ou tração. Ex.: automóvel, caminhão, bonde, trator, motocicleta, veículo de propulsão animal, como carroça ou charrete, ou, ainda, de propulsão humana, como bicicleta, triciclo etc.

c) **Via pública:** é o local aberto a qualquer pessoa, cujo acesso seja sempre permitido. Abrange ruas, avenidas, estradas (mesmo que de terra), praças etc. As ruas dos condomínios particulares, em face do que dispõe a Lei n. 6.766/79, pertencem ao Poder Público e, portanto, são consideradas vias públicas. Por outro lado, não constitui via pública o interior de fazenda particular, garagem de residência particular, estacionamento particular etc.

d) **Pondo em perigo a segurança alheia:** caracterizam a infração: dirigir em excesso de velocidade, na contramão, ultrapassar veículo em local inadequado, ultrapassar semáforo desfavorável, efetuar cavalo de pau, dirigir em zigue-zague, empinar motocicleta etc.

O fato de dirigir embriagado era suficiente para configurar a contravenção, pois a embriaguez altera o comportamento humano, prejudicando, de forma sensível, a atenção, a automação e a capacidade de agir prontamente diante do imprevisto. Veja-se, entretanto, que o Código de Trânsito transformou em crime a conduta de dirigir embriagado (art. 306 do CTB), bem como a de participar de "racha" (art. 308) ou dirigir em velocidade excessiva nas proximidades de escolas, hospitais etc., desde que ocorra perigo de dano.

6. Absorção. Se, dirigindo de forma perigosa, o agente causa acidente de trânsito, o crime de homicídio ou lesões culposas absorve a contravenção.

7. Distinção. A contravenção do art. 34 se diferencia do crime do art. 132 do Código Penal, porque este exige que o agente vise a pessoa determinada. Ex.: passar muito perto de uma pessoa, em alta velocidade, para assustá-la, configura o crime.

16 DAS CONTRAVENÇÕES REFERENTES À PAZ PÚBLICA (CAPÍTULO IV)

16.1. PROVOCAÇÃO DE TUMULTO E CONDUTA INCONVENIENTE

Art. 40 – Provocar tumulto ou portar-se de modo inconveniente ou desrespeitoso, em solenidade ou ato oficial, em assembleia ou espetáculo público, se o fato não constitui infração penal mais grave:
Pena – prisão simples, de quinze dias a seis meses, ou multa.

1. **Objetividade jurídica.** A tranquilidade pública.
2. **Sujeito ativo.** Qualquer pessoa.
3. **Sujeito passivo.** A coletividade.
4. **Elementos do tipo.** A lei prevê duas condutas distintas:

a) **Provocar tumulto:** causar desordem, alvoroço, confusão, agitação. Sua caracterização não depende de análise da finalidade do agente. O modo de execução pode ser qualquer um, como soltar animais (ratos, baratas) no interior de um cinema, fazer protestos durante solenidade etc. Veja-se, por sua vez, que anunciar incêndio inexistente no transcorrer de um espetáculo público, provocando tumulto, caracteriza a contravenção do art. 41 da Lei das Contravenções Penais denominada "falso alarma".

b) **Portar-se de modo inconveniente ou desrespeitoso:** assumir comportamento contrário às regras de convivência em sociedade. Agir de modo grosseiro, impróprio para a situação. Ex.: risadas em momento inadequado, gritarias, atirar objetos no palco durante encenação de peça teatral, intervir em um discurso público etc.

Esclarece a Lei que o fato só será típico se ocorrer em algum dos locais expressamente elencados:

a) **solenidade ou ato oficial:** refere-se a festas cívicas, inaugurações de obras, discursos de governantes etc.;

b) **assembleia:** reunião de uma determinada categoria para discussão de assuntos de seu interesse. Se o fato ocorre em reuniões particulares, é atípico;

c) **espetáculos públicos:** cinemas, teatros, *shows* em estádios, em via pública ou ginásios de esporte, circo etc.

Observação: Desde a aprovação da Lei n. 12.299/2010, comete crime apenado com reclusão, de 1 a 2 anos, e multa, quem provoca tumulto em estádios ou ginásios, ou em seus arredores, por ocasião de evento esportivo, bem como quem invade local restrito aos competidores. Referidos crimes estão previstos no art. 41-B da Lei.

5. **Subsidiariedade expressa.** O legislador, ao cuidar da pena da contravenção, ressaltou que ela só é aplicável se não constituir infração mais grave, como no caso já citado do falso alarma, ou, ainda, se do tumulto resultarem lesões, hipótese em que estará caracterizado o crime de lesões corporais culposas.

16.2. PERTURBAÇÃO DO TRABALHO OU DO SOSSEGO ALHEIOS

Art. 42 – Perturbar alguém, o trabalho ou o sossego alheios:
I – com gritaria ou algazarra;
II – exercendo profissão incômoda ou ruidosa, em desacordo com as prescrições legais;
III – abusando de instrumentos sonoros ou sinais acústicos;
IV – provocando ou não procurando impedir barulho produzido por animal de que tem guarda:
Pena – prisão simples, de quinze dias a três meses, ou multa.

1. **Objetividade jurídica.** A paz pública.
2. **Sujeito ativo.** Qualquer pessoa.
3. **Sujeito passivo.** A coletividade. Não basta que uma pessoa ou um número reduzido de pessoas sintam-se atingidas pela perturbação. Exige-se que um número considerável de pessoas sejam incomodadas. Isso porque a Lei se utiliza da palavra "alheios", no plural.

Não se deve levar em conta a maior ou menor suscetibilidade do incomodado. É necessário que se utilize do critério do homem médio para se verificar se o barulho provocado é realmente incômodo.

Devem ser também considerados os costumes, a cultura de um povo etc. Ex.: festas cívicas, carnaval, copa do mundo de futebol, serenatas etc. Nessas ocasiões, o barulho referente às festas não configura a contravenção.

Observe-se que o legislador, na descrição típica, utilizou-se da palavra "alguém", referindo-se ao autor da perturbação e não à vítima.

4. Elementos do tipo

a) **Gritaria ou algazarra:** a gritaria consiste em barulho produzido pela voz humana. Algazarra significa barulho produzido por outra forma qualquer (exceto as previstas nos demais incisos). Exs.: quebrar garrafas, chutar latas etc.

b) **Exercício de profissão incômoda ou ruidosa:** para que exista a contravenção é preciso que o fato ocorra em desacordo com as prescrições legais. Trata-se, assim, de norma penal em branco, que exige complementação. Deve-se, portanto, analisar: as posturas e regulamentos municipais, a existência de autorização ou de licença, a região onde é produzido o barulho (se comercial, residencial ou industrial), o horário, qual o limite de decibéis admitido para a área, se o estabelecimento tem licença da Prefeitura, se eventual licença admite funcionamento noturno etc.

Se o estabelecimento estiver atuando dentro das normas ditadas e estiver incomodando pessoas, não haverá contravenção. Os incomodados terão de procurar as autoridades para tentar alterar a regulamentação para fazer cessar o problema. A jurisprudência tem exigido **habitualidade** na configuração da hipótese prevista nesse dispositivo.

c) **Abuso de instrumentos sonoros ou de sinais acústicos:** pune-se o excesso de aparelhagem de som ou dos meios que têm destinação específica de chamar a atenção alheia. Sinais acústicos abrangem apitos, sinos, buzinas etc. É comum a responsabilização de músicos que tocam em bares em alto volume e incomodam os vizinhos ou de clientes que tocam instrumentos até altas horas da madrugada, por exemplo. Se ficar patenteada a omissão do proprietário em coibir o abuso, este poderá também ser responsabilizado.

d) **Provocar ou não procurar impedir barulho provocado por animal de que tenha a guarda:** há duas formas típicas. A primeira é ativa, consistente em provocar o animal para que ele faça barulho. A segunda é omissiva e se traduz pela ausência de ação no sentido de impedir que o animal o faça.

17 DAS CONTRAVENÇÕES REFERENTES À FÉ PÚBLICA (CAPÍTULO V)

17.1. SIMULAÇÃO DA QUALIDADE DE FUNCIONÁRIO PÚBLICO

> Art. 45 – Fingir-se funcionário público:
> Pena – prisão simples, de um a três meses, ou multa.

1. Objetividade jurídica. A lei visa a evitar que, por fingir-se funcionário público, venha o agente a cometer delitos contra a fé pública.

2. Sujeito ativo. Qualquer pessoa. A infração pode ser praticada até por funcionário público que finja possuir função diversa da que realmente exerce.

3. Sujeito passivo. O Estado.

4. Elementos do tipo

a) **Fingir:** significa fazer-se passar por funcionário público.

Para a configuração da contravenção não se exige reiteração ou continuidade de condutas. Basta uma ação para consumá-la.

b) **Funcionário público:** qualquer que seja, quer da esfera federal, estadual ou municipal.

5. Distinção. Se a intenção do agente, ao se passar por funcionário público, é obter vantagem ou causar prejuízo a outrem, pratica o crime de falsa identidade do art. 307 do Código Penal. Na contravenção, a finalidade do agente é apenas satisfazer sua vaidade.

A contravenção do art. 45 admite qualquer modo de execução, como palavras, gestos, escritos etc. Porém, se o agente usa, publicamente, uniforme ou distintivo de função pública que não exerce, pratica a contravenção do art. 46.

Se o agente se limita a passar por funcionário público, sem assumir especificamente a função de qualquer funcionário e sem praticar atos inerentes ao cargo, pratica a contravenção. Se vai além, chegando a praticar atos próprios e exclusivos da função pública, pratica crime de usurpação de função pública, previsto no art. 328 do Código Penal.

Se o agente se faz passar por policial militar, ameaça prender alguém por um fato qualquer e exige dinheiro para não o fazer, o crime será o de extorsão (art. 158 do CP), por ter havido grave ameaça.

18 DAS CONTRAVENÇÕES RELATIVAS À ORGANIZAÇÃO DO TRABALHO (CAPÍTULO VI)

18.1. EXERCÍCIO ILEGAL DE PROFISSÃO OU ATIVIDADE

> Art. 47 – Exercer profissão ou atividade econômica ou anunciar que a exerce, sem preencher as condições a que por lei está subordinado o seu exercício:
> Pena – prisão simples, de quinze dias a três meses, ou multa.

1. Objetividade jurídica. A norma visa a proteger o interesse social, assegurando que certas profissões sejam exercidas somente por pessoas qualificadas.

2. Sujeito ativo. Qualquer pessoa.

3. Sujeito passivo. O Estado.

4. Elementos do tipo. O tipo exige, para a existência da contravenção, que o agente exerça ou anuncie profissão ou função econômica, não preenchendo as condições a que por lei está subordinado o seu exercício. Trata-se, portanto, de norma penal em branco a ser integrada por outro dispositivo legal. Se não houver uma lei que regulamente a profissão ou a atividade econômica exercida ou anunciada, o fato será atípico.

Há profissões, tais como a de advogado (Estatuto da Ordem dos Advogados – Lei n. 8.906/94) e engenheiro (Dec. federal n. 23.569/33), que possuem regulamentação, e cujo exercício ilegal, portanto, pode caracterizar a contravenção. Da mesma forma, há atividades econômicas, tais como a de relações públicas (Lei n. 5.337/67) e taxista (Lei n. 12.468/2011), que, por serem devidamente regulamentadas, também são abrangidas pelo art. 47.

A norma atinge também o profissional suspenso ou impedido de exercer a profissão por determinação de sua entidade. Existem, porém, julgados dizendo que, quando se trata de advogado suspenso pela OAB, configura-se o crime do art. 205 do Código Penal por ser a Ordem uma autarquia profissional com regime especial ("Art. 205. Exercer atividade de que está impedido por decisão administrativa. Pena – detenção de 3 meses a 2 anos, ou multa").

Cumpre ressaltar que, no tocante às profissões de médico, dentista e farmacêutico, não há falar em enquadramento no art. 47 da Lei das Contravenções Penais, uma vez que existe crime específico, previsto no art. 282 do Código Penal.

Para a configuração da contravenção, não é necessário que haja qualquer espécie de vantagem patrimonial, visto que se trata de uma infração de perigo.

Há divergência na jurisprudência a respeito da necessidade de reiteração de atos para a caracterização da infração. A maioria dos doutrinadores entende que sim porque o verbo "exercer" seria indicativo de atuação repetida em profissão ou atividade econômica em relação à qual não preencha os requisitos legais.

19 DAS CONTRAVENÇÕES RELATIVAS À POLÍCIA DE COSTUMES (CAPÍTULO VII)

19.1. JOGO DE AZAR

> Art. 50 – Estabelecer ou explorar jogo de azar em lugar público ou acessível ao público, mediante pagamento de entrada ou sem ele:
> Pena – prisão simples, de três meses a um ano, e multa, estendendo-se os efeitos da condenação à perda dos móveis e objetos de decoração do local.

1. Objetividade jurídica. Os bons costumes.

2. Sujeito ativo. Qualquer pessoa. A Lei pune no *caput* do dispositivo o dono do local e o responsável pelo negócio (inclusive de cassinos clandestinos). O funcionário responsável pelo estabelecimento que coordena o funcionamento da casa é partícipe da contravenção. Nos termos do § 1º do art. 50, a pena será aumentada de um terço, se existe entre os empregados ou participa do jogo pessoa menor de dezoito anos. Essa causa de aumento se aplica ao responsável pela exploração do jogo.

Além disso, o § 2º estabelece que incorre na pena de multa quem é encontrado a participar do jogo, como ponteiro ou apostador. Apostador é o jogador, aquele que participa do jogo. **Ponteiro** é o *croupier*, a pessoa responsável por colher as apostas ou coordenar o jogo (distribuir cartas, rodar a roleta etc.).

3. Elementos do tipo
a) **Estabelecer:** organizar, instituir, criar, fundar um local onde se pratique o jogo.
b) **Explorar:** é auferir lucro com o jogo fora da condição de apostador, direta ou indiretamente.
c) **Jogo de azar:** o art. 50, § 3º, esclarece o que se considera jogo de azar:

1) O jogo em que o ganho ou a perda dependem exclusivamente ou principalmente da sorte (alínea a).
Abrange certos jogos de cartas (vinte e um, sete e meio), roleta, bozó, dados etc.

O chamado jogo de chapinhas, muito comum em praças públicas, constitui jogo de azar.

Se o agente empregar alguma fraude que impossibilite a vitória do apostador, responderá por crime de estelionato e não pela contravenção.

Os jogos que dependem principalmente da habilidade do jogador não se incluem nesta categoria, como a sinuca. Em relação ao pôquer e ao pife-pafe existem duas correntes. Alguns entendem que constituem jogo de azar porque dependem da sorte na distribuição das cartas. Para outros, a vitória depende da habilidade do jogador (com os blefes etc.), não configurando jogo de azar.

A aposta on-line em jogo de pôquer ou em resultado de eventos esportivos não pode ser punida no Brasil se o provedor estiver fora do território nacional, porque, nos termos do art. 2º da LCP, não são puníveis as contravenções cometidas fora do Brasil. Apesar de o comando ser feito em território nacional, a concretização da aposta e o resultado ocorrem no exterior.

Apesar do silêncio da lei, é claro que só ocorre a contravenção se o jogo de azar for praticado mediante aposta. Um jogo de roleta ou de pôquer que não seja a dinheiro não caracteriza a infração, pois não há potencialidade lesiva.

Eventual finalidade beneficente não afasta a contravenção, salvo se houver autorização da autoridade competente.

A conduta de obter ou tentar obter ganhos ilícitos em detrimento do povo ou de número indeterminado de pessoas mediante as chamadas "pirâmides", "cadeias", "pichardismo" ou "bolas de neve" constitui crime específico descrito no art. 2º, IX, da Lei n. 1.521/51 (crime contra a economia popular).

2) As apostas sobre corrida de cavalos fora do hipódromo ou de local onde sejam autorizadas (alínea b).

A aposta em corrida de cavalos é permitida, porém, com a observância de formalidades legais. Sem estas, é clandestina e tipifica a contravenção.

3) As apostas sobre qualquer outra competição esportiva (alínea c).

Veja-se que a lei pune as apostas acerca do resultado de determinado jogo ou acerca do vencedor de certa competição. O chamado *bolão*, quando toma proporções públicas, admitindo que pessoas indeterminadas dele participem, caracteriza a infração.

d) Local público ou acessível ao público: de acordo com o *caput*, só existe a contravenção se o jogo ocorre em lugar público ou acessível ao público. O § 4º, então, cuidou de esclarecer que determinados locais equiparam-se a lugar acessível ao público, para efeitos penais. São eles: a casa particular em que se realizam jogos de azar, quando deles habitualmente participam pessoas que não sejam da família de quem a ocupa; o hotel ou casa de habitação coletiva, a cujos hóspedes e moradores se proporciona jogo de azar; a sede ou dependência de sociedade ou associação, em que se realiza jogo de azar; o estabelecimento destinado à exploração de jogo de azar, ainda que se dissimule esse destino.

4. Efeito da condenação. Além da pena de prisão simples e multa, constitui efeito da condenação a perda dos móveis existentes no local, bem como dos objetos de decoração.

19.2. JOGO DO BICHO

Essa contravenção era prevista no art. 58 da Lei das Contravenções Penais (Dec.-Lei n. 3.688/41). Foi revogada pelo art. 58 do Decreto-Lei n. 6.259/44, que regulamentou e complementou as disposições legais sobre a contravenção, *in verbis*:

> Art. 58. Realizar o denominado "jogo do bicho", em que um dos participantes, considerado comprador ou ponto, entrega certa quantia com a indicação de combinações de algarismos ou nome de animais, a que correspondem números, ao outro participante, considerado o vendedor ou banqueiro, que se obriga mediante qualquer sorteio ao pagamento de prêmios em dinheiro:
> Penas – de seis meses a um ano de prisão simples e multa ao vendedor ou banqueiro, e de quarenta a trinta dias de prisão celular ou multa ao comprador ou ponto.

1. Conceito. O "jogo do bicho" é uma espécie de loteria particular, cujo conceito encontra-se no próprio texto legal e abrange as figuras do banqueiro e do apostador (a pena daquele, contudo, é maior). Ocorre que, normalmente, o jogo do bicho não é feito diretamente entre apostador e banqueiro. Existem, também, os intermediários que colhem as apostas junto aos apostadores e as encaminham ao banqueiro. Por isso, o art. 58, § 1º, a, do Decreto-Lei pune os que servirem de intermediários na efetuação do jogo com as mesmas penas estabelecidas para os banqueiros.

Note-se que o texto legal também chama o banqueiro de "vendedor". Assim, apesar de ser o intermediário quem colhe as apostas, não podemos chamá-lo de "vendedor".

Fora o banqueiro e o intermediário, há muitas outras pessoas que podem colaborar para a efetivação de todo o mecanismo do jogo. Ex.: transportadores (normalmente motociclistas, que recolhem as apostas junto aos intermediários e as levam até a sede do jogo), pessoas que

Legislação Penal Especial

fazem os sorteios, que conferem os prêmios etc. Por esse motivo as alíneas b, c e d do § 1º do art. 58 do Decreto-Lei n. 6.259/44 preveem grande número de condutas puníveis. Assim, incorrem também nas mesmas penas do banqueiro:

(...)

b) os que transportarem, conduzirem, possuírem, tiverem sob sua guarda ou poder, fabricarem, derem, cederem, trocarem, guardarem em qualquer parte, listas com indicações do jogo ou material próprio para a contravenção, bem como de qualquer forma contribuírem para a sua confecção, utilização, curso ou emprego, seja qual for a sua espécie ou quantidade;

c) os que procederem à apuração de listas ou à organização de mapas relativos ao movimento do jogo;

d) os que por qualquer modo promoverem ou facilitarem a realização do jogo.

2. Sujeito ativo. Todas as pessoas mencionadas no *caput* do art. 58, bem como aquelas que realizarem as condutas previstas nas alíneas a, b, c e d do § 1º.

3. Sujeito passivo. O Estado.

Observações:

a) O jogo do bicho não deixou de ser punido em virtude de o Estado explorar diversos jogos similares ou por ser socialmente aceito. Em primeiro lugar, porque os costumes não revogam as leis. Assim, estando em vigor o art. 58 do Decreto-Lei n. 6.259/44, tal jogo deve ser punido. Em segundo lugar, porque o dinheiro arrecadado pelos jogos oficiais é aplicado, ao menos teoricamente, em obras de interesse público, enquanto aquele arrecadado pelo jogo do bicho fica com os banqueiros.

b) O intermediário pode ser punido mesmo se não forem descobertos o banqueiro e o apostador. O Superior Tribunal de Justiça, aliás, editou a Súmula 51, concluindo que "a punição do intermediário no jogo do bicho independe da identificação do apostador ou do banqueiro".

c) O rito processual era previsto no art. 3º da Lei n. 1.508/51. Esse procedimento, entretanto, não pode mais ser adotado, uma vez que a Lei n. 9.099/95 estabeleceu o procedimento sumaríssimo para as infrações de menor potencial ofensivo, que abrange todas as contravenções penais.

d) Nos termos do art. 58, § 2º, do Decreto-Lei n. 6.259/44, consideram-se idôneas para a prova do ato contravencional quaisquer listas com indicações claras ou disfarçadas, uma vez que a perícia revele se destinarem a perpetração do jogo do bicho. Percebe-se, pois, que é sempre necessária a realização de uma perícia para comprovar que o material apreendido é próprio do jogo, já que as apostas são feitas por meio de símbolos e abreviaturas próprias que o leigo normalmente não consegue decifrar.

19.3. VADIAGEM

Art. 59 – Entregar-se alguém habitualmente à ociosidade, sendo válido para o trabalho, sem ter renda que lhe assegure meios bastantes de subsistência, ou prover a própria subsistência mediante ocupação ilícita:
Pena – prisão simples, de quinze dias a três meses.

1. Objetividade jurídica. O legislador considera que o ocioso, que não tem como manter sua subsistência, tende a praticar crimes contra o patrimônio.

2. Sujeito ativo. Qualquer pessoa. O tipo, entretanto, exige que o agente seja válido para o trabalho, isto é, que não seja portador de moléstia ou defeito físico que o torne absolutamente incapaz de exercer alguma atividade útil. Além disso, só é punível aquele que não trabalha e que não tem meios de prover sua própria subsistência. Caso o ocioso possua imóveis alugados, pensão alimentícia, aplicações financeiras ou seja mantido por familiares, afasta-se a contravenção.

3. Sujeito passivo. O Estado.

4. Condutas típicas. O tipo prevê duas modalidades de infração:

a) **Entregar-se à ociosidade:** aqui a conduta é omissiva. Ociosidade é a característica do vadio, ou seja, daquele que, sendo apto para o trabalho, não o faz porque não quer.

O tipo exige que a ociosidade seja habitual. Por isso, o desemprego temporário e eventual, pela falta de oportunidade de propostas de emprego, não caracteriza a infração. Nesses casos, a ociosidade não é voluntária. Assim, verifica-se que a exigência de habitualidade faz com que a contravenção só se tipifique quando o agente, intencionalmente, opte por viver sem trabalhar. Deve ficar provado que o agente não trabalha e não se interessa por procurar emprego, justamente porque quer viver na ociosidade. Por isso o dispositivo não é inconstitucional, pois a todos é dada a possibilidade de conseguir emprego ou obter renda suficiente para sua manutenção, não havendo tratamento desigual tão somente pela condição natural do sujeito, fato que caracterizaria infringência ao princípio da igualdade assegurado pela Carta Magna. Apesar disso existe projeto de lei em tramitação, já aprovado na Câmara dos Deputados, revogando a contravenção de vadiagem.

Tratando-se de contravenção habitual, é difícil apontar, na prática, o exato momento consumativo. Pode-se afirmar, todavia, que a contravenção estará consumada a partir do instante em que houver a reiteração na ociosidade, demonstrando ser um estilo de vida.

O parágrafo único do art. 59 prevê que "a aquisição superveniente de renda que assegure ao condenado meios de subsistência extingue a pena". Embora não haja previsão expressa na Lei, se a aquisição de renda ocorrer durante a ação penal, ficará extinta a punibilidade.

b) **Prover a própria subsistência mediante ocupação ilícita:** refere-se àqueles que optam por trabalhar em profissão ilícita. Se a atividade ilícita, no entanto, caracteriza crime autônomo, o agente só responde por esse crime. Ex.: indivíduo que vive da prática de furtos responde por esse crime e não pela contravenção.

É muito comum que pessoas ganhem a vida como cambistas em *shows*. Tal conduta caracteriza a contravenção. Já a atuação como cambista em evento esportivo, em que o agente vende ingressos por preço superior ao estampado no bilhete, constitui atualmente crime do art. 41-F da Lei n. 12.299/2010 (Estatuto do Torcedor), cuja pena é de reclusão, de 1 a 2 anos, e multa. A mencionada lei tem como principal objetivo coibir a violência em estádios e nos seus arredores, porém trata também de outros temas correlatos.

A jurisprudência majoritária entende não haver a contravenção nos casos de prostituição (atividade imoral, mas não ilícita), *trottoir*, de lavadores e guardadores de carros, ambulantes etc.

19.4. MENDICÂNCIA

> Art. 60, *caput* – Mendigar, por ociosidade ou cupidez:
> Pena – prisão simples, de quinze dias a três meses.

Essa contravenção penal foi expressamente revogada pela Lei n. 11.983/2009.

19.5. IMPORTUNAÇÃO OFENSIVA AO PUDOR

> Art. 61 – Importunar alguém, em lugar público ou acessível ao público, de modo ofensivo ao pudor:
> Pena – multa.

Essa contravenção penal foi expressamente revogada pela Lei n. 13.781/2018. A partir da entrada em vigor de tal Lei, a conduta de se encostar de forma libidinosa em alguém, por exemplo, em um coletivo, configura crime de importunação sexual – art. 215-A do Código Penal.

19.6. EMBRIAGUEZ

Art. 62 – Apresentar-se publicamente em estado de embriaguez, de modo que cause escândalo ou ponha em perigo a segurança própria ou alheia:
Pena – prisão simples de quinze dias a três meses, ou multa.

1. **Objetividade jurídica.** A norma protege os bons costumes e a incolumidade pública.
2. **Sujeito ativo.** Qualquer pessoa.
3. **Sujeito passivo.** A coletividade.
4. **Elementos do tipo.** Para a ocorrência da contravenção exige-se a coexistência de três elementos:

a) **Que o sujeito esteja embriagado:** embriaguez é uma intoxicação aguda provocada pelo álcool ou substância de efeitos análogos, que pode levar a pessoa de um estado inicial de exaltação para a agressividade e, na última fase, ao estado de coma.

A embriaguez, em princípio, deve ser demonstrada por exame pericial. Deve-se dar prioridade à perícia química feita no sangue coletado do agente. Caso ele se recuse a autorizar a retirada de sangue, poderá ser usado o "bafômetro", mas, caso haja também recusa por parte do agente, a solução será a realização do exame clínico, em que o médico perito afirmará ou não a embriaguez, verificando o equilíbrio, os reflexos, o hálito, a conversa do sujeito etc.

Na impossibilidade de realização de perícia, a jurisprudência tem admitido prova testemunhal. Nessa hipótese, aceita-se a ocorrência da embriaguez quando as testemunhas afirmarem que o estado de embriaguez do agente era perceptível.

b) **Que se apresente neste estado publicamente:** a Lei menciona a palavra "publicamente", que tem maior abrangência do que a expressão "local público ou aberto ao público". Aqui o fato pode ocorrer em praças, ruas, estádios, cinemas, clubes, bares, festas (inclusive particulares, quando presentes inúmeras pessoas) etc.

c) **Exposição própria ou alheia à situação de perigo ou escândalo:** escândalo é o alvoroço, tumulto por meio de palavras, gestos ou movimentos do corpo.

A hipótese de exposição a perigo deve ser demonstrada no caso concreto.

Se o agente estiver dirigindo embriagado, estará configurado o crime do art. 306 do Código de Trânsito, chamado embriaguez ao volante.

5. **Medida de segurança.** O art. 62, parágrafo único, estabelece que se for habitual a embriaguez, o contraventor será internado em casa de custódia ou tratamento. A Lei se refere ao alcoolismo patológico.

Se a embriaguez é patológica, aplica-se medida de segurança de internação em casa de custódia ou tratamento.

19.7. BEBIDAS ALCOÓLICAS

Art. 63 – Servir bebidas alcoólicas:
I – a menor de dezoito anos (revogado);
II – a quem se acha em estado de embriaguez;
III – a pessoa que o agente sabe sofrer das faculdades mentais;

IV – a pessoa que o agente sabe estar judicialmente proibida de frequentar lugares onde se consome bebida de tal natureza:
Pena – prisão simples, de dois meses a um ano, ou multa.

1. **Objetividade jurídica.** Os bons costumes.
2. **Sujeito ativo.** Qualquer pessoa.
3. **Sujeito passivo.** A coletividade.
4. **Elementos do tipo**

a) **Servir:** significa entregar a alguém, fornecer mediante paga ou não.
A expressão, portanto, é mais abrangente do que vender, mas abrange esta. Assim, também responde pela contravenção quem vende para consumo posterior (ex.: vender em loja de conveniência) ou para consumo imediato. Igualmente incorre no tipo penal aquele que serve gratuitamente a um amigo ou parente, ou o garçom que serve a bebida gratuitamente (em uma festa) ou mediante paga (em bar, restaurante etc.).
Parte da doutrina e jurisprudência sustenta que a conduta típica "servir" não abrange a venda desacompanhada da entrega da bebida para consumo imediato. Assim, além do garçom que entrega a garrafa de bebida aberta na mesa para um doente mental ou a coloca em seu copo, seria também punível o dono do estabelecimento que vende a bebida para consumo no local. Não seria, entretanto, possível a punição de donos de supermercado ou de lojas de conveniência que vendam a bebida à vítima para consumo posterior. Existem, porém, julgados do STJ em sentido contrário, admitindo a infração penal em tais casos.

b) **A menores de 18 anos:** a redação originária do art. 243 do Estatuto da Criança e do Adolescente considerava crime punido com detenção, de dois a quatro anos, e multa, a venda, o fornecimento ou a entrega, a criança ou adolescente, de substância capaz de causar dependência física ou psíquica. O Superior Tribunal de Justiça, porém, firmou entendimento de que referido dispositivo não alcançava a venda de bebida alcoólica a menor de idade porque o art. 81 do próprio Estatuto, em seus incisos II e III, expressamente diferencia bebidas alcoólicas de outras substâncias provocadoras de dependência. Referido tribunal superior, portanto, decidiu que o crime do art. 243 só se aplicava à venda de outras substâncias como, por exemplo, a cola de sapateiro. A venda de bebida alcoólica para menores, de acordo com a Corte, continuava a tipificar a contravenção penal. Em razão disso, o legislador aprovou a Lei n. 13.106/2015, que expressamente acrescentou ao art. 243 a venda de bebida alcoólica a menor. Assim, não há dúvida de que a partir da entrada em vigor de tal lei, em 18 de março de 2015, a venda, o fornecimento ou a entrega de bebida alcoólica ou de qualquer outra substância capaz de causar dependência a menor de idade configura crime. A referida lei, aliás, revogou expressamente o art. 63, I, da Lei das Contravenções Penais.

c) **A pessoa em estado de embriaguez:** é necessário que a embriaguez seja nítida, isto é, perceptível a qualquer pessoa. Assim, se alguém tem no interior de seu estabelecimento pessoa já embriagada, não pode continuar a lhe servir bebida. Se o fizer, responderá pela contravenção e de nada adiantará alegar que cedeu a pedidos insistentes do ébrio.

d) **A pessoa que sabe sofrer das faculdades mentais:** nesse dispositivo a Lei não faz distinção acerca de incapacidade plena ou parcial das faculdades mentais. Abrange, pois, qualquer das hipóteses. É necessário, porém, que o agente tenha efetivo conhecimento acerca de tal circunstância, quer por ter sido informado por terceiros, quer por ser evidente a deficiência mental.

e) **A pessoas proibidas de frequentar lugares onde se consomem bebidas alcoólicas:** essa proibição deve ser decorrente de determinação judicial e o agente tem de saber que ela existe. Ambas são exigências constantes do tipo. A contravenção se aplica, por exemplo, na hipótese do *sursis* especial, quando o juiz proíbe o condenado de frequentar bares durante o período de prova (art. 78, § 2º, *a*, do CP). Se o condenado vai até um bar e o dono lhe serve bebida alcoólica, sabendo da proibição, infringe o art. 63 da Lei das Contravenções Penais.

19.8. CRUELDADE CONTRA ANIMAIS

> Art. 64 – Tratar animal com crueldade ou submetê-lo a trabalho excessivo:
> Pena – prisão simples, de dez dias a um mês, ou multa.

Essa conhecida contravenção penal foi revogada pelo art. 32 da Lei n. 9.605/98 (Lei de Proteção ao Meio Ambiente), que transformou as condutas em crime.

19.9. PERTURBAÇÃO DA TRANQUILIDADE

> Art. 65 – Molestar alguém ou perturbar-lhe a tranquilidade, por acinte ou por motivo reprovável:
> Pena – prisão simples, de quinze dias a dois meses, ou multa.

A Lei n. 14.132/2021 revogou expressamente esta contravenção penal. Concomitantemente, inseriu no art. 147-A do Código Penal, o crime de perseguição, apenado com reclusão, de 6 meses a 2 anos, e multa. Não andou bem o legislador ao revogar a contravenção, que se configurava sempre que alguém perturbasse a tranquilidade alheia, por acinte ou motivo reprovável, sendo, portanto, mais abrangente que o crime de perseguição, que exige, para sua configuração, ameaça à integridade física ou psicológica da vítima, restrição à sua capacidade de locomoção ou invasão ou perturbação de sua liberdade ou privacidade. Em relação às condutas anteriores, que não se enquadrem ao mesmo tempo no crime de perseguição, houve *abolitio criminis*.

20 DAS CONTRAVENÇÕES REFERENTES À ADMINISTRAÇÃO PÚBLICA (CAPÍTULO VIII)

20.1. OMISSÃO DE COMUNICAÇÃO DE CRIME – POR FUNCIONÁRIO PÚBLICO

> Art. 66 – Deixar de comunicar à autoridade competente:
> I – crime de ação pública, de que teve conhecimento no exercício de função pública, desde que a ação penal não dependa de representação;
> (...)
> Pena – multa.

1. Objetividade jurídica. O bom andamento da administração da Justiça.

2. Sujeito ativo. Trata-se de contravenção própria. Só pode ser praticada por funcionário público. Não basta, contudo, esta condição, pois só haverá a contravenção se tiver tomado conhecimento do crime de ação pública, no exercício de suas funções.

3. Sujeito passivo. O Estado.

4. Conduta típica. A contravenção em tela é modalidade de infração omissiva própria. A conduta punida é a de deixar de comunicar crime de ação pública à autoridade competente.

Só haverá tipicidade se o crime de que o funcionário público tomou conhecimento for de ação pública incondicionada. Ressalte-se, outrossim, que a omissão na comunicação de contravenção é atípica, já que a lei se refere expressamente a crime.

Para a não caracterização da contravenção, faz-se necessário que a comunicação seja endereçada às autoridades competentes, que são os juízes, os membros do Ministério Público e os Delegados de Polícia. Não se exige que o funcionário tenha conhecimento da autoria do crime, mas apenas que tenha ficado sabendo de sua ocorrência.

5. Distinção. Dependendo da finalidade do agente, a contravenção poderá deixar de existir em face da caracterização de infração penal mais grave, como crime de prevaricação (art. 319 do CP), se a omissão ocorreu para satisfazer sentimento ou interesse pessoal, ou condescendência criminosa (art. 320 do CP), se a omissão for para beneficiar subordinado que tenha praticado infração no exercício do cargo.

6. Consumação. Tratando-se de contravenção omissiva, a consumação dependerá da ausência de comunicação por tempo juridicamente relevante, a ser analisada no caso concreto.

7. Tentativa. É inviável, pois não existe tentativa de infração penal omissiva.

20.2. OMISSÃO DE COMUNICAÇÃO DE CRIME – POR MÉDICO OU PROFISSIONAL DA ÁREA DE SAÚDE

> Art. 66, II – crime de ação pública, de que teve conhecimento no exercício da medicina ou de outra profissão sanitária, desde que a ação penal não dependa de representação e a comunicação não exponha o cliente a procedimento criminal:
> Pena – multa.

1. Sujeito ativo. Trata-se também de contravenção própria. Só pode ser praticada por médicos ou profissionais da área sanitária. Exige-se também que o conhecimento do crime tenha ocorrido no desempenho das atividades.

2. Conduta típica. É também omissiva. Refere-se à não comunicação de crime de ação pública incondicionada às autoridades competentes.

Exclui-se a tipicidade se a comunicação puder expor o cliente a procedimento criminal. Ex.: médico que atende em seu consultório paciente que se submeteu a autoaborto e está se sentindo mal.

No que se refere a objetividade jurídica, sujeito passivo, consumação, tentativa e pena, aplicam-se as mesmas regras do inciso I.

20.3. RECUSA DE DADOS SOBRE A PRÓPRIA IDENTIDADE OU QUALIFICAÇÃO

> Art. 68 – Recusar à autoridade, quando por esta justificadamente solicitados ou exigidos, dados ou indicações concernentes à própria identidade, estado, profissão, domicílio e residência:
> Pena – multa.

1. Objetividade jurídica. O normal funcionamento da Administração Pública.

2. Sujeito ativo. Qualquer pessoa.

3. Sujeito passivo. O Estado.

4. Conduta típica. O que se pune é a recusa em se identificar, desde que a autoridade competente (policial, judiciária ou administrativa) tenha previamente solicitado (pedido) ou exigido (determinado). É de se ver que só existe a contravenção quando a ação da autoridade é legítima, conforme determina a descrição típica.

5. Figura qualificada. Nos termos do art. 68, parágrafo único, incorre na pena de prisão simples, de um a seis meses, e multa, se o fato não constitui infração penal mais grave,

Legislação Penal Especial

quem, nas mesmas circunstâncias, faz declarações inverídicas a respeito de sua identidade pessoal, estado, domicílio e residência.

Na figura do *caput*, o sujeito se recusa a fornecer seus dados, enquanto no parágrafo único ele presta informações falsas acerca de sua identidade.

Essa contravenção se diferencia do crime de falsa identidade do art. 307 do Código Penal porque, neste, o sujeito visa obter vantagem para si ou para terceiro, enquanto na contravenção a recusa é uma finalidade em si mesma, ou seja, o agente não visa à obtenção de qualquer espécie de vantagem. O Superior Tribunal de Justiça, por sua vez, aprovou a Súmula 522, com o seguinte teor: "A conduta de atribuir-se falsa identidade perante autoridade policial é típica, ainda que em situação de alegada autodefesa".

Quadro sinótico – Parte geral da Lei das Contravenções Penais

Principais regras da Parte Geral das Contravenções Penais	As regras da Parte Geral do Código Penal aplicam-se às contravenções (art. 1º).
	Apenas as contravenções cometidas no Brasil são punidas pela lei brasileira (art. 2º).
	Para que seja punida a contravenção, basta que a ação ou omissão sejam voluntárias, exceto quando o próprio tipo penal exigir dolo ou culpa (art. 3º).
	Não se pune a tentativa de contravenção (art. 4º).
	As penas principais previstas para as contravenções são a prisão simples e a multa (art. 5º).
	A prática da contravenção só gera reincidência se o réu já tiver sido condenado em definitivo por algum crime ou, no Brasil, por outra contravenção (art. 7º).
	A pena pode deixar de ser aplicada em caso de ignorância ou errada compreensão da lei, desde que o erro seja escusável (art. 8º).
	A pena da prisão simples não pode exceder a cinco anos (art. 10).
	O juiz pode conceder o *sursis*, por prazo de um a três anos, bem como conceder livramento condicional, se presentes os requisitos da Parte Geral do Código Penal (art. 11).
	A ação é pública (art. 17), incondicionada (art. 129, I, da CF).

Parte especial

Principais contravenções ainda em vigor	Fabrico, comércio ou detenção de arma branca (art. 18).
	Porte de arma branca sem licença da autoridade (art. 19).
	Vias de fato (art. 21). Trata-se da agressão perpetrada sem intenção de lesionar. Ex.: empurrão, tapa etc. Sempre fica absorvida quanto constituir meio para a prática de crime.
	Fabricação, cessão ou venda de gazua ou instrumento usualmente empregado na prática de furto (art. 24). Gazua é a chave falsa. O dispositivo abrange também pés de cabra, limas, pinças etc.
	Deflagração perigosa de fogos de artifício (art. 28, parágrafo único). É necessário que o fato ocorra em via pública ou em direção a ela, em local habitado ou suas adjacências.
	Omissão de cautela na guarda de animais, em que o agente deixa em liberdade animal perigoso ou não o guarda com a devida cautela ou o confia a guarda a pessoa inexperiente (art. 31).
	Dirigir embarcação em águas públicas sem a devida habilitação (art. 32).
	Dirigir veículo em via pública ou embarcação em águas públicas, pondo em perigo a segurança alheia (art. 34). O fato fica absorvido se a conduta se enquadrar em crime de perigo descrito no Código de Trânsito ou sobrevier acidente do qual resulte lesão grave ou morte.

Principais contravenções ainda em vigor	Provocação de tumulto ou comportamento inconveniente ou desrespeitoso em solenidade, ato oficial, espetáculo público ou assembleia (art. 40). Perturbação do trabalho ou sossego alheios com gritaria ou algazarra, ou pelo exercício de profissão incômoda ou ruidosa, pelo abuso de instrumentos sonoros ou sinais acústicos, ou, ainda, provocando ou não procurando impedir barulho produzido por animal sob sua guarda (art. 42). Simulação da qualidade de funcionário público (art. 45). Só se configura se o fato não constitui crime. Exercício ilegal de profissão (art. 47). Caso se trate de médico, farmacêutico ou dentista, a conduta constitui crime previsto no art. 282 do Código Penal. Exploração de jogo de azar em local público ou acessível ao público (art. 50). Exploração ou participação em jogo do bicho (art. 58 do Dec.-Lei n. 6.259/44). Vadiagem, que ocorre quando alguém se entrega habitualmente à ociosidade, sendo válido para o trabalho sem ter renda que lhe assegure a subsistência, ou quando mantém sua subsistência mediante ocupação ilícita (art. 59). Embriaguez, que se configura quando o agente se apresenta publicamente em tal estado, causando escândalo ou pondo em perigo a segurança própria ou alheia (art. 62). Venda de bebida alcoólica a pessoa já embriagada, a pessoa que o agente sabe ser doente mental ou a quem está proibido de frequentar o estabelecimento por ordem judicial (art. 63). Omissão de comunicação de crime de ação pública incondicionada por parte de funcionário público que dele tenha tomado conhecimento no desempenho das funções ou por parte de médico (art. 66). Recusa de dados concernentes à própria identidade quando justificadamente solicitados ou exigidos por autoridade (art. 68) ou declarações inverídicas à autoridade a respeito de sua identidade pessoal, estado, profissão, domicílio ou residência, salvo se o fato constitui infração penal mais grave.

Capítulo VII
Crimes de trânsito

1 DISPOSIÇÕES GERAIS (SEÇÃO I)

1.1. PROCEDIMENTO NOS CRIMES DE TRÂNSITO

Art. 291 – Aos crimes cometidos na direção de veículos automotores, previstos neste Código, aplicam-se as normas gerais do Código Penal e do Código de Processo Penal, se este Capítulo não dispuser de modo diverso, bem como a Lei n. 9.099, de 26 de setembro de 1995, no que couber.
§ 1º – Aplica-se aos crimes de trânsito de lesão culposa o disposto nos arts. 74, 76 e 88 da Lei n. 9.099/95, de 26 de setembro de 1995, exceto se o agente estiver:
I – sob a influência de álcool ou qualquer outra substância psicoativa que determine dependência;
II – participando, em via pública, de corrida, disputa ou competição automobilística, de exibição ou demonstração de perícia em manobra de veículo automotor, não autorizada pela autoridade competente;
III – transitando em velocidade superior à máxima permitida para a via em 50 km/h;
§ 2º – Nas hipóteses previstas no § 1º deste artigo, deverá ser instaurado inquérito policial para a investigação da infração penal.

O art. 291, *caput*, do Código de Trânsito determina a aplicação subsidiária aos crimes cometidos na direção de veículo automotor das normas gerais do Código Penal e do Código de Processo Penal, bem como da Lei n. 9.099/95, no que couber. Esta ressalva tem justamente a finalidade de esclarecer que as normas da Lei n. 9.099/95 só terão aplicação aos crimes de trânsito que se ajustem ao conceito de infração de menor potencial ofensivo regulamentados por referida Lei (aqueles cuja pena máxima não excede dois anos): omissão de socorro (art. 304), fuga do local do acidente (art. 305), violação da suspensão ou omissão da entrega da habilitação (art. 307), direção sem habilitação (art. 309), entrega de veículo a pessoa não habilitada (art. 310), excesso de velocidade em determinados locais (art. 311) e fraude no procedimento apuratório (art. 312).

O crime de lesão culposa na direção de veículo automotor, que tem pena máxima de 2 anos, possui regras próprias no art. 291, §§ 1º e 2º, do Código de Trânsito. De acordo com o § 1º, o autor da infração pode ser beneficiado pela transação penal, bem como pela extinção da punibilidade em caso de composição quanto aos danos civis homologada pelo juiz. Além disso, a ação penal continua condicionada à representação. Acontece que, nos incisos do próprio § 1º, o legislador expressamente afastou esses institutos (transação, composição civil e necessidade de representação), se o autor da lesão culposa estiver: I – sob a influência de álcool ou qualquer outra substância psicoativa que determine dependência; II – participando, em via pública, de corrida, disputa ou competição automobilística, de exibição ou demonstração de perícia em manobra de veículo automotor, não autorizada pela autoridade competente; III – transitando em velocidade superior à máxima permitida para a via em 50 km/h. Nestas hipóteses, portanto, o crime de lesão culposa na direção de veículo apura-se mediante ação pública incondicionada e o acusado não faz jus aos demais benefícios já mencionados. Ademais, de acordo com o § 2º, deverá ser instaurado inquérito policial para a apuração do delito.

Para os crimes de embriaguez ao volante (art. 306) e participação em racha (art. 308), cuja pena máxima é de três anos, não se aplicam os benefícios da Lei n. 9.099/95, e a apuração deve dar-se mediante inquérito policial.

Por fim, para o crime de homicídio culposo na direção de veículo automotor (art. 302), que possui pena de detenção de dois a quatro anos, deve também ser instaurado inquérito e adotado o rito sumário, estando vedadas a transação penal e a suspensão condicional do processo (já que a pena mínima é superior a um ano).

1.2. CONCEITO DE VEÍCULO AUTOMOTOR

A definição de veículo automotor é de grande importância, já que a maioria dos tipos penais do Código de Trânsito exige que o agente esteja conduzindo um desses veículos. Nos termos do art. 4º, a definição encontra-se no Anexo I de tal Código (alterado pela Lei n. 14.599 de 20 de junho de 2023), que considera "veículo a motor de propulsão a combustão, elétrica ou híbrida que circula por seus próprios meios e que serve normalmente para o transporte viário de pessoas e coisas ou para a tração viária de veículos utilizados para o transporte de pessoas e coisas, compreendidos na definição os veículos conectados a uma linha elétrica e que não circulam sobre trilhos (ônibus elétrico). Abrange, portanto, os automóveis, caminhões, *vans*, motocicletas, motonetas, quadriciclos, ônibus, micro-ônibus, ônibus elétricos que não circulem em trilhos etc.

O anexo esclarece também que os caminhões-tratores, os tratores, as caminhonetes e utilitários também são considerados veículos automotores.

É claro que os veículos de propulsão humana (bicicletas, patinetes etc.) e os de tração animal (carroças, charretes) não se amoldam ao conceito.

1.3. SUSPENSÃO E PROIBIÇÃO DA HABILITAÇÃO OU PERMISSÃO PARA DIRIGIR VEÍCULO

Art. 292 – A suspensão ou a proibição de se obter a permissão ou a habilitação para dirigir veículo automotor pode ser imposta isolada ou cumulativamente com outras penalidades.

Art. 293 – A penalidade de suspensão ou de proibição de se obter a permissão ou a habilitação, para dirigir veículo automotor, tem a duração de dois meses a cinco anos.

§ 1º – Transitada em julgado a sentença condenatória, o réu será intimado a entregar à autoridade judiciária, em quarenta e oito horas, a Permissão para Dirigir ou a Carteira de Habilitação.

§ 2º – A penalidade de suspensão ou de proibição de se obter a permissão ou a habilitação para dirigir veículo automotor não se inicia enquanto o sentenciado, por efeito de condenação penal, estiver recolhido a estabelecimento prisional.

De acordo com o Código de Trânsito, o candidato aprovado nos exames para habilitação receberá um certificado de Permissão para Dirigir, com validade de um ano. Ao término desse período, receberá a habilitação, desde que não tenha cometido nenhuma infração grave ou gravíssima, nem seja reincidente em infração média.

Segundo o disposto no art. 292 do Código de Trânsito, a suspensão ou proibição pode ser imposta como penalidade principal, isolada ou cumulativamente com outras penas, devendo ter a duração de dois meses a cinco anos.

Legislação Penal Especial

A suspensão pressupõe permissão ou habilitação já concedida, enquanto a proibição aplica-se àquele que ainda não obteve uma ou outra.

Nos crimes de homicídio culposo e lesões corporais culposas praticados na condução de veículo automotor, direção em estado de embriaguez, violação de suspensão ou proibição, e participação em disputa não autorizada (racha), a lei prevê de forma expressa a aplicação dessas penas, conjuntamente com a pena privativa de liberdade e, em alguns casos, concomitantemente também com a pena de multa.

Nos demais crimes, em que não há previsão específica de pena de suspensão ou proibição de obter a permissão ou habilitação, tais penalidades poderão ser aplicadas apenas quando o réu for reincidente na prática de crime previsto no Código, sem prejuízo das demais sanções cabíveis, como dispõe o art. 296.

Assim, apesar do texto legal, não se vislumbra a hipótese em que essa pena seja aplicada isoladamente.

No sistema do Código de Trânsito, a suspensão ou a proibição de permissão ou habilitação apresentam as seguintes características: 1) não têm caráter substitutivo, isto é, não substituem a pena privativa de liberdade fixada; 2) sua dosagem obedece aos mesmos critérios previstos no art. 68, *caput*, do Código Penal, dentro dos limites de dois meses a cinco anos; 3) tratando-se de pena não substitutiva, nada impede seja aplicada cumulativamente com pena privativa de liberdade, pouco importando tenha esta sido ou não suspensa condicionalmente, ou substituída por pena restritiva de direitos.

Nas hipóteses do Código de Trânsito, havendo imposição conjunta, a interdição do direito não se iniciará enquanto o condenado estiver recolhido a estabelecimento prisional (art. 293, § 2º).

De acordo com o disposto no art. 293, § 1º, do Código de Trânsito, transitada em julgado a decisão condenatória que impuser a penalidade de suspensão ou proibição de se obter a permissão ou habilitação, o réu será intimado a entregar à autoridade judiciária, em **quarenta e oito horas**, a Permissão para Dirigir ou a Carteira de Habilitação. Se não o fizer, cometerá o crime previsto no art. 307, parágrafo único, da Lei.

O Plenário do Supremo Tribunal Federal, ao analisar o Tema 486 (repercussão geral), analisou se a imposição da penalidade de suspensão da habilitação a motorista profissional fere o direito fundamental ao livre exercício do trabalho (art. 5º, XIII, da Constituição Federal). No julgamento a Corte Suprema aprovou a seguinte tese: "É constitucional a imposição da pena de suspensão de habilitação para dirigir veículo automotor ao motorista profissional condenado por homicídio culposo no trânsito" (RE 607.107, Rel. Min. Roberto Barroso, Tribunal Pleno, j. 12/02/2020, Processo Eletrônico Repercussão Geral – Mérito DJe-088, divulg. 13/04/2020, public. 14/04/2020). Apesar de o julgado referir-se ao crime de homicídio culposo, a decisão aplica-se também a outros crimes do Código de Trânsito aos quais seja aplicada a sanção de suspensão da habilitação.

1.4. EFEITO EXTRAPENAL DA CONDENAÇÃO

O condutor condenado por qualquer dos delitos previstos no Código de Trânsito Brasileiro ficará obrigado a submeter-se a novos exames para poder voltar a dirigir, de acordo com as normas estabelecidas pelo CONTRAN. Trata-se de efeito extrapenal e automático da condenação, que independe de expressa motivação na sentença (CTB, art. 160).

1.5. SUSPENSÃO OU PROIBIÇÃO CAUTELAR

Art. 294 – Em qualquer fase da investigação ou da ação penal, havendo necessidade para garantia da ordem pública, poderá o juiz, como medida cautelar, de ofício,

ou a requerimento do Ministério Público ou ainda mediante representação da autoridade policial, decretar, em decisão motivada, a suspensão da permissão ou da habilitação para dirigir veículo automotor, ou a proibição de sua obtenção.
Parágrafo único – Da decisão que decretar a suspensão ou a medida cautelar, ou da que indeferir o requerimento do Ministério Público, caberá recurso em sentido estrito, sem efeito suspensivo.

Da decisão que decretar a providência cautelar ou da que indeferir o requerimento do Ministério Público, caberá recurso em sentido estrito, sem efeito suspensivo.

Trata-se de decisão cautelar de natureza processual, que tem por finalidade impedir que o condutor continue a provocar danos ou a colocar em perigo a coletividade enquanto aguarda o desfecho definitivo do processo.

A medida pode ser decretada pelo juiz, de ofício, ou em razão de requerimento do Ministério Público ou de representação da autoridade policial. A decisão deverá, como sempre, ser fundamentada.

1.6. COMUNICAÇÃO DA SUSPENSÃO OU PROIBIÇÃO DA PERMISSÃO OU HABILITAÇÃO

Art. 295 – A suspensão para dirigir veículo automotor ou a proibição de se obter a permissão ou a habilitação será sempre comunicada pela autoridade judiciária ao Conselho Nacional de Trânsito – CONTRAN, e ao órgão de trânsito do Estado em que o indiciado ou réu for domiciliado ou residente.

Conforme se verá adiante, a penalidade de suspensão ou proibição de obter a Permissão para Dirigir ou a Carteira de Habilitação pode ser imposta judicial ou administrativamente. Esse dispositivo, entretanto, refere-se à penalidade imposta pela autoridade judiciária, no sentido de que esta comunique sua aplicação ao CONTRAN e ao órgão de trânsito do Estado em que o indiciado for domiciliado ou residente (DETRAN/CIRETRAN). A norma se aplica às suspensões ou proibições cautelares ou definitivas.

1.7. REINCIDÊNCIA ESPECÍFICA E SUSPENSÃO OU PROIBIÇÃO DA PERMISSÃO OU HABILITAÇÃO

Art. 296 – Se o réu for reincidente na prática de crime previsto neste Código, o juiz aplicará a penalidade de suspensão da permissão ou habilitação para dirigir veículo automotor, sem prejuízo das demais sanções cabíveis.

Nos crimes em que a Lei já prevê a pena de suspensão da permissão ou habilitação para dirigir veículo (arts. 302, 303, 306, 307 e 308), a reincidência atua como circunstância agravante genérica (art. 61, I, do CP); naqueles em que o Código de Trânsito não comina essa modalidade de sanção (arts. 304, 305, 309, 310, 311 e 312), o juiz deverá aplicá-la, em se tratando de reincidência em crimes do Código de Trânsito, sem prejuízo das demais penas previstas.

1.8. MULTA REPARATÓRIA

Art. 297 – A penalidade de multa reparatória consiste no pagamento, mediante depósito judicial em favor da vítima, ou seus sucessores, de quantia calculada com base no disposto no § 1º do art. 49 do Código Penal, sempre que houver prejuízo material resultante do crime.
§ 1º – A multa reparatória não poderá ser superior ao valor do prejuízo demonstrado no processo.
§ 2º – Aplica-se à multa reparatória o disposto nos arts. 50 e 52 do Código Penal.

§ 3º – Na indenização civil do dano, o valor da multa reparatória será descontado.

Como se vê, o juiz criminal poderá, por ocasião da prolação da sentença condenatória por delito previsto no Código de Trânsito, fixar um valor líquido e certo a ser pago pelo condenado, após o trânsito em julgado. O instituto aplica-se somente aos crimes do Código do qual decorram prejuízos para pessoa determinada. Não se aplica aos delitos de perigo porque a lei somente se refere a dano material.

Trata-se de efeito secundário da condenação, que não é automático, exigindo menção expressa na sentença, mesmo porque o juiz tem de apontar o seu valor. Tem uma eficácia maior do que o efeito genérico do art. 91, I, do Código Penal (obrigação de reparar o dano). Com efeito, na multa reparatória, não há simples formação de título executivo, condicionado a uma futura liquidação. O juiz já fixa um valor, bastando à parte executá-lo. Cuida-se, em verdade, de prefixação das perdas e danos ou, pelo menos, de parte desse montante.

Esta multa, portanto, não é pena, pois não tem tal finalidade punitiva, sendo meramente reparatória. Reforça esse entendimento o disposto no § 1º do art. 297, segundo o qual "a multa reparatória não poderá ser superior ao valor do prejuízo demonstrado no processo".

Apesar de a multa reparatória ser uma prefixação das perdas e danos, não impede que, em sendo superior o montante do prejuízo suportado, o restante seja calculado em ação de liquidação por artigos e executada a diferença (art. 297, § 3º). Nesse caso, a multa reparatória vale como uma antecipação de parte do valor devido, em decorrência do dano.

A execução da multa reparatória segue o disposto nos arts. 50 a 52 do Código Penal. No entanto, somente no que toca ao procedimento, já que a cobrança será feita pelo próprio interessado (vítima ou sucessor) e não pela Procuradoria da Fazenda ou pelo Ministério Público. Não teria sentido retirar a legitimidade do ofendido, já que essa multa, ao contrário da penal, tem nítido caráter indenizatório e somente interessa à vítima.

1.9. AGRAVANTES GENÉRICAS

O legislador, no art. 298 do Código de Trânsito, estabeleceu um rol de agravantes genéricas aplicáveis somente para os delitos de trânsito (dolosos ou culposos). Essas circunstâncias deverão ser consideradas na segunda fase da fixação da pena (art. 68 do CP), em relação às penas privativas de liberdade, multa e suspensão ou proibição de se obter a permissão ou habilitação para dirigir veículo automotor.

Art. 298 – São circunstâncias que sempre agravam as penalidades dos crimes de trânsito ter o condutor do veículo cometido a infração:
I – com dano potencial para duas ou mais pessoas ou com grande risco de grave dano patrimonial a terceiros.

A expressão "dano potencial" equivale a perigo. Assim, nos crimes de homicídio e lesões culposas na direção de veículo automotor (arts. 302 e 303), que são crimes de dano, se o fato atingir duas ou mais pessoas, será aplicada a regra do concurso formal (art. 70 do CP), que implica a aplicação da pena do delito mais grave, aumentada de um sexto até a metade. Fica, pois, afastada a agravante genérica em análise, que somente se aplica aos diversos crimes de perigo descritos no Código quando mais de uma pessoa for efetivamente exposta a situação de risco.

A segunda parte do dispositivo, também referente aos delitos de perigo, será aplicada, a critério do juiz, quando ficar evidenciado que a conduta se revestiu de tamanha intensidade que, em caso de acidente, os danos seriam extremamente elevados ao patrimônio de terceiro.

Art. 298, II – utilizando o veículo sem placas, com placas falsas ou adulteradas.

Essa agravante não se aplica quando o próprio autor da infração de trânsito é quem falsifica ou adultera as placas do veículo, hipótese em que haverá concurso material do crime de trânsito com o delito descrito no art. 311 do Código Penal, que estabelece pena de reclusão de três a seis anos, e multa, para quem "adulterar ou remarcar número de chassi ou qualquer sinal identificador de veículo automotor, de seu componente ou equipamento".

Art. 298, III – sem possuir Permissão para Dirigir ou Carteira de Habilitação.

Essa agravante não se aplica aos crimes de homicídio e de lesão culposa, uma vez que nesses delitos a circunstância constitui causa de aumento de pena de um terço até a metade (arts. 302, § 1º, I, e 303, parágrafo único). Também não se aplica ao crime de direção sem permissão ou habilitação (art. 309), uma vez que constituem elementar desse delito, e tampouco ao crime de entrega de veículo a pessoa não habilitada, porque, nesse crime, o sujeito ativo não é o seu condutor.

A agravante é aplicável, por exemplo, a crimes como omissão de socorro (art. 304) e embriaguez ao volante (art. 306).

A agravante genérica não exige que o condutor tenha gerado perigo de dano, enquanto o crime de direção não habilitada de veículo (art. 309), exige. Assim, de acordo com o Superior Tribunal de Justiça, há duas possibilidades: a) quem dirige embriagado **sem provocar perigo de dano** e sem ser habilitado, incorre no crime do art. 306 com a incidência da agravante genérica em estudo; b) quem conduz veículo embriagado sem ser habilitado e **gerando perigo de dano** (direção anormal), responde pelos crimes de embriaguez ao volante (art. 306) e direção não habilitada de veículo (art. 309). Nesse sentido: AgRg no REsp n. 745.604/MG, Ministro Reynaldo Soares da Fonseca, 5ª Turma, *DJe* 24/8/2018; AgRg no HC 465.408/MS, Rel. Min. Sebastião dos Reis Júnior, 6ª Turma, julgado em 11/12/2018, *DJe* 01/02/2019.

O mero fato de a habilitação estar vencida não está abrangido no texto legal.

Art. 298, IV – com Permissão para Dirigir ou Carteira de Habilitação de categoria diferente da do veículo.

A conduta de conduzir veículo com permissão ou habilitação de categoria diversa gerando perigo de dano caracteriza o crime do art. 309, e, portanto, a agravante em tela não se aplica a tal delito. Em relação aos demais delitos a regra tem aplicação. Ex.: pessoa habilitada apenas para dirigir motocicleta que causa lesão culposa dirigindo caminhão.

Art. 298, V – quando a sua profissão ou atividade exigir cuidados especiais com o transporte de passageiros ou de carga.

Lembre-se de que, para os crimes de homicídio e lesão culposa na direção de veículo automotor, caracteriza causa de aumento de pena específica o fato de o condutor do veículo, no exercício de sua profissão ou atividade, estar conduzindo veículo de transporte de **passageiros** (arts. 302, § 1º, IV, e 303, § 1º). Assim, a regra só vale para os outros delitos.

Art. 298, VI – utilizando veículo em que tenham sido adulterados equipamentos ou características que afetem a sua segurança ou o seu funcionamento de acordo com os limites de velocidade prescritos nas especificações do fabricante.

A lei se refere aos chamados motores "envenenados", pneus tala-larga, frentes rebaixadas etc. Nos crimes de homicídio e lesões corporais culposas, a agravante somente poderá ser aplicada se a adulteração não tiver sido a própria causa do acidente, hipótese em que sua aplicação autônoma implicaria *bis in idem*.

Art. 298, VII – sobre faixa de trânsito temporária ou permanentemente destinada a pedestres.

O dispositivo visa aumentar a segurança dos pedestres nos locais especificamente a eles destinados. Essa agravante não incide sobre os crimes de homicídio e lesão culposa, para os quais existe previsão legal de causa de aumento de pena para a mesma hipótese (arts. 302, § 1º, II, e 303, parágrafo único).

> Art. 299 – (*vetado*).
> Art. 300 – (*vetado*).

1.10. PRISÃO EM FLAGRANTE E FIANÇA

> Art. 301 – Ao condutor de veículo, nos casos de acidentes de trânsito de que resulte vítima, não se imporá a prisão em flagrante, nem se exigirá fiança, se prestar pronto e integral socorro àquela.

Esse artigo deixa absolutamente evidente a possibilidade de prisão em flagrante nos crimes de homicídio e lesões corporais culposas, como também nos demais delitos da lei de trânsito.

Acontece que, visando estimular o socorro às vítimas, o legislador veda a efetivação da prisão em flagrante (lavratura do respectivo auto de prisão), bem como dispensa a fiança àquele condutor de veículo envolvido em acidente que venha a prestar imediato e completo socorro à vítima. Em contrapartida, aquele que não o fizer, responderá pelo crime de homicídio ou lesões corporais culposas, com acréscimo de um terço até a metade da pena (arts. 302, § 1º, III, e 303, parágrafo único).

1.11. PENAS RESTRITIVAS DE DIREITOS ESPECÍFICAS

A Lei n. 13.281/2016 inseriu no art. 312-A do Código de Trânsito regras para a substituição das penas privativas de liberdade dos crimes de trânsito por restritivas de direitos, desde que presentes os requisitos legais para a substituição.

De acordo com tal dispositivo, "para os crimes relacionados nos arts. 302 a 312 deste Código, nas situações em que o juiz aplicar a substituição de pena privativa de liberdade por pena restritiva de direitos, esta deverá ser de prestação de serviço à comunidade ou a entidades públicas, em uma das seguintes atividades:

I – trabalho, aos fins de semana, em equipes de resgate dos corpos de bombeiros e em outras unidades móveis especializadas no atendimento a vítimas de trânsito;

II – trabalho em unidades de pronto-socorro de hospitais da rede pública que recebem vítimas de sinistro de trânsito e politraumatizados;

III – trabalho em clínicas ou instituições especializadas na recuperação de sinistrados de trânsito;

IV – outras atividades relacionadas ao resgate, atendimento e recuperação de vítimas de sinistros de trânsito".

2 DOS CRIMES EM ESPÉCIE (SEÇÃO II)

2.1. HOMICÍDIO E LESÃO CULPOSA NA DIREÇÃO DE VEÍCULO AUTOMOTOR

> Art. 302 – Praticar homicídio culposo na direção de veículo automotor:
> Penas – detenção, de dois a quatro anos, e suspensão ou proibição de se obter a permissão ou a habilitação para dirigir veículo automotor.
> Art. 303 – Praticar lesão corporal culposa na direção de veículo automotor:
> Penas – detenção de seis meses a dois anos e suspensão ou proibição de se obter a permissão ou habilitação para dirigir veículo automotor.

1. Introdução. O Código de Trânsito tipificou crimes de homicídio e lesão culposa na direção de veículo automotor, diferenciando-os, portanto, dos crimes homônimos descritos nos arts. 121, § 3º, e 129, § 6º, do Código Penal, que possuem penas mais leves. Não basta, entretanto, que o fato ocorra no trânsito. Suponha-se que um pedestre desrespeite a sinalização e seja atropelado por um motociclista que esteja conduzindo corretamente o seu veículo, e este venha ao solo, sofrendo lesões corporais. A imprudência foi do pedestre e ele deve ser responsabilizado criminalmente pelo crime de lesão culposa do Código Penal, já que não estava na direção de veículo automotor, não obstante o fato tenha se passado no trânsito. Se, entretanto, o autor da imprudência fosse o motociclista, seria aplicável o Código de Trânsito, concluindo-se, portanto, que suas regras somente são cabíveis a quem esteja no comando dos mecanismos de controle e velocidade de um veículo automotor. Por não serem veículos dessa natureza, também não são aplicáveis os crimes do Código de Trânsito no caso de infrações culposas cometidas por pessoas conduzindo charretes, carroças, bicicletas etc.

Não obstante o art. 1º do Código de Trânsito estabeleça que "o trânsito de qualquer natureza nas vias terrestres do território nacional, abertas à circulação, rege-se por este Código", e o art. 2º defina via terrestre de forma a excluir as vias particulares (estacionamentos privados, pátio de postos de gasolina, vias internas de fazendas particulares), entende-se que devem ser aplicados os crimes de homicídio e lesão culposa do Código de Trânsito ainda que o fato não ocorra em via pública. Com efeito, quando o legislador quis exigir que o fato delituoso fosse caracterizado apenas quando ocorresse em via pública, o fez de forma expressa no tipo penal, como nos crimes participação em competição não autorizada (art. 308) e direção sem habilitação (art. 309). Assim, fica evidente a intenção do legislador em excepcionar a regra, para permitir a aplicação dos crimes de homicídio e lesão culposa qualquer que seja o local do delito, desde que o agente esteja na direção de veículo automotor.

Eventuais crimes culposos praticados por condutores de aviões, helicópteros, ultraleves, lanchas, *jet-skis* ou barcos não estão abrangidos pelo Código de Trânsito, que só trata de fato ocorrido em vias terrestres, configurando, assim, crime culposo do Código Penal.

2. Objetividade jurídica. A vida humana extrauterina, no homicídio culposo, e a incolumidade física, na lesão corporal culposa.

3. Tipo objetivo. O tipo penal é aberto, devendo o juiz, no caso concreto, por meio de um juízo de valor, concluir se o agente atuou ou não com imprudência, negligência ou imperícia.

Imprudência é a prática de um fato perigoso, como dirigir em velocidade excessiva.

Negligência é a ausência de uma precaução, como, por exemplo, a falta de manutenção no freio ou de outros mecanismos de segurança do automóvel.

Imperícia é a falta de aptidão para a realização de certa conduta, como, por exemplo, perder o controle de um automóvel e causar um acidente, sem que tenha havido excesso de velocidade ou qualquer outro motivo para justificar o evento.

Note-se que a caracterização da culpa nos delitos de trânsito provém, em regra, do desrespeito às normas disciplinares contidas no próprio Código de Trânsito (imprimir velocidade excessiva, dirigir embriagado, transitar na contramão, desrespeitar a preferência de outros veículos, efetuar conversão ou retorno em local proibido, avançar o sinal vermelho, ultrapassar em local proibido etc.). Estas, entretanto, não constituem as únicas hipóteses de reconhecimento do crime culposo, pois o agente, ainda que não desrespeite as regras disciplinares do Código, pode agir com inobservância do cuidado necessário e, assim, responder pelo crime. A ultrapassagem, por exemplo, se feita em local permitido, não configura infração administrativa, mas, se for efetuada sem a necessária atenção, pode dar causa a acidente e implicar crime culposo.

A existência de culpa exclusiva da vítima afasta a responsabilização do condutor, mas, no caso de culpa recíproca, o motorista responde pelo delito, já que as culpas não se compensam. Aliás, quando dois motoristas agem com imprudência, dando causa, cada qual, a lesões no outro, respondem ambos pelo crime, pois, conforme já mencionado, não existe compensação de culpas em direito penal. Por fim, quando a soma das condutas culposas de dois condutores provoca a morte de terceiro, existe a chamada culpa concorrente, em que ambos respondem pelo crime.

4. Lesão culposa. No crime de lesões culposas continua a não existir diferenciação em face da gravidade das lesões para fim de tipificação da infração penal. Deve a gravidade ser considerada como circunstância judicial no momento da fixação da pena-base (consequências do crime).

As demais regras referentes ao homicídio culposo aplicam-se às lesões culposas, sendo necessário ressalvar, entretanto, que a ação penal na lesão culposa depende de representação, nos termos do art. 291, § 1º, do Código de Trânsito, salvo se o condutor estiver embriagado ou sob o efeito de droga, participando de competição não autorizada em via pública ou conduzindo o veículo acima de 50 km/h em relação ao limite máximo permitido para o local, hipóteses em que a ação será pública incondicionada.

A Lei n. 13.546, publicada em 20 de dezembro de 2017, inseriu uma figura qualificada no § 2º, do art. 303, estabelecendo pena de reclusão, de 2 a 5 anos, sem prejuízo das outras penas previstas neste artigo, se o agente conduz o veículo com capacidade psicomotora alterada em razão da influência de álcool ou de outra substância psicoativa que determine dependência, e se do crime resultar lesão corporal de natureza grave ou gravíssima. As formas de demonstração da embriaguez são as mesmas que serão estudadas na ocasião da análise do crime do art. 306. O art. 44 do Código Penal permite a substituição da pena privativa de liberdade nos crimes culposos qualquer que seja a pena aplicada, desde que presentes os demais requisitos legais, como primariedade, bons antecedentes etc. A Lei n. 14.071/2020, todavia, vedou tal benefício ao crime de lesão culposa grave ou gravíssima cometido na direção de veículo automotor por pessoa que esteja sob a influência de álcool ou de qualquer outra substância psicoativa que determine dependência (art. 303, § 2º, do CTB). Referida regra foi inserida no art. 312-B do Código de Trânsito e entrou em vigor em 12 de abril de 2021.

A circunstância de estar embriagado o motorista do veículo automotor que comete o crime de lesão corporal culposa de natureza leve não torna o crime qualificado, mas retira-lhe a possibilidade de certos benefícios, conforme já mencionado, bem como pode ser considerada pelo juiz na fixação da pena-base (art. 59 do CP).

Na modalidade qualificada pela embriaguez, a lesão culposa deve ser de natureza grave ou gravíssima. Como a pena máxima prevista nesses casos é de 5 anos não se insere na competência do Juizado Criminal, de modo que não cabe a aplicação das regras da Lei n. 9.099/95.

5. Consumação. Ocorre no momento em que a vítima morre ou sofre as lesões corporais.

6. Tentativa. Não existe tentativa nos crimes culposos.

7. Perdão judicial. Não menciona o Código de Trânsito a possibilidade de aplicação de perdão judicial para hipóteses em que as circunstâncias do delito atinjam o agente de forma tão grave que a imposição da penalidade se torne desnecessária (morte de cônjuge, companheiro ou parente próximo, graves lesões no próprio autor do crime etc.). Veja-se, ainda, que o art. 291, *caput*, menciona apenas a possibilidade de aplicação subsidiária das regras gerais do Código Penal (Parte Geral), que, em princípio, não abrangem o perdão judicial que está previsto nos arts. 121, § 5º, e 129, § 8º, do Código Penal, isto é, em sua Parte Especial.

Não nos parece, todavia, que tenha sido intenção do legislador afastar o perdão judicial dos delitos de trânsito, uma vez que na redação originária constava a possibilidade de sua aplicação (art. 300), dispositivo que acabou sendo vetado pelo Presidente da República, sob o fundamento de que o Código Penal disciplina o tema de forma mais abrangente. As razões do veto, portanto, demonstram que o perdão judicial pode ser aplicado também aos delitos culposos da lei de trânsito.

8. Concurso de crimes e absorção. A Lei n. 9.503/97 criou diversos crimes que se caracterizam por uma situação de perigo (dano potencial) e que ficarão absorvidos quando ocorrer o dano efetivo (lesões corporais ou homicídio culposo na direção de veículo automotor). É o caso dos crimes de direção de veículo sem habilitação e excesso de velocidade em determinados locais (arts. 309 e 311).

Se o agente, com uma única conduta culposa, provocar a morte ou lesões corporais em duas ou mais vítimas, aplica-se a regra do concurso formal – art. 70 do Código Penal, em que o juiz aplica somente a pena do crime mais grave, aumentada de um sexto até metade.

9. Jurisprudência. Tem sido admitido o crime culposo nas seguintes hipóteses: velocidade inadequada para o local, desrespeito às vias preferenciais, ingresso em rodovia sem as devidas cautelas, derrapagem em pista escorregadia, embriaguez ao volante, falta de distância do veículo que segue à frente, direção pela contramão, ultrapassagem em local proibido ou sem as devidas cautelas, excesso de velocidade em curvas, falta de manutenção nos freios, manobra de marcha à ré sem os cuidados necessários, desrespeito à faixa de pedestres, queda de passageiro de coletivo com as portas abertas ou de boia-fria da carroceria de caminhão etc.

Por outro lado, não se tem admitido o crime culposo nas seguintes hipóteses de culpa exclusiva da vítima: travessia em pista de rodovia de alta velocidade ou de madrugada, saída repentina da calçada para a rua ou por trás de outros carros etc.

10. Ação penal. No homicídio culposo a ação é pública incondicionada, e na lesão culposa é pública condicionada a representação, salvo se o condutor estiver embriagado ou sob o efeito de droga, ou participando de competição não autorizada em via pública ou conduzindo o veículo acima de 50 km/h em relação ao limite máximo permitido para o local, hipóteses em que a ação é pública incondicionada.

11. Causas de aumento de pena. Estabelece a lei em seus arts. 302, § 1º, e 303, §1º, hipóteses em que as penas sofrerão acréscimo de um terço até a metade.

I – Se o agente não possuir Permissão para Dirigir ou Carteira de Habilitação. É óbvio que, nesse caso, não pode ser reconhecido concomitantemente o crime de dirigir veículo na via pública sem permissão ou habilitação (art. 309).

O mero fato de a habilitação estar vencida não está abrangido no texto legal.

II – Se o crime é cometido na faixa de pedestres ou na calçada. Entendeu o legislador que a conduta culposa é mais grave nesses casos, uma vez que a vítima é atingida em local destinado a lhe dar segurança, demonstrando desrespeito do motorista em relação à área.

III – Deixar de prestar socorro, quando possível fazê-lo sem risco pessoal, à vítima do acidente. Essa hipótese evidentemente só é aplicável ao condutor do veículo que tenha agido de forma culposa. Caso não tenha agido com imprudência, negligência ou imperícia e deixe de prestar socorro à vítima, estará incurso no crime de omissão de socorro no trânsito (art. 304).

O aumento terá aplicação quando o socorro for possível sem risco pessoal para o condutor (ameaça de agressão, grande movimentação de veículos etc.), e quando o agente puder concretizá-lo por possuir meios para tanto. Assim, se o agente não possui condições de efetuar o socorro ou quando também ficou lesionado no acidente de forma a não poder ajudar a vítima, não terá aplicação o dispositivo.

O instituto também não será aplicado se a vítima for, de imediato, socorrida por terceira pessoa, ou se ela estiver evidentemente morta, hipótese em que o socorro não teria qualquer efeito útil.

IV – Se o agente no exercício de sua profissão ou atividade, estiver conduzindo veículo de transporte de passageiro. Trata-se de hipótese cuja finalidade é ressaltar a necessidade de cuidado e zelo por parte daqueles que têm como seu ganha-pão a condução de veículo de transporte de passageiros, já que o número maior de pessoas transportadas justifica o tratamento diferenciado. Aliás, para a própria obtenção da habilitação são exigidos exames específicos.

A lei não se refere apenas aos motoristas de ônibus ou táxi, mas também a qualquer motorista que atue no transporte de passageiros como motoristas de lotações, de *vans* escolares etc.

Veja-se, ademais, que o aumento será aplicado ainda que o resultado tenha alcançado pessoa que não estava no interior do veículo.

O preceito secundário do crime em análise prevê, além da pena de detenção, a suspensão ou proibição de se obter a permissão ou a habilitação para dirigir veículo automotor. Questionou-se perante o Supremo Tribunal Federal, se esta pena poderia ser aplicada a motoristas profissionais ou se violaria o direito fundamental ao livre exercício do trabalho (art. 5º, XIII, da Constituição Federal). O Plenário do Supremo Tribunal Federal, ao analisar o Tema 486 (repercussão geral), aprovou a seguinte tese: "É constitucional a imposição da pena de suspensão de habilitação para dirigir veículo automotor ao motorista profissional condenado por homicídio culposo no trânsito".

12. Homicídio culposo cometido por pessoa embriagada.

É necessário dizer, inicialmente, que a Lei n. 11.275/2006 acrescentou neste art. 302, § 1º, causa de aumento de pena para os casos em que o autor do homicídio culposo na direção de veículo automotor estivesse sob a influência de álcool ou substância tóxica ou entorpecente de efeitos análogos. Tratava-se do inciso V do referido parágrafo, que, todavia, foi revogado pela Lei n. 11.705/2008, na medida em que o legislador entendeu que a existência de tal dispositivo dificultava o enquadramento do autor do delito na modalidade dolosa do homicídio – dolo eventual por parte de quem dirige embriagado e provoca morte.

Ocorre que o Supremo Tribunal Federal, em diversas decisões, definiu que a pessoa que dirige embriagada e que provoca morte no trânsito pode ser punida por homicídio culposo ou doloso (dolo eventual), dependendo das circunstâncias do caso concreto – quantidade de bebida ingerida, forma e local de condução do veículo etc. A propósito: "Não tem aplicação o precedente invocado pela defesa, qual seja, o HC 107.801/SP, por se tratar de situação diversa da ora apreciada. Naquela hipótese, a Primeira Turma entendeu que o crime de homicídio praticado na condução de veículo sob a influência de álcool somente poderia ser considerado doloso se comprovado que a embriaguez foi preordenada. No caso sob exame, o paciente foi condenado pela prática de homicídio doloso por imprimir velocidade excessiva ao veículo que dirigia, e, ainda, por estar sob influência do álcool, circunstância apta a demonstrar que o réu aceitou a ocorrência do resultado e agiu, portanto, com dolo eventual" (HC 115.352, Rel. Min. Ricardo Lewandowski, 2ª Turma, julgado em 16.04.2013). E ainda: "Os autos evidenciam, neste juízo sumário, que a imputação atribuída ao agravante não resultou da aplicação aleatória do dolo eventual. Indicou-se, com efeito, as circunstâncias especiais do caso, notadamente a embriaguez, o excesso de velocidade e a ultrapassagem de semáforo com sinal desfavorável em local movimentado, a indicar a anormalidade da ação, do que defluiu a aparente desconsideração, falta de respeito ou indiferença para com o resultado lesivo" (HC 160.500 AgR, Rel. Min. Alexandre de Moraes, 1ª Turma, julgado em 28.09.2018). "Não cabe na pronúncia analisar e valorar profundamente as provas, pena inclusive de influenciar de forma indevida os jurados, de todo suficiente a indicação, fundamentada, da existência de provas da materialidade e autoria de crime de competência do Tribunal do Júri. 3. Mesmo em crimes de trânsito, definir se os fatos, as provas e as circunstâncias do caso autorizam a condenação do paciente por homicídio doloso ou se, em realidade, trata-se de hipótese de homicídio culposo ou mesmo de inocorrência de crime é questão que cabe ao Conselho de Sentença do Tribunal do Júri. 4. *Habeas corpus* extinto sem resolução do mérito" (HC 109.210, Rel. Min. Marco Aurélio, Relator(a) p/ Acórdão: Min. Rosa Weber, 1ª Turma, julgado em 21-8-2012, processo eletrônico *DJe* 154, 7-8-2013, public. 8-8-2013).

Em razão disso, o legislador resolveu novamente aprovar lei para tornar mais grave a pena do homicídio culposo quando cometido por pessoa embriagada ou drogada, o que se materializou com a aprovação da Lei n. 12.971/2014, que passou a prever pena de reclusão de 2 a 4 anos para tais casos, além da suspensão ou proibição de obter a habilitação ou permissão para dirigir (art. 302, § 2º). Ocorre que tal dispositivo acabou sendo também revogado pela Lei n. 13.281/2016. Posteriormente, em 20 de dezembro de 2017 foi publicada a Lei n. 13.546/2017, criando figura qualificada para o crime de homicídio culposo na direção de veículo automotor para a hipótese em que o agente comete o crime conduzindo o veículo sob a influência de álcool ou de qualquer outra substância psicoativa que determine dependência (art. 302, § 3º, do CTB). Em tal hipótese, a pena passou a ser de reclusão, de 5 a 8 anos, e suspensão ou proibição do direito de se obter a permissão ou a habilitação para dirigir veículo automotor. As formas de comprovação da embriaguez são as mesmas que serão analisadas no estudo do crime do art. 306 do CTB – embriaguez ao volante. Saliente-se que tal lei entrou em vigor em 19 de abril de 2018. Ressalte-se, também, que o fato de ter sido estabelecida pena maior para a hipótese culposa não exclui a possibilidade de responsabilização por dolo eventual em situações especiais, conforme mencionado pelo STF no julgamento do HC 160.500 Agr/SP, Rel. Min. Alexandre de Moraes, 1ª Turma, julgado em 28/09/2018 – transcrição acima.

O art. 44 do Código Penal permite a substituição da pena privativa de liberdade nos crimes culposos qualquer que seja a pena aplicada, desde que presentes os demais requisitos legais, como primariedade, bons antecedentes etc. A Lei n. 14.071/2020, todavia, vedou tal benefício ao crime de homicídio culposo cometido na direção de veículo automotor por pessoa que esteja sob a influência de álcool ou de qualquer outra substância psicoativa que determine dependência (art. 302, § 3º, do CTB). Referida regra foi inserida no art. 312-B do Código de Trânsito e entrou em vigor em 12 de abril de 2021.

Quadro sinótico – Homicídio culposo na direção de veículo automotor

Objetividade jurídica	A vida humana extrauterina.
Tipo objetivo	Praticar homicídio culposo na direção de veículo automotor. O art. 1º do Código de Trânsito Brasileiro restringe seu alcance a fatos ocorridos em via terrestre, de modo que a morte decorrente de imprudência, imperícia ou negligência na condução de aeronave ou embarcação constitui crime de homicídio culposo comum do art. 121, § 3º, do Código Penal. Igualmente se a conduta culposa ocorrer no trânsito, mas for causada por pedestre ou passageiro de veículo, já que tais pessoas não estão na condução de veículo. Aplica-se, ainda, o crime culposo do Código Penal se a conduta for praticada por condutor de bicicleta ou charrete, já que não são veículos motorizados.
Sujeito ativo	Qualquer pessoa. Trata-se de crime comum.
Sujeito passivo	Qualquer pessoa.
Consumação	No momento da morte.
Tentativa	Não é possível.
Causas de aumento de pena	Haverá acréscimo de um terço até metade da pena; I – se o agente não possuir Permissão para Dirigir ou Habilitação; II – se o crime for cometido na faixa de pedestres ou sobre a calçada; III – se o agente deixar de prestar imediato socorro à vítima quando possível fazê-lo sem risco pessoal; IV – se a conduta culposa tiver sido praticada no exercício de profissão (motorista profissional) ou quando se tratar de veículo de transporte de passageiros.

Legislação Penal Especial

Figura qualificada pela embriaguez	Nos termos do art. 302, § 3º, a pena será de reclusão, de 5 a 8 anos, se o homicídio culposo é cometido por condutor de veículo automotor que está sob a influência de álcool ou de qualquer outra substância psicoativa que determine dependência. É vedada a substituição por penas restritivas de direitos para esta modalidade de delito cometida a partir de 12 de abril de 2021.
Ação penal	É pública incondicionada.

Lesão culposa na direção de veículo automotor

Objetividade jurídica	A incolumidade física.
Tipo objetivo	Praticar lesão corporal culposa na direção de veículo automotor. O art. 1º do Código de Trânsito Brasileiro restringe seu alcance a fatos ocorridos em via terrestre, de modo que a lesão decorrente de imprudência, imperícia ou negligência na condução de aeronave ou embarcação constitui crime de lesão culposa comum do art. 129, § 6º, do Código Penal. Da mesma forma se a conduta culposa ocorrer no trânsito, mas for causada por pedestre ou passageiro de veículo, já que tais pessoas não estão na condução de veículo. Aplica-se, ainda, o crime culposo do Código Penal se a conduta for praticada por condutor de bicicleta ou charrete, já que não são veículos motorizados.
Sujeito ativo	Qualquer pessoa. Trata-se de crime comum.
Sujeito passivo	Qualquer pessoa.
Consumação	Quando a vítima sofre a lesão.
Tentativa	Não é possível.
Causas de aumento de pena	Haverá acréscimo de um terço até metade da pena; I – se o agente não possuir Permissão para Dirigir ou Habilitação; II – se o crime for cometido na faixa de pedestres ou sobre a calçada; III – se o agente deixar de prestar imediato socorro à vítima quando possível fazê-lo sem risco pessoal; IV – se a conduta culposa tiver sido praticada no exercício de profissão (motorista profissional) ou quando se tratar de veículo de transporte de passageiros.
Figura qualificada pela embriaguez	Nos termos do § 2º, do art. 303, a pena será de reclusão, de 2 a 5 anos, se o agente conduz o veículo com capacidade psicomotora alterada em razão da influência de álcool ou de outra substância psicoativa que determine dependência, e se do crime resultar lesão corporal de natureza grave ou gravíssima. É vedada a substituição por penas restritivas de direitos para esta modalidade de delito cometido a partir de 12 de abril de 2021.
Ação penal	É pública condicionada à representação, salvo se o agente estava embriagado ou sob efeito de substância psicoativa no momento do crime, se estava participando de racha em via pública ou se conduzia o veículo em velocidade superior à máxima permitida para o local em 50 km/h, hipóteses em que a ação é incondicionada.

2.2. OMISSÃO DE SOCORRO

Art. 304 – Deixar o condutor do veículo, na ocasião do acidente, de prestar imediato socorro à vítima, ou, não podendo fazê-lo diretamente, por justa causa, deixar de solicitar auxílio da autoridade pública:

Penas – detenção, de seis meses a um ano, ou multa, se o fato não constituir elemento de crime mais grave.

1. Objetividade jurídica. A vida e a saúde das pessoas.

2. Sujeito ativo. O crime em estudo somente pode ser cometido por condutor de veículo envolvido em acidente com vítima que deixa de prestar socorro ou de solicitar auxílio à autoridade. Assim, se na mesma oportunidade motoristas de outros veículos, não envolvidos no acidente, deixam também de prestar socorro, incidem no crime genérico de omissão de socorro descrito no art. 135 do Código Penal. O mesmo ocorre em relação a pessoas que não estejam na condução de veículos automotores e que não prestem socorro.

É também requisito desse crime que o agente não tenha agido de forma culposa, pois, nesse caso, o crime será de homicídio ou lesões culposas com a pena aumentada pela omissão de socorro (arts. 302, § 1º, II, e 303, § 1º).

3. Sujeito passivo. A vítima do acidente que necessite de socorro.

4. Tipo objetivo. Trata-se de crime omissivo puro, para o qual a lei descreve duas condutas típicas.

A primeira é deixar de prestar imediato socorro à vítima. Esse dispositivo somente se aplica quando o auxílio pode ser prestado sem que o agente corra risco pessoal.

A segunda consiste em deixar de solicitar auxílio à autoridade pública (quando, por justa causa, não for possível o socorro direto).

É possível que tanto o socorro quanto o pedido de auxílio à autoridade pública sejam inviáveis: o condutor também se encontrava lesionado ou desorientado em face do acidente; falta de condições materiais para o socorro (veículos quebrados, em local afastado); risco de agressões por populares etc. Nesses casos, não haverá crime.

5. Consumação. Dá-se no momento da omissão. Ao contrário do que ocorre na legislação comum, não existe previsão legal de aumento de pena quando, em face da omissão, a vítima sofre lesões graves ou morre.

6. Tentativa. Tratando-se de crime omissivo próprio, não se admite a figura da tentativa.

7. Ação penal. É pública incondicionada.

8. Norma penal explicativa. Nos termos do art. 304, parágrafo único, incide nas penas previstas neste artigo o condutor do veículo, ainda que sua omissão seja suprida por terceiros ou que se trate de vítima com morte instantânea ou com ferimentos leves.

Esse dispositivo, porém, deve ser interpretado com algumas ressalvas:

a) **Socorro por terceiro:** o condutor somente responderá pelo crime no caso de ser a vítima socorrida por terceiros, quando a prestação desse socorro não chegou ao conhecimento dele, por já se ter evadido do local. Assim, se, após o acidente, o condutor se afasta do local e, na sequência, a vítima é socorrida por terceiro, existe o crime. É evidente, entretanto, que não há delito, quando, logo após o acidente, terceira pessoa se adianta ao condutor e presta o socorro. Não se pode exigir que o condutor chame para si a responsabilidade pelo socorro quando terceiro já o fez (muitas vezes até em condições mais apropriadas).

b) **Morte instantânea:** no caso de vítima com morte instantânea, o dispositivo é inaplicável, uma vez que o delito não tem objeto jurídico, já que o socorro seria absolutamente inócuo.

c) **Vítima com lesões leves:** o conceito de lesões corporais de natureza leve é muito extenso, de tal sorte que o crime de omissão de socorro somente será cabível quando, apesar de os ferimentos serem leves, esteja a vítima necessitando de algum socorro (fraturas, cortes profundos etc.). É evidente que o socorro não se faz necessário quando a vítima sofre simples escoriações ou pequenos cortes.

Legislação Penal Especial

2.3. FUGA DO LOCAL DO ACIDENTE

> Art. 305 – Afastar-se o condutor do veículo do local do acidente, para fugir à responsabilidade penal ou civil que lhe possa ser atribuída:
> Penas – detenção, de seis meses a um ano, ou multa.

1. Objetividade jurídica. Cuida-se de infração penal que tutela a administração da justiça, que fica prejudicada pela fuga do agente do local do evento, uma vez que tal atitude impede sua identificação e a consequente apuração do ilícito na esfera penal e civil. Não se trata de prisão por dívida, pois o agente é punido pelo artifício utilizado para burlar a administração da justiça e não pela dívida decorrente da ação delituosa.

Existe corrente doutrinária e jurisprudencial no sentido de que a tipificação da fuga do local do acidente como crime fere o princípio do privilégio contra a autoincriminação, segundo o qual ninguém é obrigado a fazer prova contra si mesmo. O dispositivo seria, portanto, inconstitucional. Ocorre que, em 14 de novembro de 2018, o Plenário do Supremo Tribunal Federal, ao analisar o RE 971.959/RS, declarou a constitucionalidade do dispositivo, concluindo que o tipo penal não viola referido princípio. Eis a tese firmada pelo Pleno do Supremo Tribunal Federal: "A regra que prevê o crime do art. 305 do Código de Trânsito Brasileiro (Lei n. 9.503/97) é constitucional, posto não infirmar o princípio da não incriminação, garantido o direito ao silêncio e ressalvadas as hipóteses de exclusão da tipicidade e da antijuridicidade" (Tema de Repercussão Geral n. 907).

2. Sujeito ativo. O condutor do veículo. É evidente, entretanto, que todas as pessoas que tenham estimulado a fuga ou colaborado diretamente para que ela ocorresse responderão pelo crime na condição de partícipes.

3. Sujeito passivo. O Estado e, secundariamente, a pessoa prejudicada pela conduta.

4. Tipo objetivo. A conduta incriminada é o afastamento, a fuga do local do acidente, com a intenção de não ser identificado e, assim, não responder penal ou civilmente pelo ato.

5. Consumação. Dá-se com a fuga do local, ainda que o agente seja identificado e não atinja a sua finalidade de se eximir da responsabilidade pelo evento. Trata-se de crime formal.

6. Tentativa. É possível, desde que o agente não obtenha êxito em se afastar do *locus delicti*.

7. Concurso. O agente que comete um crime e foge do local, responde pelos dois delitos em concurso material.

8. Ação penal. É pública incondicionada.

2.4. EMBRIAGUEZ AO VOLANTE

> Art. 306 – Conduzir veículo automotor com capacidade psicomotora alterada em razão da influência do álcool ou de outra substância psicoativa que determine dependência:
> Penas – detenção de seis meses a três anos, multa, e suspensão ou proibição de se obter a permissão ou a habilitação para dirigir veículo automotor.
> § 1º – As condutas previstas no *caput* serão constatadas por:
> I – concentração igual ou superior a 6 decigramas de álcool por litro de sangue ou igual ou superior a 0,3 miligrama de álcool por litro de ar alveolar; ou
> II – sinais que indiquem, na forma disciplinada pelo Contran, alteração da capacidade psicomotora.
> § 2º – A verificação do disposto neste artigo poderá ser obtida mediante teste de alcoolemia ou toxicológico, exame clínico, perícia, vídeo, prova testemunhal ou outros meios de prova em direito admitidos, observado o direito à contraprova.

§ 3º – O Contran disporá sobre a equivalência entre os distintos testes de alcoolemia ou toxicológico para efeito de caracterização do crime tipificado neste artigo.

§ 4º – Poderá ser empregado qualquer aparelho homologado pelo Instituto Nacional de Metrologia, Qualidade e Tecnologia – INMETRO – para se determinar o previsto no caput. (Incluído pela Lei n. 13.840, de 2019)

1. Objetividade jurídica. O art. 5º, *caput*, da Constituição Federal assegura que todos os cidadãos têm direito à segurança. O art. 1º, § 2º, do Código de Trânsito Brasileiro estabelece que "o trânsito, em condições seguras, é um direito de todos ...", e em seu art. 28 dispõe que o motorista deve conduzir o veículo "com atenção e cuidados indispensáveis à segurança do trânsito".

É fácil concluir, portanto, que a segurança viária é o objeto jurídico principal do delito. O direito à vida e à saúde constituem, em verdade, a objetividade jurídica secundária do tipo penal.

2. Sujeito ativo. Qualquer pessoa.

3. Sujeito passivo. Considerando que o bem jurídico principal é a segurança viária, pode-se concluir que o interesse atingido é público e, portanto, a coletividade aparece como sujeito passivo. Secundariamente, pode-se considerar como vítima a pessoa eventualmente exposta a risco pela conduta.

4. Tipo objetivo. Durante muitos anos a conduta de dirigir embriagado constituiu mera contravenção de direção perigosa (art. 34 da LCP).

Com a aprovação do Código de Trânsito Brasileiro, referida conduta foi erigida à categoria de crime (art. 306 do CTB). Para a configuração do delito, entretanto, não eram suficientes os sinais de embriaguez, exigindo o tipo penal que o condutor dirigisse o veículo de forma a expor a dano potencial a incolumidade de outrem. Assim, se o sujeito estivesse dirigindo corretamente ao ser parado por policiais, não incorreria no crime. A tipificação pressupunha uma direção anormal em razão da influência do álcool: em zigue-zague ou na contramão, dando "cavalo de pau", empinando motocicleta etc.

Posteriormente, a Lei n. 11.705/2008 (que ficou popularmente conhecida como "Lei Seca") retirou essa exigência, transformando em crime a conduta de dirigir veículo com concentração de álcool por litro de sangue igual ou superior a seis decigramas, independentemente de qualquer outro fator, ou seja, ainda que o acusado fosse parado em fiscalização de rotina conduzindo o veículo normalmente. O legislador, ao aprovar tal lei, entendeu que o simples fato de estar com mencionada concentração de álcool no sangue é sempre suficiente para expor a perigo a segurança viária. Acontece que, por exigir uma concentração mínima de álcool no sangue, a comprovação do delito só poderia ser feita por exame de sangue ou pelo bafômetro (que atestam exatamente o volume de álcool no organismo do condutor), mas o Superior Tribunal de Justiça firmou entendimento de que os condutores não são obrigados a se submeter a tais exames em razão do princípio do "privilégio contra a autoincriminação", segundo o qual ninguém pode ser obrigado a fazer prova contra si mesmo. Com isso, na imensa maioria dos casos, os motoristas parados pela polícia passaram a se recusar a fazer os referidos exames, inviabilizando a comprovação do crime. Por conta disso, em 21 de dezembro de 2012 foi publicada a "nova Lei Seca", ou seja, a Lei n. 12.760, que conferiu a atual redação do art. 306.

De acordo com o texto legal em vigor, basta, para a existência do crime, que o agente esteja dirigindo veículo automotor com capacidade psicomotora alterada em razão da influência do álcool ou de outra substância psicoativa que determine dependência (maconha, cocaína, *crack*, *ecstasy* etc.).

Também de acordo com o texto legal, considera-se alterada a capacidade psicomotora do condutor quando:

I – houver concentração igual ou superior a 6 decigramas de álcool por litro de sangue ou igual ou superior a 0,3 miligrama de álcool por litro de ar alveolar.

Legislação Penal Especial

De acordo com o art. 306, § 2º, do Código de Trânsito, a verificação desses índices se dá mediante testes de alcoolemia – exame de sangue ou pelo aparelho conhecido como etilômetro (ou "bafômetro"), que analisa o ar alveolar (ar expelido pela boca). No caso do "bafômetro", a Resolução n. 432/2013 do CONTRAN admite pequena margem de erro nos aparelhos, de modo que o delito só estará configurado quando o aparelho marcar 0,34 miligramas de álcool por litro de ar ou mais (que, na prática, equivalerá aos 0,3 miligramas a que a lei se refere). A Lei n. 12.971/2014 acrescentou a possibilidade de a prova ser feita por meio de exame toxicológico (saliva, suor, cabelos, pelos, urina).

II – presentes sinais que indiquem referida alteração, na forma disciplinada pelo Contran. No caso do uso do álcool, esses sinais são a fala pastosa, o odor etílico característico, a alteração no equilíbrio ou na coordenação motora, a sonolência, os olhos vermelhos, os soluços, o comportamento alterado, a desordem nas vestes etc. A Resolução n. 432/2013 do CONTRAN regulamenta o tema (sinais de embriaguez alcoólica).

A própria Lei n. 12.760/2012, que deu redação ao art. 306, § 1º, do Código de Trânsito, estabelece que a comprovação da existência desses sinais poderá ser obtida mediante exame clínico, perícia, vídeo, prova testemunhal ou outros meios de prova em direito admitidos, observado o direito à contraprova.

Com isso, se uma pessoa for abordada dirigindo veículo automotor e se recusar inicialmente a fornecer sangue ou a passar pelo exame do bafômetro e a ela for dada voz de prisão em flagrante por apresentar sinais que indiquem alteração na capacidade psicomotora em razão da influência do álcool, embasada, por exemplo, no testemunho de policiais ou de exame clínico, poderá ela, de imediato, solicitar a contraprova, que se dará exatamente pela realização dos exames anteriores (de sangue ou bafômetro). Se tais exames resultarem negativos, a prisão deverá ser relaxada.

Outro requisito do crime em questão é que o sujeito esteja **conduzindo veículo automotor**, ou seja, dirigindo, tendo sob seu controle direto os aparelhamentos de aceleração, freio e direção de um automóvel, ônibus, caminhão, trator, van, motocicleta etc. Considera-se ter havido condução ainda que o veículo esteja desligado (mas em movimento) ou quando o agente se limita a efetuar uma pequena manobra.

5. Consumação. No momento em que o agente dirige o veículo estando com a capacidade psicomotora alterada em razão do álcool ou outra substância psicoativa que determine dependência. Não é necessário que o motorista esteja conduzindo o veículo de forma anormal ou que tenha causado risco a pessoas determinadas, já que se trata de crime de perigo abstrato.

6. Tentativa. Não é admissível. Se o agente queria dirigir um automóvel, mas seus amigos esconderam a chave, o fato é considerado atípico.

7. Concurso

a) Com a entrada em vigor da Lei n. 13.546/2017, em 19 de abril de 2018, a embriaguez ao volante passou a constituir qualificadora dos crimes de homicídio culposo e de lesão culposa, desde que a lesão seja grave ou gravíssima. Em tais hipóteses não é possível a punição pelo crime de embriaguez ao volante, pois constituiria *bis in idem*. Quando se tratar de lesão culposa leve o delito de embriaguez ao volante deve ser punido de forma autônoma porque os bens jurídicos são diversos e os momentos consumativos idem: "É inviável o reconhecimento da consunção do delito previsto no art. 306, do CTB (embriaguez ao volante), pelo seu art. 303 (lesão corporal culposa na direção de veículo automotor), quando um não constitui meio para a execução do outro, mas evidentes infrações penais autônomas, que tutelam bens jurídicos distintos. Precedentes" (STJ – REsp 1629107/DF, Rel. Min. Ribeiro Dantas, 5ª Turma, julgado em 20-3-2018, DJe 26-3-2018); 26-3-2018)."Segundo o entendimento que prevalece nesta Corte Superior de Justiça, "os crimes de embriaguez ao volante e o de lesão corporal culposa em direção de veículo automotor são autônomos e o primeiro não é meio normal, nem fase de preparação ou execução para o cometimento do segundo, não havendo falar em aplicação do princípio da consunção. Precedentes." (AgRg no REsp 1.688.517/MS, Rel. Min. Maria Thereza de Assis Moura, 6ª Turma, julgado em 07/12/2017, DJe 15/12/2017)" (STJ – AgRg no HC 442.850/MS, Rel. Min. Laurita Vaz, 6ª Turma, julgado em 25/09/2018, DJe 11/10/2018).

Existem, porém, julgados aplicando o princípio da consunção e determinando a absorção do crime de embriaguez ao volante quando a denúncia imputa o crime de lesão culposa (leve) ao motorista unicamente em razão da embriaguez, hipótese em que constituiria a embriaguez ao volante elementar do crime culposo.

Se o crime for o de lesão culposa na direção de veículo automotor, o fato de o condutor estar embriagado ou drogado faz com que a ação penal, que em regra depende de representação, passe a ser pública incondicionada (art. 291, § 1º, I, do Código de Trânsito).

Em situações extremadas, em que a conduta do motorista embriagado é de tal forma inaceitável, tem-se admitido que ele seja responsabilizado por homicídio ou lesão corporal com dolo eventual. Ex.: motorista que dirige em estrada de pista simples com índice muito elevado de álcool no sangue, invadindo a pista contrária e causando a morte de outro motorista. O STF já firmou entendimento, entretanto, que não é em todo e qualquer caso de homicídio causado por condutor que se encontra sob os efeitos do álcool que a conduta pode ser enquadrada como homicídio com dolo eventual. Assim, conforme salientado, apenas para casos extremados se admite tal capitulação.

b) Se o agente estiver embriagado e dirigir sem habilitação gerando perigo de dano, infringirá também o crime do art. 306 (embriaguez ao volante), de acordo com entendimento do Superior Tribunal de Justiça: "Os crimes previstos nos arts. 306 e 309 do CTB são autônomos, com objetividades jurídicas distintas, motivo pelo qual não incide o postulado da consunção. Dessarte, o delito de condução de veículo automotor sem habilitação não se afigura como meio necessário nem como fase de preparação ou de execução do crime de embriaguez ao volante (AgRg no REsp n. 745.604/MG, Ministro Reynaldo Soares da Fonseca, Quinta Turma, DJe 24/8/2018)" (AgRg no HC 465.408/MS, Rel. Min. Sebastião dos Reis Júnior, 6ª Turma, julgado em 11/12/2018, DJe 01/02/2019).

De acordo com a súmula n. 664 do STJ, aprovada em novembro de 2023: "É inaplicável a consunção entre o delito de embriaguez ao volante e o de condução de veículo automotor sem habilitação".

O Superior Tribunal de Justiça tem entendido, ademais, que se trata de concurso material de crimes: "Descabe falar em *bis in idem* na fixação da pena-base, pois a condenação pelo art. 309 do CTB está fundada no fato de o agente ter sido surpreendido sem carteira de habilitação, tratando-se, pois, de condutas típicas distintas, o que enseja a condenação pelos dois crimes, em concurso material" (HC 531.403/RJ, Rel. Min. Ribeiro Dantas, 5ª Turma, julgado em 15/10/2019, DJe 25/10/2019); "A condenação do paciente, em concurso material, pelos tipos dos arts. 306 e 309 do CTB alinha-se ao entendimento assente nesta Corte Superior sobre o assunto, no sentido de que os crimes em questão são autônomos, com objetividades jurídicas distintas, motivo pelo qual não incide o postulado da consunção, pois um delito não constituiu meio para a execução do outro. Precedentes." (HC 380.695/MS, Rel. Min. Reynaldo Soares da Fonseca, 5ª Turma, julgado em 20/04/2017, DJe 27/04/2017).

Se o condutor dirige sem habilitação sem gerar perigo de dano, não se tipifica o crime do art. 309. Por isso, se dirigir embriagado, incorrerá no crime de embriaguez ao volante com a pena exasperada em razão da agravante genérica do art. 298, III, do Código de Trânsito.

8. Ação penal. É pública incondicionada.

2.5. VIOLAÇÃO DA SUSPENSÃO OU PROIBIÇÃO IMPOSTA

Art. 307, *caput* – Violar a suspensão ou a proibição de se obter a permissão ou a habilitação para dirigir veículo automotor imposta com fundamento neste Código:

Penas – detenção, de seis meses a um ano e multa, com nova imposição adicional de idêntico prazo de suspensão ou de proibição.

1. Introdução. A pena de suspensão da permissão ou da habilitação pode ser imposta judicial ou administrativamente às pessoas legalmente habilitadas.

A suspensão judicial ocorre nas hipóteses em que o agente é condenado em definitivo pela prática de crime de trânsito para o qual é cominada esta modalidade de sanção penal (homicídio culposo, lesão culposa, embriaguez ao volante e participação em disputa não autorizada) ou, para as demais infrações penais, quando o acusado for reincidente na prática de crimes previstos no Código de Trânsito (art. 296). O prazo da suspensão é de dois meses a cinco anos (art. 293, § 1º).

A suspensão administrativa será aplicada por decisão fundamentada da autoridade de trânsito competente, em processo administrativo, assegurado ao infrator amplo direito de defesa (art. 265):

De acordo com o art. 261 do CTB, com a redação que lhe foi dada pela Lei n. 14.071/2020, a penalidade de suspensão do direito de dirigir será imposta nos seguintes casos:

I – sempre que o infrator atingir, no período de doze meses, a seguinte contagem de pontos.

a) vinte pontos, caso constem duas ou mais infrações gravíssimas na pontuação;

b) trinta pontos, caso conste uma infração gravíssima na pontuação;

c) quarenta pontos, caso não conste nenhuma infração gravíssima na pontuação.

II – por transgressão às normas estabelecidas neste Código, cujas infrações preveem, de forma específica, a penalidade de suspensão do direito de dirigir. De acordo com o § 1º, do referido art. 261, os prazos para aplicação da penalidade de suspensão do direito de dirigir são os seguintes: I – no caso do inciso I do *caput*: de seis meses a um ano e, no caso de reincidência no período de doze meses, de oito meses a dois anos; II – no caso do inciso II do *caput*: de dois a oito meses, exceto para as infrações com prazo descrito no dispositivo infracional, e, no caso de reincidência no período de doze meses, de oito a dezoito meses, respeitado o disposto no inciso II do art. 263, sempre que este atingir a contagem de vinte pontos referentes ao cometimento de infrações administrativas de trânsito (arts. 261, § 1º, e 259). Haverá, também, suspensão quando o motorista dirigir sob a influência de álcool ou de qualquer outra substância psicoativa que determine dependência, e, nesse caso, o prazo da suspensão é de doze meses, nos termos do art. 165 do Código.

A suspensão também deverá ser determinada, por exemplo, em casos de disputa de corrida, participação em competição não autorizada de exibição ou demonstração de perícia, ou utilização de veículo para demonstrar ou exibir manobra perigosa, mediante arrancada brusca, derrapagem ou frenagem com deslizamento ou arrastamento de pneus (arts. 173, 174 e 175 do CTB). Em tais hipóteses, a reincidência, no prazo de doze meses, tem como consequência a cassação da habilitação, nos termos do art. 263, II, do CTB.

O Superior Tribunal de Justiça firmou entendimento no sentido de que o crime do art. 307 só se configura em caso de descumprimento de decisão judicial de suspensão da habilitação. Nesse sentido: "Com o desenvolvimento da legislação de trânsito, buscando resguardar a segurança viária, conter o crescimento no número de acidentes e retirar de circulação motoristas que punham em risco a vida e a integridade física das demais pessoas, a suspensão da habilitação para dirigir veículo automotor, antes restrita a mera penalidade de cunho administrativo, passou a ser disciplinada como sanção criminal autônoma, tanto pelo Código Penal – CP, ao defini-la como modalidade de pena restritiva de direitos, como pelo Código de Trânsito Brasileiro – CTB, ao definir penas para os denominados "crimes de trânsito". 2. Assim, nos termos do art. 292 do CTB, a suspensão da habilitação para dirigir veículo automotor pode ser imputada como espécie de sanção penal, aplicada isolada ou cumulativamente com outras penas 3. Dada a natureza penal da sanção, somente a decisão lavrada por juízo penal pode ser objeto do descumprimento previsto no tipo do art. 307, *caput*, do CTB, não estando ali abrangida a hipótese de descumprimento de decisão administrativa, que, por natureza, não tem o efeito de coisa julgada e, por isso, está sujeita à revisão da via judicial. 4. *In casu*, a conduta de violar decisão administrativa que suspendeu a habilitação para dirigir veículo automotor não configura o crime do artigo 307, *caput*, do CTB, embora possa constituir outra espécie de infração administrativa, segundo as normas correlatas. 5. Ordem concedida para anular a condenação do paciente e determinar o trancamento do procedimento penal que já se encontra em fase de execução" (STJ – HC 427.472/SP, Rel. Min. Maria Thereza de Assis Moura, 6ª Turma, julgado em 23/08/2018, DJe 12/12/2018); "1. Da leitura do artigo 307 do Código de Trânsito Brasileiro, verifica-se que o objeto jurídico tutelado pela norma incriminadora é a administração da justiça, vale dizer, trata-se de infração penal que busca dar efetividade e real cumprimento a sanção cominada em outro delito de trânsito. Doutrina. 2. A mera suspensão administrativa do direito de dirigir não configura o crime em questão, notadamente porque no Direito Penal não se admite o emprego da analogia de modo a prejudicar o réu. Precedente. 3. Na espécie, tem-se que o recorrente estava impedido de conduzir veículos automotores em razão de decisão administrativa, conduta que, como visto, não viola o bem jurídico tutelado pela norma prevista no artigo 307 do Código de Trânsito Brasileiro, o que revela a sua atipicidade e impõe o trancamento do processo, no ponto. 4. Recurso provido para determinar o trancamento da ação penal instaurada contra o recorrente no tocante ao crime de trânsito" (STJ – RHC 99.585/PR, Rel. Min. Jorge Mussi, 5ª Turma, julgado em 19/03/2019, DJe 26/03/2019). No mesmo sentido veja-se AgRg no REsp 1798124/RS, Rel. Min. Reynaldo Soares da Fonseca, 5ª Turma, julgado em 02/04/2019, DJe 16/04/2019.

A pena de proibição, por outro lado, pressupõe que o agente não possua a permissão ou habilitação e somente é aplicável judicialmente às pessoas que cometam crime do Código para os quais haja previsão legal desta espécie de repreenda.

Ao condenado por infração a este art. 307 do Código Penal, o juiz imporá novo prazo de suspensão ou proibição de obter a permissão ou habilitação pelo mesmo prazo anteriormente imposto.

2. Objetividade jurídica. O respeito à penalidade imposta por transgressão cometida no trânsito.

3. Tipo objetivo. A conduta típica consistente em "violar" a suspensão ou proibição implica dirigir veículo automotor durante o período em que esta conduta está vedada. Ao contrário do que ocorre nas figuras penais do art. 309 do Código, basta a conduta de dirigir o veículo, independente de expor alguém a risco.

4. Sujeito ativo. Qualquer pessoa que se encontre proibida de obter a permissão ou habilitação ou com tal direito suspenso.

5. Sujeito passivo. O Estado, em face do desrespeito à penalidade imposta.

6. Consumação. Dá-se com a simples conduta de dirigir, colocar o veículo em movimento.

7. Tentativa. É inadmissível. Se o agente coloca o veículo em movimento, o crime está consumado; caso contrário, o fato é penalmente irrelevante.

8. Ação penal. É pública incondicionada.

2.6. OMISSÃO NA ENTREGA DA PERMISSÃO OU HABILITAÇÃO

Art. 307, parágrafo único – Nas mesmas penas incorre o condenado que deixa de entregar, no prazo estabelecido no § 1º do art. 293, a Permissão para Dirigir ou a Carteira de Habilitação.

Legislação Penal Especial

1. Introdução. Trata-se de infração penal em que o indivíduo necessariamente torna-se reincidente, uma vez que o legislador tipificou, como delito autônomo, a conduta de não colaborar com o cumprimento de pena anteriormente imposta em razão de condenação por outro crime de trânsito. Perceba-se que, ao contrário do que ocorre no crime previsto no *caput*, a conduta incriminada dispensa a transgressão efetiva à penalidade imposta. Basta, em verdade, que o agente não colabore com o início do cumprimento da reprimenda, deixando de entregar à autoridade judiciária, no prazo de quarenta e oito horas a contar da intimação, a Permissão para Dirigir ou a Carteira de Habilitação.

2. Objetividade jurídica. Como no crime de desobediência, o que se procura tutelar é o prestígio e a dignidade da Administração Pública e das decisões judiciais.

3. Sujeito ativo. O condenado que, intimado, deixa de apresentar a Permissão ou Carteira de Habilitação à autoridade judiciária.

4. Sujeito passivo. O Estado, titular da atividade administrativa e do princípio da autoridade.

5. Consumação. Dá-se no momento em que decorre o prazo de quarenta e oito horas a contar da intimação.

6. Tentativa. Por se tratar de crime omissivo próprio, não admite a figura do *conatus*.

2.7. PARTICIPAÇÃO EM COMPETIÇÃO NÃO AUTORIZADA

Art. 308. Participar, na direção de veículo automotor, em via pública, de corrida, disputa ou competição automobilística ou ainda de exibição ou demonstração de perícia em manobra de veículo automotor, não autorizada pela autoridade competente, gerando situação de risco à incolumidade pública ou privada:

Penas – detenção, de seis meses a três anos, multa e suspensão ou proibição de se obter a permissão ou a habilitação para dirigir veículo automotor.

§ 1º – Se da prática do crime previsto no *caput* resultar lesão corporal de natureza grave, e as circunstâncias demonstrarem que o agente não quis o resultado nem assumiu o risco de produzi-lo, a pena privativa de liberdade é de reclusão, de três a seis anos, sem prejuízo das outras penas previstas neste artigo.

§ 2º – Se da prática do crime previsto no *caput* resultar morte, e as circunstâncias demonstrarem que o agente não quis o resultado nem assumiu o risco de produzi-lo, a pena privativa de liberdade é de reclusão de cinco a dez anos, sem prejuízo das outras penas previstas neste artigo.

1. Introdução. O elevado índice de acidentes graves decorrentes de disputas automobilísticas conhecidas como "rachas" levou o legislador a deslocar a conduta, que antes configurava mera contravenção de direção perigosa, para a parte penal do Código de Trânsito, transformando-a em crime.

2. Objetividade jurídica. A segurança viária.

3. Sujeito ativo. Qualquer pessoa. Quando a disputa envolve dois ou mais veículos, haverá concurso entre os condutores. Espectadores e passageiros que estimulem a corrida serão também responsabilizados na condição de partícipes (art. 29 do CP).

4. Sujeito passivo. A coletividade e, de forma secundária e eventual, a pessoa exposta a risco em virtude da disputa.

5. Tipo objetivo. O núcleo do tipo é a palavra "participar", que pressupõe que o agente se envolva, tome parte na disputa, estando na direção de veículo automotor.

A lei se refere a corrida, disputa ou competição, de forma a abranger o maior número possível de condutas: disputa em velocidade por um determinado percurso envolvendo dois ou mais veículos; tomada de tempo entre vários veículos, ainda que cada performance seja individual; disputa de acrobacias (freadas, cavalos de pau, direção sobre uma única roda no caso de motocicleta etc.).

A Lei n. 13.546/2017 modificou a redação do dispositivo, que passou também a incriminar as exibições ou demonstrações de perícia em manobra de veículo automotor, como cavalos de pau, por exemplo, desde que não haja autorização e que o fato provoque risco à incolumidade pública ou privada. Nestas novas modalidades, não é necessário que haja uma disputa ou competição.

O fato somente caracterizará crime se:

a) ocorrer na via pública, ou seja, em local aberto a qualquer pessoa, cujo acesso seja sempre permitido e por onde seja possível a passagem de veículos automotores (ruas, alamedas, avenidas, passagens, vielas, estradas, rodovias etc.). As ruas dos condomínios particulares, nos termos da Lei n. 6.766/79, pertencem ao Poder Público e, portanto, a participação em competição não autorizada nesses locais, constitui crime. De outro lado, não se considera via pública o interior de fazenda particular, o interior de estacionamentos particulares de veículos ou de *shopping centers* etc.;

b) não houver autorização das autoridades competentes;

c) gerar perigo à incolumidade pública ou privada. É desnecessário provar que pessoa certa e determinada foi exposta a perigo. Na realidade, a disputa entre dois veículos em altíssima velocidade na via pública, por si só, rebaixa o nível de segurança viária, de tal forma a estar caracterizado o delito. Basta à acusação provar que a disputa foi realizada de maneira a atentar contra as normas de segurança do trânsito para ser possível a condenação.

Com a entrada em vigor da Lei n. 13.546/2017 (120 dias após sua publicação – em 20 de dezembro de 2017), também estará caracterizado o delito, ainda que não haja uma competição, caso o agente realize exibição ou demonstração de perícia em manobra em via pública, sem licença da autoridade, desde que o fato gere risco à incolumidade pública ou privada.

6. Consumação. Dá-se no momento da disputa, corrida ou competição não autorizada.

7. Tentativa. É inadmissível.

8. Elemento subjetivo. É a vontade livre e consciente de participar da disputa, corrida ou competição.

9. Concurso. Se em decorrência da disputa ocorre um acidente do qual resulta a morte, será aplicada a qualificadora do art. 308, § 2º (ver comentário abaixo). Dependendo do caso concreto (modo como se desenrolou a disputa) é até possível o reconhecimento de homicídio doloso, pois não é demasiado entender que pessoas que se dispõem a tomar parte em disputas imprimindo velocidade extremamente acima do limite e ainda em locais públicos assumem o risco de causar a morte de alguém (dolo eventual). Existem diversos casos em que houve condenação por homicídio com dolo eventual e que foram mantidas pelos tribunais superiores.

Quando três ou mais pessoas se unem para, frequentemente, realizar em via pública rachas ("pegas") não autorizados, podem ser punidas também por crime de associação criminosa (art. 288 do CP), em concurso material com o delito deste art. 308 do Código de Trânsito.

10. Formas qualificadas. Dispõe o art. 308, § 1º, com a redação dada pela Lei n. 12.971/2014, que se da prática do crime previsto no *caput* resultar lesão corporal de natureza grave, e as circunstâncias demonstrarem que o agente não quis o resultado nem assumiu o risco de produzi-lo, a pena privativa de liberdade será de reclusão, de 3 a 6 anos, sem prejuízo das outras penas previstas neste artigo. Já o § 2º dispõe que se da prática do crime previsto no *caput* resultar morte, e as circunstâncias demonstrarem que o agente não quis o resultado nem assumiu o risco de produzi-lo, a pena privativa de liberdade é de reclusão de 5 a 10 anos, sem prejuízo das outras penas previstas neste artigo.

Legislação Penal Especial

Há de se salientar, em primeiro lugar, que estas qualificadoras são exclusivamente **preterdolosas** (dolo na competição não autorizada e culpa na lesão grave ou morte). De ver-se, entretanto, que, em regra, quando dois ou mais motoristas resolvem disputar corrida ("racha", "pega") em **via pública**, imprimindo velocidade extremamente elevada para o local e disso decorre colisão, capotamento ou atropelamento com resultado morte (de um dos competidores, de passageiro ou de terceiro), o fato é enquadrado em regra como homicídio com **dolo eventual**. Ocorre, todavia, que as figuras qualificadas poderão ser aplicadas em hipóteses menos extremas de competição, em que fique caracterizada apenas culpa em relação ao evento agravador. Com efeito, não são raros os casos de competição de "empinadas" de motocicletas ou de outros tipos de malabarismos em veículos (cavalos de pau, cantadas de pneu etc.). Se tais condutas forem realizadas durante competição não autorizada e delas resultar culposamente a morte de outrem, haverá enquadramento na figura qualificada do art. 308, § 2º.

2.8. DIREÇÃO DE VEÍCULO SEM PERMISSÃO OU HABILITAÇÃO

> Art. 309 – Dirigir veículo automotor, em via pública, sem a devida Permissão para Dirigir ou Habilitação ou, ainda, se cassado o direito de dirigir, gerando perigo de dano:
> Penas – detenção, de seis meses a um ano, ou multa.

1. Introdução. A conduta de dirigir veículo sem habilitação, anteriormente definida como simples contravenção penal (art. 32 da LCP), foi elevada à categoria de crime, sofrendo, entretanto, algumas alterações quanto a seus requisitos.

2. Tipo objetivo. O núcleo do tipo é a conduta de dirigir, que significa ter sob seu controle os mecanismos de direção e velocidade de um veículo, colocando-o em movimento por um determinado trajeto. É necessário, ainda, que o fato ocorra em via pública (*v.* comentários ao art. 308).

Para que exista o crime, é necessário que o condutor do veículo não possua Permissão para Dirigir (documento válido por um ano aos candidatos aprovados nos exames) ou Habilitação.

Deve-se levar em conta o momento em que o agente é flagrado dirigindo, de nada adiantando a obtenção posterior da Permissão ou Habilitação.

No caso de Habilitação com prazo de validade expirado, somente se pode cogitar de crime se o vencimento ocorreu há mais de trinta dias, pois, antes disso, o fato sequer constitui infração administrativa (art. 162, V).

Se o agente está com a Permissão ou a Habilitação suspensas, a conduta tipifica o crime do art. 307.

Existe crime na hipótese de o agente ser habilitado para conduzir veículo de uma determinada categoria e ser flagrado dirigindo veículo de outra (art. 143). Ex.: pessoa habilitada somente para conduzir automóveis que dirige motocicleta.

Quando uma pessoa está dirigindo veículo de forma a gerar perigo de dano e, ao ser parado por policiais, apresenta habilitação falsa, responde pelo crime do art. 309 do Código de Trânsito em concurso material com o crime de uso de documento falso (art. 304 do CP).

Há de se lembrar que o estado de necessidade exclui o crime: quando o agente dirige sem habilitação para socorrer pessoa adoentada ou acidentada que necessite de atendimento médico, ou, ainda, em outras situações de extrema urgência.

O art. 141 da Lei n. 9.503/97 estabelece que, para os ciclomotores, exige-se autorização para dirigir, e não habilitação. Pode-se concluir, portanto, que a direção de ciclomotor **sem** autorização não está abrangida pelo tipo penal. De acordo com a definição constante do Anexo I do Código de Trânsito Brasileiro, ciclomotor é o veículo de duas ou três rodas, provido de motor de combustão interna, cuja cilindrada não exceda a 50 cm^3 (cinquenta centímetros cúbicos), equivalente a 3,05 pol^3 (três polegadas cúbicas e cinco centésimos), ou de motor de propulsão elétrica com potência máxima de 4 kW (quatro quilowatts), e cuja velocidade máxima de fabricação não exceda a 50 Km/h (cinquenta quilômetros por hora).

Existe crime também na conduta de dirigir veículo pela via pública com o direito de dirigir cassado, nas hipóteses do art. 263 do CTB. A cassação é aplicada por decisão fundamentada da autoridade de trânsito competente, em processo administrativo, assegurado ao infrator amplo direito de defesa.

Por fim, a existência do crime pressupõe que a conduta provoque perigo de dano. Basta, entretanto, demonstrar que o agente conduzia o veículo sem habilitação e de forma anormal, irregular, de modo a atingir negativamente o nível de segurança de trânsito, que é o objeto jurídico tutelado pelo dispositivo (dirigir na contramão, em zigue-zague, desrespeitando preferencial etc.). É, portanto, desnecessário que se prove que certa pessoa sofreu efetiva situação de risco, pois, conforme já mencionado, não se trata de crime de perigo concreto. Trata-se de crime que efetivamente lesa o bem jurídico "segurança viária", de forma que o sujeito passivo é toda a coletividade e não pessoa certa e individualizada. À acusação, portanto, incumbe provar que o agente não possuía habilitação e que dirigia desrespeitando as normas de tráfego, ainda que não tenha exposto diretamente alguém a risco.

Uma questão muito importante que se coloca é saber se o art. 32 da Lei das Contravenções continua em vigor para a hipótese em que o agente conduz regularmente o veículo, sem possuir a habilitação.

A resposta é negativa.

Com efeito, a simples conduta de dirigir sem habilitação passou a configurar apenas infração administrativa (art. 162, I), demonstrando que o legislador quis afastar a incidência de normas penais para o caso.

Pela sistemática antiga, o ato de dirigir sem habilitação configurava concomitantemente a contravenção penal do art. 32 e a infração administrativa prevista no art. 89, I, do antigo Código Nacional de Trânsito. O novo Código, entretanto, tratou tanto da questão administrativa quanto da penal, dispondo que, se a conduta gerar perigo de dano, haverá crime, mas, se não gerar, haverá mera infração administrativa. Assim, atento ao que dispõe o art. 2º, § 1º, da Lei de Introdução às Normas do Direito Brasileiro, no sentido de que há revogação tácita quando a lei posterior trata de toda a matéria e de forma diversa da anterior, pode-se concluir que o novo Código, ao dispor em seu corpo sobre matéria penal e também administrativa, revogou o art. 32 da Lei das Contravenções Penais quanto à direção sem habilitação. Nesse sentido, a Súmula 720 do Supremo Tribunal Federal: "o art. 309 do Código de Trânsito Brasileiro, que reclama decorra do fato perigo de dano, derrogou o art. 32 da Lei das Contravenções Penais no tocante à direção sem habilitação em vias terrestres". Assim, o art. 32 só continua tendo aplicação em sua parte final, isto é, para hipóteses de direção de embarcação a motor em águas públicas, sem habilitação.

3. Sujeito ativo. Qualquer pessoa. Trata-se de crime de mão própria, que admite o concurso de pessoas apenas na modalidade de participação, sendo incompatível com a coautoria. É partícipe do crime aquele que, por exemplo, estimula ou instiga o agente a dirigir de forma anormal, ciente de que este não é habilitado. O ato de entregar o veículo a pessoa não habilitada constitui crime específico do art. 310.

4. Sujeito passivo. A coletividade e, de forma secundária e eventual, a pessoa exposta a perigo pelo agente.

5. Consumação. Dá-se no instante em que o agente dirige o veículo de forma irregular.

6. Tentativa. É inadmissível.

7. Absorção. Se o agente estiver embriagado e dirigir sem habilitação gerando perigo de dano, infringirá também o crime do art. 306 (embriaguez ao volante), de acordo com entendimento do Superior Tribunal de Justiça: "Os crimes previstos nos arts. 306 e 309 do CTB são autônomos, com objetividades jurídicas distintas, motivo pelo qual não incide o postulado da consunção. Dessarte, o delito de condução de veículo automotor sem habilitação não se afigura como meio necessário nem como fase de preparação ou de execução do crime de embriaguez ao volante (AgRg no REsp n. 745.604/MG, Ministro Reynaldo Soares da Fonseca, Quinta Turma, DJe 24/8/2018)" (AgRg no HC 465.408/MS, Rel. Min. Sebastião dos Reis Júnior, 6ª Turma, julgado em 11/12/2018, DJe 01/02/2019).

Se o condutor dirige sem habilitação sem gerar perigo de dano, não se tipifica o crime do art. 309. Por isso, se dirigir embriagado, incorrerá no crime de embriaguez ao volante com a pena exasperada em razão da agravante genérica do art. 298, III, do Código de Trânsito.

Se o agente, ao dirigir sem habilitação, infringe também os crimes dos arts. 306 (embriaguez ao volante), 308 (participação em competição não autorizada) ou 311 (excesso de velocidade), responderá apenas por essas infrações penais, aplicando-se pelo fato de não possuir habilitação, a agravante genérica do art. 298, III, do Código de Trânsito.

8. Ação penal. É pública incondicionada.

2.9. ENTREGA DE VEÍCULO A PESSOA NÃO HABILITADA

> Art. 310 – Permitir, confiar ou entregar a direção de veículo automotor a pessoa não habilitada, com habilitação cassada ou com o direito de dirigir suspenso, ou, ainda, a quem, por seu estado de saúde, física ou mental, ou por embriaguez, não esteja em condições de conduzi-lo com segurança:
> Penas – detenção, de seis meses a um ano, ou multa.

1. Introdução. A lei erigiu à categoria de crime autônomo condutas que, na ausência do dispositivo, configurariam participação no crime de dirigir sem habilitação. Quis o legislador, entretanto, estabelecer a divisão para deixar evidente a existência do crime por parte de quem entrega o veículo ainda que o condutor dirija de forma regular (tipificação que seria impossível para o mero partícipe). Nesse sentido, existe a Súmula 575 do Superior Tribunal de Justiça: "Constitui crime a conduta de permitir, confiar ou entregar a direção de veículo automotor a pessoa que não seja habilitada, ou que se encontre em qualquer das situações previstas no art. 310 do CTB, independentemente da ocorrência de lesão ou de perigo de dano concreto na condução do veículo".

2. Objetividade jurídica. A segurança viária.

3. Tipo objetivo. São as condutas de permitir, confiar ou entregar a direção de veículo automotor a alguém. Essas condutas possuem praticamente o mesmo significado.

Entregar significa passar o veículo às mãos ou à posse de alguém. A conduta pressupõe a entrega material do automóvel, da motocicleta etc. Nas modalidades permitir e confiar, o agente expressa ou tacitamente consente no uso do veículo. O crime, portanto, pode ser praticado por ação ou por omissão.

Apesar de não haver menção no texto legal, é necessário que a pessoa receba o veículo para conduzi-lo na via pública, uma vez que esta é a sistemática adotada pelo Código.

Para que o crime se aperfeiçoe é necessário que o veículo seja franqueado a uma das pessoas enumeradas no tipo penal:

a) pessoa não habilitada. Apesar do texto legal, é evidente que não há crime quando a pessoa possui permissão para dirigir; **b)** pessoa com habilitação cassada ou direito de dirigir suspenso; **c)** pessoa que por seu estado de saúde física ou mental não esteja em condições de dirigir com segurança; **d)** pessoa que não esteja em condições de dirigir com segurança por estar embriagada.

4. Sujeito ativo. Qualquer pessoa que possa permitir, confiar ou entregar o veículo a outrem.

5. Sujeito passivo. A coletividade.

6. Consumação. Ocorre apenas quando, após ter recebido o veículo do agente, ou a permissão para usá-lo, o terceiro coloca o veículo em movimento. Esta parece a solução mais adequada, pois, antes de o sujeito colocar o veículo em movimento, é possível que o agente mude de ideia e impeça a sua condução.

7. Tentativa. Somente será possível o seu reconhecimento se o terceiro for impedido de dirigir em momento imediatamente anterior àquele em que iria colocar o veículo em movimento, v.g., se já havia acionado o motor de um automóvel, mas ainda não havia saído do local, quando veio a ser abordado por policiais. Antes disso, não se pode afirmar ter havido início de execução.

8. Ação penal. É pública incondicionada.

2.10. EXCESSO DE VELOCIDADE EM DETERMINADOS LOCAIS

> Art. 311 – Trafegar em velocidade incompatível com a segurança nas proximidades de escolas, hospitais, estações de embarque e desembarque de passageiros, logradouros estreitos, ou onde haja grande movimentação ou concentração de pessoas, gerando perigo de dano:
> Penas – detenção de seis meses a um ano, ou multa.

1. Introdução. O legislador, preocupado em proteger a segurança viária de locais onde exista elevado número de pessoas, criminalizou a conduta de imprimir velocidade incompatível em suas proximidades. Entretanto, teria agido melhor se tivesse dado redação mais genérica ao dispositivo, de forma a abranger quaisquer manobras perigosas na direção do veículo, realizadas nas proximidades de hospitais, escolas etc. Dessa forma, como a lei menciona apenas o excesso de velocidade, as demais condutas tipificarão apenas a contravenção de direção perigosa (art. 34 da LCP).

2. Objetividade jurídica. A segurança viária.

3. Tipo objetivo. A conduta incriminada consiste em imprimir velocidade incompatível com a segurança do local. Não se exige que a prova seja feita por meio de radares ou equivalentes, podendo as testemunhas atestar o excesso.

A infração penal pressupõe que o fato ocorra nas redondezas de hospitais, escolas, estações de embarque ou desembarque (abrangendo inclusive pontos de ônibus, trólebus etc.), logradouros estreitos ou onde haja **grande movimentação ou concentração de pessoas**. A fórmula genérica utilizada ao final deixa evidenciado que somente existe o crime, mesmo em relação a hospitais ou escolas, quando há concentração de pessoas no local. A conclusão só pode ser esta, uma vez que, durante a madrugada, por exemplo, não existe diferença entre dirigir em excesso de velocidade ao lado de uma escola ou de qualquer outro lugar.

É evidente que não há crime em situações especiais, como de ambulâncias, viaturas policiais e de bombeiros quando imprimem alta velocidade para atender emergências.

4. Sujeito ativo. O condutor do veículo que imprime velocidade excessiva, ciente de que se encontra próximo aos locais mencionados na lei.

5. Sujeito passivo. A coletividade e, de forma secundária e eventual, a pessoa exposta a perigo.

6. Elemento subjetivo. A intenção livre e consciente de dirigir em velocidade excessiva, ciente de que se encontra próximo a hospitais, escolas etc. Não se exige que o agente tenha intenção específica de expor alguém a risco.

7. Consumação. Ocorre quando o agente, imprimindo velocidade incompatível com a segurança, passa com o veículo por um dos locais protegidos pela lei, gerando perigo de dano.

8. Tentativa. É inadmissível.

9. Absorção. Ocorrendo acidente do qual resulte morte ou lesão culposa, ficará absorvido o crime em análise.

10. Ação penal. É pública incondicionada.

2.11. FRAUDE NO PROCEDIMENTO APURATÓRIO

> Art. 312 – Inovar artificiosamente, em caso de sinistro automobilístico com vítima, na pendência do respectivo procedimento policial preparatório, inquérito policial ou processo penal, o estado do lugar, de coisa ou de pessoa, a fim de induzir a erro o agente policial, o perito ou juiz:
> Penas – detenção, de seis meses a um ano, ou multa.
> Parágrafo único – Aplica-se o disposto neste artigo, ainda que não iniciados, quando da inovação, o procedimento preparatório, o inquérito ou o processo aos quais se refere.

1. Introdução. O dispositivo torna inaplicável em relação à apuração de acidentes de trânsito o crime de fraude processual previsto no art. 347 do Código Penal.

2. Objetividade jurídica. A administração da justiça.

3. Tipo objetivo. A existência do delito pressupõe, inicialmente, a ocorrência de acidente de trânsito com vítima.

A conduta típica consiste na modificação do estado do lugar, de coisa ou de pessoa. Abrange, portanto, as ações de apagar marca de derrapagem, retirar placas de sinalização, alterar o local dos carros, limpar estilhaços do chão, alterar o local do corpo da vítima etc.

A lei deixa absolutamente clara a aplicação do dispositivo qualquer que seja o momento da ação, ainda que os peritos sequer tenham chegado ao local para iniciar o procedimento apuratório. Esse, aliás, o momento em que normalmente ocorrem as fraudes.

O crime pode ser cometido pelo próprio causador do acidente, por terceiro, ou por ambos em concurso.

4. Elemento subjetivo. O tipo penal exige que a fraude ocorra com a finalidade de enganar policiais, peritos ou o juiz. Está implícito, entretanto, que a verdadeira intenção do agente é evitar a sua punição ou a de terceiro causador do evento.

5. Consumação. Ocorre no exato momento em que o agente altera o estado do lugar, coisa ou pessoa, ainda que não atinja sua finalidade de enganar as autoridades. Trata-se de crime formal.

6. Tentativa. É possível quando o agente é flagrado ao iniciar a fraude.

7. Ação penal. É pública incondicionada.